顺商传奇

第 1 辑

敢为人先顺德人

《顺商传奇》编辑委员会◎编

图书在版编目（CIP）数据

顺商传奇 . 第1辑 , 敢为人先顺德人 / 《顺商传奇》编辑委员会编 . -- 广州：广东旅游出版社 , 2015.2
ISBN 978-7-5570-0001-1

Ⅰ . ①顺… Ⅱ . ①顺… Ⅲ . ①企业家 – 生平事迹 – 顺德市 – 现代
Ⅳ . ① K825.38

中国版本图书馆 CIP 数据核字 (2015) 第 007205 号

封面摄影：江南浪子、马勋理
本书配图由佛山电视台顺德分台、各企业提供。

出 版 人：刘志松
策划编辑：蔡明熹
责任编辑：蔡明熹
封面设计：刘红刚
内文设计：冼志良
责任技编：刘振华
责任校对：李瑞苑

广东旅游出版社出版发行
（广州市天河区五山路 483 号华南农业大学公共管理学院 14 号楼三楼）
联系电话：020-87347316　邮编：510642
广东旅游出版社图书网
www.tourpress.cn
广州汉鼎印务有限公司印刷
（地址：广州市天河区棠下高沙工业区广棠路 21-23 号）
开本：787 毫米×1092 毫米　1/16
印张：17
字数：200 千字
版次：2015 年 2 月第 1 版
印次：2015 年 2 月第 1 版第 1 次印刷
定价：80.00 元

版权所有　侵权必究
本书如有错页倒装等质量问题，请直接与印刷厂联系换书。

《顺商传奇》编辑委员会

顾　问
刘　宁

总策划
罗乐生　王　勇

总编辑
张晨光

副总编辑
陈宇莹　沈涌　李孟华

主　编
蔡泽之　冯建珍

副主编
李建军　林语涛　徐　宏　陈志军

主创人员
韩　艳　徐上钧　徐颂雯
叶敏丽　蔡锦霞　唐绍稳

编委委员
张晨光　陈宇莹　沈涌　李孟华　蔡泽之　冯建珍　李建军
陈志军　李健明　韩　艳　徐上钧　徐颂雯　叶敏丽　邱礼佳
梁景裕　董春水　李　锡　龙益得　陈洁梅

指导单位
佛山市顺德区委宣传部

出品单位
佛山电视台顺德分台
《顺商传奇》俱乐部

顺商德道

欧广源题

欧广源
1983年12月—1989年7月任顺德县委书记
1992年2月—1993年2月任广东省佛山市委书记
卸任前为广东省人大常委会主任

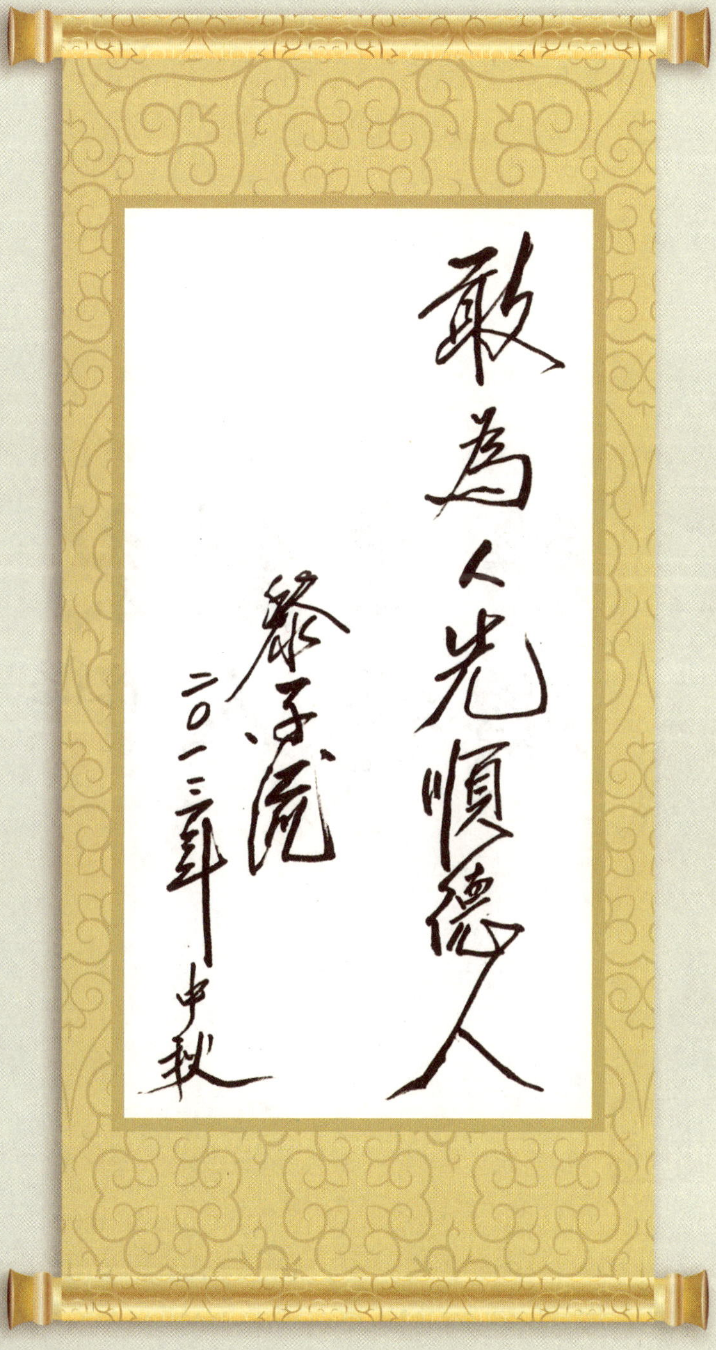

敢为人先顺德人

黎子流 二〇一三年中秋

黎子流

1975年5月—1980年9月任顺德县革委会主任
1975年5月—1983年5月任中共顺德县委书记
卸任前为广州市市长

創新 務實
德人 順德

陈用志

1987年3月—1993年3月任顺德县（市）长
1993年1月—2001年5月任中共顺德市委书记
卸任前为广东省人大常委会副主任

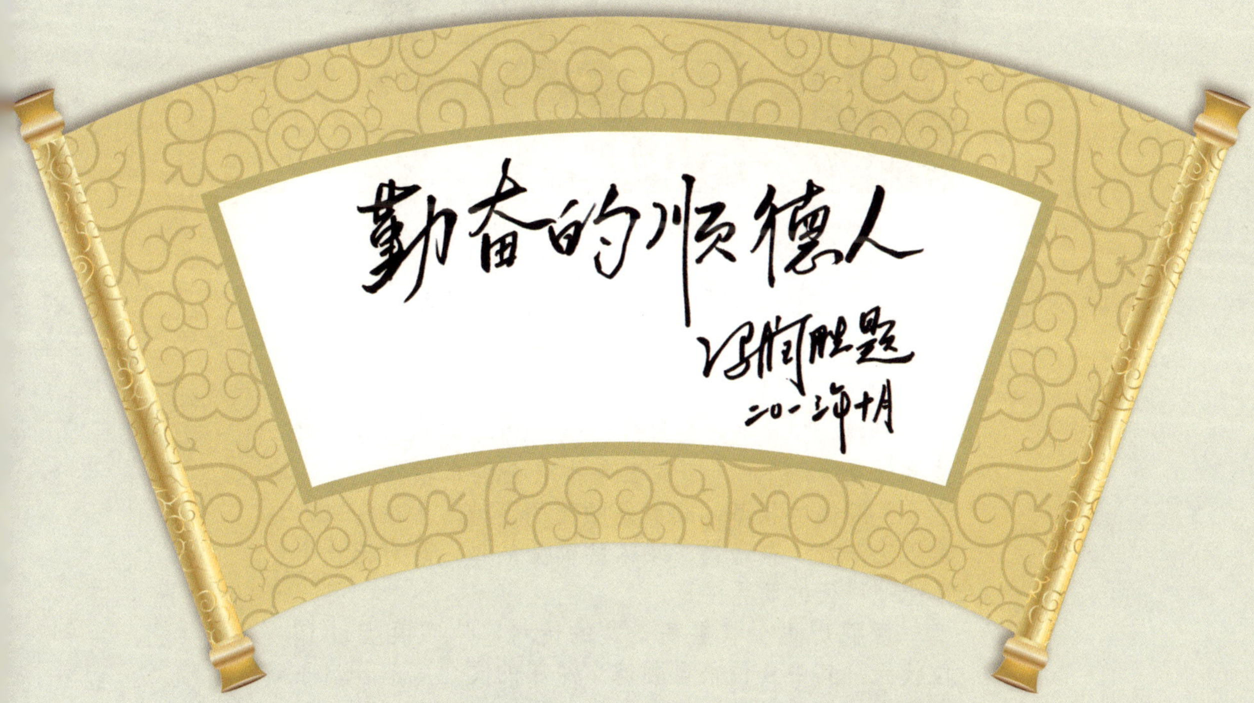

勤奋的顺德人

冯润胜题
二〇一二年十月

冯润胜
1993年3月—2001年12月任顺德市市长
2001年5月—2002年7月任中共顺德市委书记
卸任前为佛山市人大常委会副主任

感悟顺商　品味传奇

梁维东

　　顺德，806平方公里的土地，2013年地区生产总值超过2545亿元，连续三年排名全国市辖区之首。产业是顺德的根基，顺商是顺德的灵魂。古往今来，这里上演着一幕幕精彩动人的商业故事，孕育出一个个叱咤风云的商界传奇。

　　顺德历史上有重商崇文的传统，广东诞生过13位状元，其中4位来自顺德。深厚的文化底蕴开启了顺德人的超前眼光和经商智慧。早在19世纪70年代，顺德办起第一家机器缫丝厂，催生兴旺发达的金融商贸业，被誉为"岭南壮县"、"南国丝都"和"广东银行"，成为近代民族工业的起源地之一。20世纪80年代，顺德更是乘改革开放春风，率先实行产权制度改革，大力培育民营经济，相继发展起美的、万家乐、科龙、格兰仕等一批规模超百亿甚至超千亿元的民营企业，为顺德雄厚的产业实力打下坚实的根基。

　　顺商铸就了顺德的辉煌，顺商精神成为顺德精神的根和魂，是顺德改革开放30年最宝贵的财富。2013年，顺德区委明确提出弘扬顺商精神，让包容、务实、进取、创新的顺商精神成为顺德的闪亮名片和宝贵财富，让顺商扎根顺德，走向世界，成为顺德转型升级、持续发展的强大动力源泉。这次，佛山电视台顺德频道将《顺商传奇》专题片结集出版，系统记录当代顺商故事，挖掘顺商文化精神，解码顺商创业基因，让更多的人领略到顺商砥砺开拓、奋发进取的精神风貌，进一步传承和发扬顺商精神。让我感到惊喜的是，新一代的顺商以更加开阔的国际视野，更加过人的胆识和更加强烈的社会责任感，为传统顺商注入新的活力，为顺商精神作出新的阐释，为顺德发展提供新的动力。

近年来，顺德区委区政府围绕"城市升级引领转型发展，共建共享幸福顺德"的重大战略，以"产城人融合"的理念，全力推动城市升级、产业转型、改革创新三大核心工作，加快区域经济社会综合转型步伐，构建顺德持久领先发展的核心优势。我们始终坚持企业主体地位，充分发挥市场在资源配置中的决定性作用，鼓励顺商依靠自身敏锐的市场洞察力，制定未来发展战略，找准市场定位；倡导顺商提升运管理念，提升核心竞争力；支持顺商积极"走出去"，参与国际合作与竞争，拓展国际视野。同时，发挥政府引领作用，大力推进城市升级，提升城市内涵和吸引力；深入推进行政体制改革，提高行政效率，营造法治化国际化营商环境；推进创新平台建设，完善区域创新体系，为产业升级注入强大的科技动力；搭建企业服务平台，创新政企沟通模式，形成平等互信、良性互动的政企关系，齐心协力推动产业转型升级。

当前，新一轮发展浪潮已经掀起。我希望，务实、创新、包容、进取的顺商精神能薪火相传，新一代顺商能在区域转型发展、跨越发展的重大机遇期，继续书写新的传奇。

（作者为佛山市委常委，曾任顺德区委书记，于2014年11月底调任南海区委书记）

顺德商人文化解读

　　如同在其他区域的经历一样,顺德商人在本地区所产生的深层作用素为人们所忽略。其实,经济活动一直伴随着人类的整个发展过程,因此,不同时期或不同意义上的商人对本地区社会经济的推动,对社会思想的改变,甚至对社会格局、文化结构、思想观念、生活方式都一直产生着深远影响,但是,由于资料的限制,人们对顺德商人出现的历史背景,在发展过程中的演变与分化,对文化核心的坚守与势易时移所产生的蜕变等研究一直付之阙如,令其在历史与当今都一直身影模糊,对其定位与作用更难以描述和归纳。

　　因此,对这些留存在历史,记载于族谱,流动在精神,隐藏于民间,不太为文字记载,却以经济实体、企业建筑、乡村遗存、口头传播等方式存留人间的顺德经济发展历程与历代商人进行寻根溯源的梳理,并对他们的思想、文化、结构、特点进行客观判断,或许能为未来留下一点价值性的史料。

一、从躬耕田塘到农商并重（从宋明到清中叶）

（一）

　　根据考古发掘与文献记载,3500年前顺德区域虽汪洋一片,但从龙江甘竹滩麻祖岗商周时期人类活动文化遗址,以及勒流龙眼、沙富、陈村西淋岗等东西汉古墓发掘可知,小片显露出来的陆地上小规模人类活动早已发生。从出土文物中考证可知，两汉时期，当时人们文化受中原影响，生活已颇为讲究。隋唐时期的如今顺德区域大部分已渐成沙洲，龙江长路村的高地已建成颇具规模的国明寺，如今此处山冈仍称"佛堂岗"。陈村登洲、西滘一带已有区氏家族居住。

人们散居高处，务农为生。最原始的农业、渔业、手工业，简单买卖萌芽初现，地势高出水平面的龙山大冈圩在唐代渐成"四方商贾之地"，不过，这只是零碎基本农业产品交换的集散地，并非专业市场。

唐末，黄巢军队屯兵容奇、桂洲、黄连、北水、古粉、马齐等地，他们"军中为市，以角声号召"，形成早期集市，但这仍不是严格意义的商业贸易，至多只是军队人员日常生活用品买卖场所。不过，"角声号召"这一古风倒是流传下来，明代顺德乐从诗人孙蕡（1337－1393）就有"江口赛神夜吹角，村边卖鱼朝打鼓"的记载，即当时人们赛神吹角，卖鱼打鼓，这，或许跟军队鼓角类乐器有关。直到清代，"甘竹吹角卖鱼，北水、吉佑、马齐、龙渚吹角卖肉"，可见当时居民应为昔日黄巢军队后裔或这一古风的延续者。

后汉时期（947－950），北滘简岸村一带建成咸宁县。清代学者，一直生活在这一带的简朝亮（1851－1933）在《顺德简岸简氏家谱》将其来龙去脉说得一清二楚："南汉时，析南海县为常康、咸宁二县，今南海地者在简岸，则南汉时咸宁县地也。故有咸宁社之名。"

由此，可以推测咸宁当时人口数量与农业生产已颇为发达，不然，分拆南海，建县咸宁，决然不能。

此外，始建于公元10世纪，即五代南汉末期的宝林寺已在现在大良中心区域建成，也可见出当时此处地势高，人口密，经济繁盛。

其实，早在西汉（前206－公元25），乐从的葛岸、龙江的沙富、陈村的罗坑和庄头已种植水稻。宋元时期，水稻生产已占重大比例，以简岸为中心的四周地带，已是一片可耕作水稻的平畴。宋代番禺诗人李昴英（1201－1257）常年生活在陈村一带，他曾有诗歌描述当时稻田景色："负郭平田阔，秋深获课勤。短镰行缺月，多稼剪黄云。旧腊占三白，今年稔十分。太平村舍里，坠穗饱鸡群。"

从诗歌中我们可获得丰富信息。首先，"负郭平田阔"可知当时陈村应有小型城郭，且其后田野广阔平整，尤其是"今年稔十分""坠穗饱鸡群"也可知当时人们水稻耕作技术已可令稻谷饱满，收成颇丰，因而人们"获课勤"。

（二）

不过，大规模的产业勃兴仍是宋代以后。从考古出土可知，宋代的逢简、马宁，勒流的塘利等地已成村落，宋代的逢简村虽河汊纵横，但已"市集辐辏"，元代，桂洲已出现集市。

不太为人们留意的是，从宋代开始，顺德龙山人就开始涵塘养鱼，或打鱼江河。明代孙蕡有诗歌描述当时人们生活情形："得鱼换米纳官税，妻孥衣食长优游。大儿十三学网罟，小女七岁能摇橹……无风无浪安稳眠，湖中有鱼鱼得钱。"渔民捕鱼换米交纳官税，取食湖中，也足安眠无忧，且从"白头渔父不解愁"到儿女都学

捕鱼摇橹,可见他们早已将此看作一生事业,也折射这种生活可自足。明代龙江诗人赵善鸣也有《渔人》的"浦口鸣榔急,江清水漫流。得鱼便沽酒,明月在扁舟"诗句,旁证当时渔人生活。

明代万历九年(1581),顺德共有鱼塘40000亩。清代桑基鱼塘不断推广,鱼塘与种桑养蚕并行,到光绪末年(1908年左右)全顺德九成区域都成为桑塘。

此外,不少区域人们已默默延续北宋徽宗时代(1101-1119)龙山一带的种桑养蚕。孙蕡就有《蚕妇词》:"朝看箔上蚕,暮收茧上丝。丝成给日食,不得身上衣。早知阿家蚕事苦,不若当初学歌舞。"种桑养蚕,清早劳作,三更起夜,十分辛苦,不过,诱人的经济价值却令人无法舍弃。明永乐四年(1406),朝廷针对早已经营土丝交易并成市场的龙山、龙江征收丝税,当时每担收税银6钱,岁收25两。

不过,直到明代中叶,商品性农业才大规模出现,专业市场也才逐渐形成,尤其是明代嘉靖年间(1522-1566),全县圩市共有11个,到一百多年后的明末(1644)多达41个,商贸繁盛,足见一斑。

此时,顺德已建县近200年,人口却保持着建县初年的7万人左右,仍以农业为主,但鱼塘养殖和经济作物种植比例渐升,尤其是因经济作物衍生而出的专业圩市的大量出现,为以前仅仅躬耕农田或鱼塘的民众蜕变为农商兼并的混合型身份奠定产业基础。

尤其是明代末年,陈村出现花果秧苗市,大良出现龙眼市,部分种植户也逐渐转化为种植与销售兼并的多重身份,他们更在行商与坐贾和专业人士几个身份的转换中不断自我调整,最后,分化出比较固定的种植户、养殖户和流动商贩,明末陈村诗人区必元就有"西亩田翁桔(橘)柚黄"的诗句描述当时陈村种桔(橘)植柚的景况,而流动商贩或驾舟往来,或沿街叫卖,将各处固定产出的农副产品进行资源调整,在填补农民间生活用品和农副产品交换细碎空间的同时,逐渐完成着自身的资金积累和市场定位,与此同时,作为消费需求与商品交换场所的定期集市也渐渐形成,构成顺德明末清初典型主要经济的活动形态之一。

此时,顺德蚕桑业迅速发展,不断催生各种相关专业圩市,尤其是桑市、蚕市、丝市,虽然明代龙山土丝已成规模,但明代中叶澳门成为中外贸易中转站后,顺德在万历年间(1573-1620)蚕桑业已在农业生产结构中跃居第二位,仅次于水稻。龙山的大冈圩已成为经营丝绸、葛布为主的专业市场。

乾隆二十四年(1759),广州成为全国唯一外贸港口,从明代的果基鱼塘到嘉靖年间(1522-1566)逐渐成熟的桑基鱼塘,低耗高效的良性农业人工生态系统,为此处提供着稳定而繁盛的生产与生活。龙江、龙山一带更成为专业蚕桑生产基地,其中与大冈圩齐名的龙江七街,成为批发零售的重要区域,仅布匹绸缎店就有86家,而乐从水藤、杏坛镇的人们也纷纷"弃田筑塘,废稻树桑",此风长盛不衰,到清末(1908),顺德桑基面积达30万亩,而崇祯十五年(1642),仅为58000亩,250年间增加5倍,而人口也从4万人左右跃升到130万人,省内外大批商人前来进行丝绸等产品贸易。

（三）

　　250年间30多倍的人口增长，令地少人多的顺德民众深感压力，也逼迫着越来越多的人们转而从事农副产品甚至是经济作物的种植和销售工作。值得注意的是，种桑养蚕长盛不衰，除经济吸引力外，分工繁杂、程序琐碎、工时漫长的种桑养蚕，将妇女和老人甚至是小孩都裹挟到整个工作流程中，让这些本在中原或江南相对闲置的人力资源得到充分发挥，也解决着地少人多的困境。尤其是女性，她们从采摘桑叶到半夜喂蚕一直到上街销售都投身其中，所谓"家家早起夜眠迟"，在年复一年的漫长劳作中，磨砺和提升着顺德女性特有的细腻坚韧、事不避难等特性，清末民国时期，大批顺德商人成功的背后，其实这些妇女独有的市场经验、胆略与敏感度都起到不可忽略的作用。一首竹枝词就写道："一四七日大圩期，侬卖茧绸郎卖丝。丝爱织成绸爱剪，剪来容易织来迟。"虽是以情入诗，其实也可解读出女性对丝织品不同类别市场定位的精确把握。从某种角度而言，这在无形中解放了一直被束缚女性的能力，也为本区域提供着愈发紧缺却与男性相比不遑多让的生产力。这，一直为人们所忽略。

　　在丝业不断挺进的同时，其他行业也将商人吸引到塘鱼、布匹、谷米、竹木、药材、饮食、金银首饰及金融与贸易等领域，不过，难以否认的是，这些都只为后期顺德商业的全面繁盛孕育着早期的行业形态雏形。

　　通过这一脉络梳理，可以看出顺德商人的来源其实是早期的农民和种植户，他们从原来从事单一劳作的行业中逐渐转化为以丝业与农副产品为经营主体的群体，通过市场运作方式支撑着整个区域经济运转。

　　不过，他们仍无法脱离农耕社会的文化特质和文化程度偏低的限制，再加上除丝业外农副产品自身难以远距离运输的缺陷，导致早期顺德商人大多只能周转于朝发夕至的同一语言区范围内，难以产生更为广泛和深远的经济和文化交流，更遑论大宗的贸易往来。这，在很大程度上束缚着顺德早期贸易从业人员和耕作者对市场的全方位思考和产品需求变化的预测能力，也导致他们更多地依赖于土地产出的各种农副产品，甚至是天气和自然现象，以及衍生产品与经济关系；这，也限制着他们的经济视野与市场敏感度，构成顺德后期产业一直难以融入大市场的潜在因由，更为20世纪早期世界经济危机导致顺德丝业全面委顿埋下伏笔。

二、从丝业为主到各种贸易（清末到民国时期）

（一）

　　清代中后期，以土丝为主体的丝业渐为贸易大宗，桑地的激增逼迫着昔日颇为繁盛的果木市场逐渐收缩，同时，专业圩市大量涌现。乾隆年间（1736－1795），全顺德有圩市50个，其中有桑市、蚕市、育苗市、塘鱼市、猪圩、牛圩、布圩等专业圩市。此时，顺德商人开始奔走燕赵，货运荆楚，大批商人生活和经营于广州和佛山。光绪年间（1875－1908），全顺德的专业圩市占全部圩市近八成，其中桑市、丝市尤多。

1874年，龙山建立顺德第一家机器缫丝厂，随后，缫丝工业迅速发展，到1887年全顺德丝厂已达到42家，1911年发展到142家，成为广东最主要的蚕丝生产基地。

此时，以丝业为主体的经济结构已成为顺德当时的最大特色，形成以桑田、产业家庭、丝厂、茧栈、圩市为流通节点，以产业工人、企业主、相关商贸人员为从业主体，以船只、桥梁、渡口为产业载体，以资金与货物为流通形态的经济结构，构成以龙江、乐从、伦教、容奇、桂洲为重点区域，涵括全县的种植、生产、贸易网络，大量从事相关行业的人士投身其中，逐渐摆脱昔日多重身份兼容的特点，以相对独立的丝厂企业主、金融资本者、贸易主等个体形态，依靠洋行等外贸机构，进行产业运作，其特点是规模小、依赖性强、有点盲目跟风却以量取胜。

1911年，顺德共有机械缫丝厂86家，投资成本平均2.6万元，年产值平均36.4万元，平均收益率为14倍，其中最成功者投资2万元，年产值为45万元，投资收益率高达22倍，足见其吸引程度，1911年，全顺德丝业产值3100万元。其货币为银元。因当年政府收入细目阙如，我们借用光绪十一年（1885）顺德全县财政作比较。当年顺德县财政收入为12万两白银，而光绪末年（1908年左右），顺德塘鱼、桑蚕、蚕丝三项年产值高达1.3亿两白银。1922－1923年，全顺德丝业年产值就达银毫7814万元，每天载回的白银最高为70万两，顺德成为广东的蚕丝贸易中心，足见当时以丝业为主体的民间资本的雄厚。

（二）

此外，分布各处的圩市和各类店铺成为催生各种产业平台，光绪年间，容奇作为商业港埠，已有三圩六市；而伦教则有鱼市、米市12个；到抗战前夕，陈村更有商铺近4000家，圩场4个；乐从也有商铺500多家，更有6个桑市、3个茧市和5个丝市；龙江在清末民初就有商铺556家，龙山、里海、甘竹等乡堡就有小型圩市30多个，直到1991年，龙江仍有店铺100多家，而里海圩、麦朗圩仍存。圩市与店铺的混杂交错，不仅为农户生产物交换提供直接场所，更催生各类大小商人。

此时，陈村作为四通八达的水路交通枢纽，不仅为顺德输入大量的粮食，以保证顺德长期以来产量不足的缺陷，还在成为洋米集散地的基础上，影响着以广州为中心的珠三角米价。不仅如此，陈村还成为顺德运输生丝、花卉、年橘到佛山、广州以及西江流域各个城镇的中转站，更成为清末民国时期广东四大名镇之一，而其中也诞生出大批以相对纯粹贸易买卖为主业的商人。

丝业的高速发展与区域内有限的投资项目，导致大量资本奋力涌往其他区域寻找突破口。特别是第一次世界大战前后，顺德蚕茧、生丝购买与销售额高达1亿银元，钱庄的出现，为创业者与金融家都找到各取所需的空间。

20世纪20年代，顺德钱庄多达40余家，占全珠三角六成。广州金融界的三成资金依靠顺德金融者周转，经营存款、按揭贷款和汇款等业务，顺德银庄与广州银行相互信托，构成密切难分的业务往来，而延伸出来的金铺、典当行数量也都仅次于广州、南海。

由于严重缺乏土地，人口又越来越多，如1818年顺德人口50万人，1849年人口100万人，1909年人口130万人，1930年下降到86万人，但外出打工者50万人，他们大多从纯粹的农商并重从业者转化为商业、金融和小手工者，其中，不少人在广州从事金融业。根据20世纪20年代中山大学经济学院的统计，当时广州金融业的从业人员超过五成是顺德人，其中大多都是拥有大量资金的"资本家"，行业内尊称他们为"顺德帮"。

（三）

这些人从昔日农民到丝业老板再转身为顺德金融家，如今以中介人员身份为纽带进行资本借贷业务，往往款项巨大，而且一旦借款者无法还贷或提前抽取资金，他们也并不一味强硬收取高额利息，相反，他们会酌情降低利息，让贷款者渡过难关。同时，与其他区域的借款者相异，顺德金融家并不需要抵押。在昔日，这种对借贷者的充分信任，令许多借贷者深感备受尊重，他们也乐于与顺德金融家一道，在风起云涌的商界中形成超越冷冰冰业务关系的血脉亲情。虽然，在许多现代银行借贷从业者眼中，这种以地缘与感情相融合的经营模式相对陈旧，但在当时却仍不失为一种有效且深受欢迎的经营，也促使顺德金融家超越同行，深获推崇。但巨额款项的大量借出，也令他们在世界经济危机爆发后因借款者无法偿还贷款被牵扯入难以自拔的困境中，这，也属始料不及的无奈。这更是他们本身尚未摆脱农民内质的经营手法所导致的不可挽回的结果。

但是，正如清代顺德各处"废稻种桑"那样，清末民国时期，人们也对缫丝业趋之若鹜，与上海和天津动辄几十万元、上千工人的投资额与工人数量相比，顺德这些满天星斗式分布、毫不具备抗风险能力的微型企业充满他们不愿面对或远未意识到的潜在危机。尤其是大多数企业依靠洋行进行对外贸易，对外间消息的闭目塞听，对国际贸易的隔靴搔痒，对金融知识的一片空白，令他们无法感知世界经济危机的各种迹象及所将带来的致命风险。因此，1929年世界经济危机引发全县九成丝厂倒闭，1932年，百分之九十蚕农亏损，平均每户亏损503银元，并从此一蹶不振，自属情理之中，再加上抗战八年，直到解放前，仍无法恢复元气，昔日辉煌一去不返。

不过，顺德丝商与江浙同行相异处则是他们大多利用自有资本进行产业运作，相对理性地规避着金融借贷带来的雪上加霜的打击，这，也令他们在丝业衰退后以略胜于无的资本与经验，通过甘蔗种植和蔗糖产业慢慢走出经济打击的阴影。这种充满自我保护意识的小农经营模式，反倒成为拯救他们的一根稻草，也折射出顺德商人在经济大潮洗礼下仍清醒地保持相对务实的产业经营理念，这一理念至今仍存。

三、四位杰出商人折射近现代顺德商业文化特色

不过,四位近现代经济人物的出现,从某种意义上抹却顺德商人厚重的农民痕迹,也通过大机器生产将顺德经济从传统推向近现代。

第一位出场的是乐从葛岸西村人岑国华(1886—1942)。曾读两年私塾后在本村丝厂当小工,后到广州当伙计的他,回乐从后,自行招股,成立大和生、瑞栈两家丝厂。此后,他率先采用日本新式缫丝机,产量与质量大幅上升,令同行争相仿效,导致全省生丝出口量激增。此后,岑国华在南海、石湾开设大厂,在岭南大学设立生丝研究所,改进技术,并创立品牌"鸡球"牌粗丝和"明珠"牌"飞轮"牌精丝进入国际市场,下属丝厂多达18家,年产生丝4万担,股份总额200万元银元。此后,在广州不断开设洋行,直接与国际丝商进行贸易往来,剪除中间商获取的巨大差额,因信誉良好,经营得法,获得40多家丝厂的委托业务,常年营业额超过1000万两银元,并在十三行设立四家银号,成为广州商会会长,成为近代第一位以自己品牌走进国际市场的顺德商人。

第二位则是薛广森(1865—1943),龙江美里坊人。曾读私塾三年,17岁到香港红磡船厂做工,学得一手出色机械技术。回乡后,在桂洲、大良等地开办或管理大型机械缫丝厂。此后,在乐从开办顺栈机器厂,经营机械缫丝机器维修。1912年开办协同和机器厂,后研制出中国第一台柴油机,并创办粤海航运公司,积极推动华南水运业发展,同时,大力发展机械碾米业,成立以"成"为字号的十家碾米企业。与此同时,薛广森还利用集股和利润再投资等方式,在扩充缫丝厂的同时,涉及造纸业、电筒厂等行业,成为第一位以发明创造为起点,多元经营,在实业界举足轻重的人物。

第三位是陈村大都村人梁培基(1875—1947)。他于1897年毕业于博济医学校。后开私人诊所,创"发冷丸",行销华南致富。后发起创办光华医社、光华医院,创建汽水厂、民众烟草公司等企业。作为民国时期以"发冷丸"风行东南亚的杰出人物,他的最大特点是以自己专业为起点去创造出一片属于自己的新天地,他更以经营各种产业并为近代中国医药业作出特殊贡献而备受瞩目。特别是在中医传统文化气息浓郁的华南地区,深谙西方病理的梁培基自如穿梭于中西医药领域,达到当时群民无法领略的"两脚踏中西文化"的境地,再加上身处社会底层,深知民众的需求,因而,"发冷丸"的风行与其说是时势造英雄,倒不如说是上帝青睐有准备的头脑。因为当时悬壶济世的名医屈指难数,只有梁培基卓然鹤立,这就不得不让人敬佩其知识转化为力量的智慧与能耐。

第四位是简东浦(1888—1963),勒流连村人。早年留学日本,在日本正金银行和横滨万国宝通银行勤勉工作十二年。经验丰富且见解卓异的简东浦目睹外国银行已形成了一套完善的管理机制,且人员素质优秀,组织能力卓越,对本国经济发展以及资金的融通起着举足轻重的作用,而国内虽已出现大批银行,但不少仍处于传统银庄的运作与思维模式中,无法抗衡财大气粗的外国银行冲击。简东浦便辞去优厚待遇,抽身回国,先与李冠春、李子方、冯平山等人一起开设一家财务公司,专营银行资金拆借,后来又重组财务公司,并与周寿臣等七人及胞弟简英浦一起成立东亚银行，简东浦出任经理。1919年1月4日，顺德人参与创办的香港第一家华资银行便在爆竹声和锣鼓声中诞生，这，不仅意味着顺德人一直极为擅长的钱庄银号行当渐渐蜕变发展为正规大型的金融机构，更意味着以顺德人为主干的首家华资金融机构在当时的世界金融中心开始了一段别开生面的奋斗历史。

虽然他们的结局大多因身处不同时代而大相径庭，但他们所开辟的产业道路与所展现的深远视野以及纵横自如的风格却开一代风气，更为后来群雄纷涌的大时代树立高远但并非遥不可及的标杆，自然也为几十年后顺德改革开放独领风骚奠定深厚而丰富的基础。

四、近代商人特质与当代商业发展思考

（一）

纵观顺德经济历史，相对严格意义上的顺德商人大致出现在清代。虽然宋元时代顺德已有圩市，但大型的圩市和早期商业群体其实应始于明代，即顺德建县后，人员结构多是以擅长农业为主体的贸易群体，一直到清代才开始以一个相对独立的身份参与商业行为，但在顺德人口比例中仍占极少数，人们大多仍以耕作为主体。因而也在一定程度上导致早期顺德商人只能将土地出产的农产品或经济作物作实体进行各种贸易交换，也逼迫他们必须以本地产品的有效运输范围作依托完成各种商业行为。因此，他们并不是彻底的商人，而是农商并重或交替经营的商业人群。这也导致他们在很大程度上受限于家乡产品的天然特性，如顺德明清时代最著名的丝业、塘鱼、蚕茧、生猪、蔬菜、花卉，近代的机电、木材、农机等，这些产品中，即使走得最远的丝绸，也因当时顺德土丝成品比较粗糙，难以占领高端市场，仅以批量堆积价值，而苏州、杭州的高质量丝织品却可轻易通过顺德陈村海关转销海外，获取高额回报。这，确是当时顺德商人难以摆脱的瓶颈。

虽然历史书上记载龙江人在全国各地都做生意，且洋船以"龙山"号来采办土丝，龙江商人在清代就积极学习英语，但主动与外国商人进行彻底对外贸易交往的商人极为罕见。虽然清末民国时期外出打工的人员越来越多，但能直接进行贸易交往且脱离本地产品而进行纯粹贸易交换的商人并不多见。一百多年来，这种经济交往特点没有发生太多变化。这一现象本身没有高低优劣区别，但地方环境及文化土壤孕育出来的产业特性及导致商业群体的能量释放程度则是必须清醒认识和突破的要点。

（二）

此外，顺德一直多灾多害。根据统计，历史上顺德大致每3年有一次水灾，每70年有一次大水灾，1915年乙卯大水淹没农田60万亩。台风大致每5年一次，地震共26次，4级以上地震平均约20年一次，所有这些都令顺德民众在相对不利的

自然条件中进行各种农业和商业运作时增添一层忧患意识，限制了他们产品销售的有效性。

直到20世纪二三十年代，顺德经济因现代产业技术的融入才开始进入腾飞时期，其中纺织业、机械制造、交通运输、金属制品、饮食、制糖、家具、医药等逐渐萌生现代经济实体特征的企业逐渐形成合力，不断推动顺德经济稳步跃进，在20年代末出现短暂的繁盛时期，可惜世界经济危机和抗战的爆发让这个具有深远意义的历程断然裂变，直到40年代中后期才零星接驳，后来到20世纪80年代才逐步连接。不过，当时不少顺德企业经营者仍自觉承接清代和民国时期的企业精神甚至经营模式，不少企业经营者还延续昔日家族的企业精神甚至保留当年企业名号，在坚守当年经营理念核心的同时也不断融入现代经济概念，继续开拓先祖曾经探索的领域或拓展全新领域，他们的自觉维护和理性走出，令这种最为珍贵的精神遗产得以传承和弘扬。

30多年来，众多顺德企业经营者都在不断努力走出难以抹却的乡村商业经营底色，不过，这确实需要现代企业经历漫长的市场锤炼与文化洗礼才能逐渐消退，毕竟，顺德企业只是30年的飞速发展，时代根本没有为企业预留足够的时间作文化积累和提升，它们在不断的转型中不得不因外间环境的巨大变化而迅速进入更为广阔的国际市场和产业转型大时代。因此，如何融合与并进，才是当下必须破解的难题，而难题的核心，除却技术与市场，文化才是关键。

此外，另一个问题是真正理解企业文化核心和世界经济要义的庞大企业家群体尚未形成，这在很大程度上制约着当下企业经营者真正捕捉到自觉自我提升的方向，更遑论自如进入现代企业家层面了。众所周知，顺德第一代企业家用了二十余年的时间积累下丰厚财富和社会声望，但历史让他们深刻而系统思考的时间非常有限，虽然他们都具有高度智慧，但文化的制约和思考时间的不足，令他们难以继续为社会或后来者提供更多更具参考价值的文化资源与思考空间。这确是难以弥补的缺陷，后辈企业经营者必须自觉弥补和奋力超越这一时代留下的鸿沟。

（三）

我们再对上述几位民国时期企业大家进行分析。

留学日本的简东浦，国际视野让他超越同辈，国际企业的锤炼令他的决心、毅力与执行力卓然不群，使得困守乡村的乡亲无法望其项背，这也是当代大多年轻企业经营者所缺乏的国际企业实际锻炼背景与深远广阔的国际视野。

薛广森虽以研制柴油机脱颖而出，但他平时研读最多的倒是英国经济学家亚当·斯密的《国富论》，此书核心是"让经济过程自行其是"，这其实与中国道家精神一脉相承。因而，他的长袖善舞并非万马奔腾与刀光剑影，而是上善若水，无处不在。这也是当代大多年轻企业经营者所缺乏的对西方经济经典理论的透彻领悟和市场的摸爬滚打。

虽然战争延续及经济衰退等原因使岑国华在忧烦惊扰中去世，但他从一个出身蚕农，仅读过两年私塾的小工一路走向名声卓著的实业大家，不仅可见出其人生轨迹的精彩绝伦，更可从他身上见出以其为代表的大批企业经营者在经济大变革中敏锐的市场触觉，果敢的决断能力，自我超越及积极开拓未知领域的勇气或说是好奇心，这种好奇心如同科学家们探知未来的原动力，是他们义无反顾、一路前行的推动力，也是我们期盼当代企业经营者拥有的魄力。

20世纪二三十年代，也正是岑国华、梁培基、马伯良、张云思、阮海川等一批同道者的积极引领，顺德大批企业家才在几十年间毫不间断地投资企业，在留下庞大产业与值得后辈引以为傲创业历史的同时，也留下一种通过设立企业，开辟市场去不断拓展和丰盛人生内涵的特殊精神血脉。这，才是最珍贵的财富，这种财富无法以文字或书画形式存留世间，却散落在村头巷尾、池塘田埂，更散落在平时寻常话语中，形成一股内在精神灌注到泥土中，让近百年顺德经济发展气脉连贯，构成一种成不骄、挫不馁的文化特质与商业精神，更落地生根，生出满园摇曳春花。不过，他们最大的遗憾是时代与历史没有为他们留下足够的时间和空间，好让他们可以形成一个对社会产生巨大而深远影响力的庞大群体。

经过30年发展，如今的年轻一辈顺德企业经营者们大多拥有专业知识，更具备广阔的国际视野，在拥有大量资金和丰富经验与多元社会资源的今天，如何提炼传统经济精髓，如何吸纳西方经济理论，如何承传与弘扬上一辈企业家的果敢与韧性，坚守与独立，如何自我锤炼成精通外语与管理的复合型人才，如何通过资源的科学配置形成一个对社会更具影响力的庞大群体，引领社会或区域不断前行，同时，自身又能演绎出精彩的人生，这，正是世人和时代最迫切的期待。

目录

坚守篇　老字号，新味道

01

李禧记：百年老店的"蝴蝶"美食　2
　　——坚守传统的李文辉、李澄标父子

民信：在传统里品味时尚　9
　　——董兆祥、董毅莹父女的传承之道

苏显忠：生活方式制造者　16
　　——品酒客的红酒平台

陈景：美食是一种诚意　24
　　——味·空间的无国界料理

公益篇　传递爱，是一种美德

02

佘永亮："拼命九郎"　32
　　——"永亮"的公益事业

区建业：善商一直在路上　39
　　——钜牛与狮子会的善缘

开放篇　智慧科技与电商

彭利民：做好，才有商机　48
　　——小冰火人的电商时代

张成康：用现代的管理方式管理企业　55
　　——赛意科技，以人为本

丁祎：享受孤单行走　62
　　——时代易家的电商全产业链

樊友斌：72小时的私人定制　68
　　——爱斯达服饰的智能制造

任汝刚：寻本之路　75
　　——理斯本家居的销售变革

李国财：十年筑梦　82
　　——海国电讯风雨创业路

03

创新篇　定制品质生活

邓海强：水晶大王　90
　　——水精之恋，闪耀绽放

雷震霆：做好一件事　98
　　——明陶玉泉，把温泉搬回家

隆全明：为了银发的幸福　104
　　——地中海卫浴的初衷

麦子：有度生活　111
　　——大美无言阅木居

叶建利：柔性管理的力量　118
　　——爱贝尔，给你一个温暖的家

孙建军：逆袭者的传奇　125
　　——贝奥电器的烘焙文化

黄苏凤：40岁之后的灿烂人生　132
　　——星艺装饰的榜样团队

04

目录

诚信篇　商贸物流，风生水起

张锦标：多重角色，快意人生　140
　　——宏兴物资的塑料贸易

劳伟雄：80后创业者的风范　147
　　——易创的钢铁贸易之路

曹峰：运的是货，靠的是心　154
　　——鸿程物流的顺德心

拼搏篇　做行业的领跑者

左伯良：椅业世家，椅统天下　160
　　——虹桥家具领跑全球五金转椅

黎镜波：内向的"外交家"　167
　　——日美光电的"总部时代"

卢焯权：小人类的大世界　174
　　——穗花成就梦想

巫宗权：以水为师的商业人生　181
　　——碧丽好水的健康时代

刘崇方：时代的思考者　188
　　——必达电器的时代触觉

苏权兴：从"创"到"投"的蜕变　195
　　——明新做的不只是空调，还有投资

包容篇　女企业家，商场的一道彩虹

07

陈锦芳：做最流行的华语音乐　202
　　——有华人的地方就有孔雀廊

赵碧云：浪漫与幸福的缔造者　209
　　——迎宾婚纱的华丽事业

邓云燕：让美味与心情一起停留　215
　　——有诚意的天晴朗朗

欧阳凤婷：陶瓷里的生活品位　221
　　——"三少奶"的陶瓷生活馆

务实篇　文化责任，文化力量

08

郑乃谦：指尖上的广绣　228
　　——绝妙的富德工艺品

吴英海：熟悉的地方有风景　235
　　——丝绸博物馆的人文理想

杨立：德武闯天下　241
　　——博胜文化的武术事业

01

老字号，新味道

李禧记：百年老店的"蝴蝶"美食
——坚守传统的李文辉、李澄标父子

到顺德旅游，如果要问带什么手信回去，当地人十有八九会告诉你——大良蹦砂。当你找遍大街小巷，才发现满大街卖蹦砂的都叫"李禧记蹦砂"，难道大良蹦砂就是李禧记蹦砂？李禧记时就是大良蹦砂？

蹦砂起源于清朝乾隆年间，原来不叫蹦砂，只因外形像一只蝴蝶，而蝴蝶在顺德本土方言的发音为"蹦砂"，所以叫着叫着就成了它的正式名字。很多人对蹦砂不甚了解，不知为何物。当买来试吃，才会大呼小叫：这不就是油炸食物嘛！再吃一口，又感到疑惑：这种味道，这样酥脆，这种富贵金黄色，难道真的是油炸出来的？再尝尝，也许会满意地点点头：嗯，果然有特色，不虚此行。难得的是广东人怕上火，对蹦砂却情有独钟。

蹦砂由面粉、猪油、南乳、白糖等配料制成，制作看似简单，可是这么多年，大家只认可李禧记，它能屹立100多年不倒，为什么呢？难道李禧记的蹦砂有制作的秘方？还是在经营上有它独特的方法？

记忆中的顺德味道

对于很多人来说，蹦砂是记忆中的顺德味道，而对于82岁的李文辉来说，蹦砂是他毕生的事业。作为"李禧记"的第五代传人，辉叔14岁就跟随父亲学习制作蹦砂，68年从未离开。

李文辉（顺德市李禧记辉蹦砂食品制造有限公司董事长、李禧记第五代传人）：这些就是顺德特产，叫做蹦砂，我们夫妻俩以前每人一天大概做8000只，我现在（动作）慢很多，现在可以切10只的速度，以前可以切15只，因为我中过风，手就变硬了，（比以前）差很多，以前每年都有比赛，我很多时候都拿第一，她（妻子）就拿第三。

精湛的制作技艺能保证每个蹦砂的重量完全一致，形状栩栩如生。

李文辉（顺德市李禧记辉蹦砂食品制造有限公司董事长、李禧记第五代传人）：为什么叫做蹦砂？（因为）它的形状，生的时候的形状，我们把它反过来就变成了这个形状，像个蝴蝶一样在飞，翅膀扑哧扑哧，顺德话就叫"蹦砂"，全国其他地方就叫蝴蝶。我们蹦砂的"蹦"字，在电脑是打不出来的。

大良蹦砂最早出现在清朝道光年间，原为薄脆片。1882年光绪年间经过顺德人李禧的

李澄标常在店里向客人推荐蝴蝶

改良，口感变得甘香松化、咸甜适度，李禧记蝴蝶从此代代相传，至今已有100多年的历史，是游客慕名而来的"中华名小吃"。但曾经蝴蝶只是辉叔一家维持生计的唯一出路。

李文辉（顺德市李禧记辉蝴蝶食品制造有限公司董事长、李禧记第五代传人）：主要问题是那个时候没有来往，主要是靠香港、新加坡的人回来的时候拿一些。本地人的有没有？有很少很少，只是几斤几斤地买。我们那时用南乳罐子装，就是瓦罐来装，后来才有铁罐。太公他们那两代都没有铁罐的。改革开放后，油都没多少，现在才讲究说吃多了油不好。那时油缺乏了很长时间，我就做一些小的（蝴蝶），给儿子拿到市场去卖。

李澄标（顺德市李禧记辉蝴蝶食品制造有限公司经理、李禧记第六代传人）："大良蝴蝶大良蝴蝶，二分三分一只，大良蝴蝶，来试一下，松化香脆！"如果有一天卖不出去，回来要哭的。

尽管辛苦，辉叔从来没有想过要改行，而是在蝴蝶口味上进行改良。在南乳的基础上发展出蚝油、虾蓉、榄仁等多种口味，又研发出杏仁饼、南乳花生、各类糖果等100多种产品。

李文辉（顺德市李禧记辉蝴蝶食品制造有限公司董事长、李禧记第五代传人）：总之就是辛苦才得世间财，不辛苦不得世间财，你指指画画的，个个都会，但是你亲身去做、用精力去做，这就是所谓的"挨世界"。你不吃苦，哪能出得了头？

李澄标（顺德市李禧记辉蝴蝶食品制造有限公司经理、李禧记第六代传人）：顾客一般赶早班船去香港，从十几年前我们就坚持（开铺时间）一定在早上7点半到晚上10点半，让（顾客）买最新鲜的，带新鲜的走，不要扑个空。（设定）晚上10点半，就为了顾客逛完夜街，再来我们这里，还有时间。

蝴蚨形似蝴蝶

李禧记第六代传人接棒

和父亲不一样，今年50岁的李澄标，是从13岁就开始学做蝴蚨。1981年，他在父亲的支持下，开了容桂第一家饼店"标记饼店"，起早贪黑的日子从不间断。

李澄标（顺德市李禧记辉蝴蚨食品制造有限公司经理、李禧记第六代传人）：（面粉店）"老板你好！又见面了，你好！今天过来看看你的面粉，不知不觉，我都和你们合作十多年了。这一次的面粉更好了，很柔滑。如果面粉选得不好，那做出来的蝴蚨就不够松软松香松化，一定要过得了顾客，过我自己那一关。就算成本更高，我们也要做到最好。"最初我没有选择，因为一开始就走面粉那条路，在茶楼做学徒，做了一年多，就跟着父亲走他的蝴蚨路，起初也是不喜欢，因为很辛苦，它是手工业，用棍压蝴蚨，要用力压，手就起手茧，肩痛，手臂起腰。有时候晚上回去，还是要叹一口气。也是没办法，因为我选择了这条路，是要走下去。我爸爸曾经说过，时间是自己熬出来的，工字不出头，就是要通过自己的求实，才会有今天的成就，最主要就是坚持自己的原则，走自己的路。

这些是精面粉，这些是白砂糖，这些是食用盐、棕榈油，这些是南乳，用水搅拌，当年是没有秤的，我们现在依然没用秤，以防秘方泄露，所以就用自己的手感来衡量油量和秘方。我十三四岁已经跟父亲学做蝴蚨，但是他有三个儿子，有保留，我为了（取得父亲信任），一定要讨好父亲，要勤奋、肯做、肯熬，父亲6点半起床，我就要6点起来，将面粉、砂糖在面板上准备好，让父亲一开工就有得做，都学了好几年。父亲要磨炼一下我，是不是真的要（做蝴蚨）。

作为李禧记的后人，虽然家里人人都会制作蝴蚨，连小朋友的手艺都非常不错，但决定蝴蚨命运的秘方，始终只有辉叔一人知道。

李澄标（顺德市李禧记辉蝴蚨食品制造有限公司经理、李禧记第六代传人）：（那天）早上7点多，他（父亲）一睡醒，考虑过后觉得这个儿子还是可以相信的人，也是时候给他（秘方）了。我一个大惊喜，我说："爸，不是吧！你愿意将你自己的一番心血、几十年的心血给我，那你自己吃什么？"他说我看得出你有能力。

拿到梦寐以求的秘方，意味着成为父亲认可的接班人，这对李澄标的意义不言而喻，一切都在顺利发展。1997年李禧记蝴蚌荣获"中华名小吃"称号，知名度大大提高。与此同时，全国的旅游业正是蓬勃发展的时候，看着一批批游客走进店里，将顺德特产蝴蚌带往全国各地，全家人无不沉浸在喜悦中，没想到2000年一场官司突然来袭，家族生意陷入瓶颈。

李澄标（顺德市李禧记辉蝴蚌食品制造有限公司经理、李禧记第六代传人）：有一天（有人）跟我们说："你做吧，再做也是做这几天，你没有李禧记做了。"我问为什么？"人家注册了。"我说："我们祖先遗留下来的产业，是没有人独有的。"

商标之争纠缠三年

原来，李禧的后人一直沿用"李禧记"字号和秘方经营，但各自注册不同公司来区别。辉叔早在1953年就注册了"李禧记辉"店，但辉叔的堂兄却抢注了"李禧记"商标，要求辉叔停止使用。这官司一打就是三年时间。

李澄标（顺德市李禧记辉蝴蚌食品制造有限公司经理、李禧记第六代传人）：因为我爸爸始终是李禧记的第五代传人。他（父亲堂兄）就违背了历史，埋没了历史，当我父亲不存在。他说他是自己创出来的"李禧记"，但是有什么可能？我是1964年（出生），你是1969年（出生），我父亲是1933年（出生），你有什么本事在1969年创出李禧记？佛山法院终于判下来他败诉，我爸爸胜诉。他不服再上诉，在高院一样是败诉，至今还是我们胜诉。

"李禧记辉"是辉叔于1953年注册

辉叔在这份家业里注入了全部心血

经过这一战,李澄标和父亲更加珍惜祖先留下的财富。特别是辉叔,尽管已经80多岁,依然每天早晨7点就到厂里看看生产线的制作,对质量进行严格把关。

李文辉(顺德市李禧记辉蝴蚴食品制造有限公司董事长、李禧记第五代传人):在大良,除了我们这里,你再也找不到这种形状的蝴蚴。偶尔一两只没用,按大部分来算,没有我的招牌,没有我的名字,你不可能找到这种蝴蚴。这只的形状比较好,这只就不行,这只尾捏得不好,头捏得不好,口也开得不好。这个说得不好听,就像青蛙一样,四条腿张开的,问题就是这样。10只里面,不好的最多能有3只,好的占7只。

李文辉在这份家业里注入了自己全部的心血,让它发展出了新内容,还要将它好好地传给下一辈、下下一辈。

李文辉(顺德市李禧记辉蝴蚴食品制造有限公司董事长、李禧记第五代传人):我现在没想那么多了,想也想不了那么多,希望他们可以做得好一些。现在的社会已经和以前的不同了,开放了的社会就比较复杂。

百年老字号注入新血液

从去年开始,新旅游法规定禁止安排任何购物行程,这对于同旅游紧密相连的李禧记来说是一个很大的冲击——游客少了,生意也就不可避免地淡了下来。但是和辉叔的忧心忡忡不同,标哥却并没有表现得太担心。

李澄标(顺德市李禧记辉蝴蚴食品制造有限公司经理、李禧记第六代传人):我和我爸爸的思维不同,他的思维以前都是扛着上街卖那两三只蝴蚴。我们就开始将新的思维灌输在我的儿子身上。去到超市看见有李禧记的品牌,百年老字号来的,我就很开心。不论有生意还是没生意,去到每一处地方,只要摆着我们李禧记品牌,我就开心了。现在我就有这样的想法,准备开到香港,开到香港扎稳根基以后,甚至到全球,新加坡或者日本。我们已经拿了QS(企业食品生产许可证),有认同了,我们可以做出口。

现在标哥也开始培养自己的儿子，希望这个 90 后的"新鲜人"为百年老字号注入新鲜血液。就这样，一份执著，一个朴素的愿望，一代又一代薪火相传。

李文辉（顺德市李禧记辉蝴蚴食品制造有限公司董事长、李禧记第五代传人）：这是太公留下的，你如果不继承下去，那就浪费了他的心血，差不多跟命一样。

李澄标（顺德市李禧记辉蝴蚴食品制造有限公司经理、李禧记第六代传人）：是一种缘分，一门手艺，我就不能有负于他（父亲），一定要将他的心愿维持到我自己终老再到我儿子继续传下去，越飞越远。

我们应该感谢 100 多年前的李禧，正因为他的改进，才把平淡无奇的脆硬薄片改良为风味甘香酥化、甘甜适度的蝴蚴；我们也应该感谢李禧的后人，正因为他们不断创新、与时俱进，才能让不登大雅之堂的街边小吃变成名满天下的小吃。2014 年 12 月 1 日，联合国教科文组织正式通过"顺德——世界美食之都"的申请，顺德成为世界上第五个"美食之都"，而大良蝴蚴作为大良街道独有的特色美食，正在走出中国，走向世界，蝴蚴是大良的，也是顺德的，还是中国的、世界的。

编导手记

大良街上的"李禧记"店有好多家，经过采访我才发现，只有辉叔的店里，每一只蝴蚴才都是延续了一百多年的蝴蝶状。就凭这个，这一次无疑是最有历史意义的采访。

拍摄前一周，82 岁的辉叔刚从医院回来。年纪大了总要定期"维修"，但是他每天都坚持到厂里坐镇，身边有他 80 岁的妻子霞姨。拍摄的时候正是盛夏，我们很担心拍摄量大会让老人家辛苦，但是他们从来都说"不要紧"、"没事"。老人家思路清晰，表述完整，对辛辛苦苦传承下来的家业总有说不完的情感。

而这份情感一直在延续，辉叔的儿子标哥仍在为了研发更多的口味和更优的品质而奔走，他将"李禧记"推广到了澳门，还要推向世界。对于很多人来说，"李禧记"是要带到外地的特产，为了这个特产，李家付出了一代又一代的心血，让"李禧记"品牌低调而固执地坚守在热闹的街市。

在《顺商传奇》的开播仪式上，百年老店"李禧记"理所当然地成为了当天播放的片子。不是因为我们拍摄得多么了不起，而是它本身所承载的历史记忆、家乡情感让人无法忽略。当天辉叔夫妇也到场观看，中午聚餐的时候，他们夫妻俩拿着茶杯向每一桌嘉宾和工作人员致谢，让不少人感动得鼓起掌来，作为片子编导的我，能拉着霞姨的手，陪着他们一一介绍，真的是与有荣焉。

1823年，顺德李禧记始创。

1981年，第五代传人李文辉的儿子李澄标在容奇开设李禧记蝴蚌店。

1997年，第五代传人李文辉制作的"李禧记蝴蚌"在全国首届烹饪协会举办的比赛中获"中华名小吃"美名。

1999年，第五代传人李文辉制作的蝴蚌食品系列产品获得广东省消费者委员会认可，为消费者信得过产品。

2000年，第五代传人李文辉在大良华盖路5号开设顺德区李禧记辉蝴蚌食品制造有限公司。

2001年，李禧记大良蝴蚌、杏仁饼系列产品参加2001国际(广东)食品博览会，均被评为金奖。

2002年，顺德市李禧记食品店的"大良蝴蚌"被广东烹饪协会评为"广东名小吃"。

2003年，在容桂开设顺德区李禧记辉蝴蚌食品制造有限公司分公司，逐步发展到属下有十几家分店。

2012年，被评为"顺德区食品生产加工环节食品安全示范单位"。

大良蝴蚌作为顺德特有美食，正在走向世界

民信：在传统里品味时尚
——董兆祥、董毅莹父女的传承之道

大良民信双皮奶，始创于20世纪30年代，当年顺德大良的放牛娃董孝华因牛奶太多无法全部卖掉，常常为保存牛奶而绞尽脑汁。有一次，他试着将牛奶煮沸后保存，却意外地发现牛奶冷却后表面会结成一层薄衣，尝一口，居然无比软滑甘香！此后一试再试，董孝华制成了最初的双皮奶，也成为双皮奶的创始人，并在大良华盖路开设了"民信双皮奶"老店。

在目前民信300多种甜品、20多款地方小吃当中，最受欢迎的还属老少咸宜的双皮奶。店里每天销售量近千碗，若碰上大型节假日，顺德大良总店仅双皮奶的销量就有2000多碗，排队等候的食客会塞满整个店铺，有时候还会站到门口去，甚至还有旅行社主动要求组织游客过来。总店同一时间最多只能容纳两三百人，在总店没办法接待的情况下，只能将游客带到顺德另一家分店。人多起来的时候，食客有可能不要求座位，站着吃都行，足见人们对双皮奶的喜爱。

1998年民信在东乐路开设分店，成为当时全区最大的甜品店

食者品香甜，制者品辛苦

装碗、摊皮、配料、打发、放入锅蒸、调好火候，然后静待双皮奶的出炉。

位于大良华盖路步行街的民信双皮奶老铺，老人正在熟练地操作着。

这位老人是民信老铺的第二代传人董兆祥，虽然已多年没亲自操作，但技艺一点不生疏，自从10年前因身体的原因将店铺交由女儿董毅莹管理后，他现在只有在想念老员工并趁着来店铺探望他们的时候才会亲手做上几碗过过瘾。

董兆祥（民信老铺第二代传人）：有时出来店铺看看，但是做就不行了。父亲临终前嘱咐我，不要再做这行，（因为）太辛苦。

在过去80多年，民信双皮奶一直深受食客喜爱。不过很多人不知道，这门看似"甜蜜"无比的事业，在董家看来却是一门苦差。董伯说如果当初有更好的发展，他可能不会接手。

董兆祥（民信老铺第二代传人）：改革开放后，兄弟们的发展都很好，就我最差，还是打一份工。大哥跟我说，做双皮奶的手艺你最好，为何你不做呢？何况你现在的经济条件不太好。

虽然看似有些无奈地成为第二代传人，但为了不将父辈的心血浪费，他还是跟妻子一起，起早摸黑地努力经营着。夫妻俩加几个工人，这种传统的家庭作坊模式就这样持续了17年。每天超负荷的工作，让他们根本没时间考虑店铺的发展问题。

董兆祥（民信老铺第二代传人）：什么都自己做。买料、收钱、制作等都是自己操作，能做得了多少呢？始终是十几人的规模，别说扩展了，连吃饭的时间都没有。

民信老铺第二代传人董兆祥现场制作双皮奶

直到2005年，二老最终因为积劳成疾，无法再打理，将店铺交由小女儿董毅莹接手后，这家老店才迎来了新一轮的发展。

双皮奶第三代传人接棒

中午12点，某游泳馆，董毅莹正在游泳，那轻盈的身姿，如飞鱼般在水中滑行，动作优美，技艺娴熟。尽管正午的游泳馆内温度很高，但她热情高涨，健美的皮肤在阳光下透着耀眼的光芒。

民信老铺1990年代在华盖路重新开店

董毅莹（民信老铺第三代传人）：（游泳）给我的感觉很阳光很健康，所以我很喜欢游泳。虽然很晒，但我不怕，我认为我的性格比较执著，我喜欢一样东西就会很坚持，我希望用我对待游泳的态度去经营好店铺。

别看董毅莹泳姿如此轻巧灵动，其实她学会游泳才3年时间。她说学东西不怕迟，只要你对它有一份热爱，它就会让你有了一个坚持的理由。同样，虽然她在35岁才成为第三代传人，但她一上任就投入相当多的时间和精力用于店铺的经营管理。如今她已经有7家分店，分别在禅城、三水和大良。

董兆祥（民信老铺第二代传人）：如有发展就不要让它继续走我们以前的旧路，那是不行的，别走。

董毅莹（民信老铺第三代传人）：希望以后的双皮奶，带给我们的不只是老人喜欢吃，新一代的年轻人也会喜欢我们双皮奶的口味，会是一个多元化融合的店铺。

位于佛山岭南新天地的这家民信老铺是董毅莹接手后开的第5家分店，这里新旧融合的建筑风格，与她的经营理念不谋而合。

董毅莹（民信老铺第三代传人）：岭南新天地第一期还没成形的时候我就来看过，很喜欢这里的环境。它主要将原有的建筑重新改建，很有岭南文化特色，所以很喜欢。这里跟上海新天地比较相似，都是旧建筑，但吸引的就是年轻人。

百年老铺注入经营新理念

董毅莹在尝试将双皮奶这种顺德传统小吃打入年轻人市场，首先是尝试对原有产品进行改良。在董毅莹刚接手民信甜品店的时候，民信的产品并不多，但双皮奶、金银奶、凤凰奶糊等传统甜品得到很好的传承。这些传统甜品，为民信稳住老一辈顺德街坊市民提供了很大的保障。

但年轻的董毅莹认为未来年轻一代将是社会消费的主流人群，占有更大的市场，因此她接手后就开始大刀阔斧地研发新品种，为了研发新产品和学习新的管理理念，她曾两赴

日本。现在店里新添了许多新产品，包括芒果双皮奶、木瓜豆腐花、焦糖炖奶、原只椰子炖奶等，品种由原来的为数不多，发展到现在的 300 多个。其中双皮奶、姜撞奶、金银奶和焦糖炖奶、原只椰子炖奶更是被评为"广东岭南特色食品"，吸引了不少港澳游客前来品尝。

  董毅莹（民信老铺第三代传人）：日本的甜品做得出名，所以我特地过去尝一尝人家的产品有何特色，看看有什么可以值得借鉴的。好像我经营双皮奶的概念是一样，保留旧有的东西，同时也有新的元素。我希望以后的双皮奶，不只是老人喜欢吃，也很适合年轻人的口味。

  不过要对多年来人们固有的记忆中的味道进行改良并不容易，首先在技艺方面遇到的难题就够让人头疼。比如他们尝试的原只椰子炖奶，一开始没想到那么难炖，要炖好久才熟。

  董毅莹（民信老铺第三代传人）：它的难度在于因为椰子大小不等，炖的时候时间要掌握好，然后每次炖的时候都要调很多次位置，每过一段时间要调位置，这样才能炖好，而且炖的时间比双皮奶的时间更长，起码长一倍的时间。

  这个经过多次调试才成功面世的原只椰子炖奶，在保留双皮奶的嫩滑之余，淡淡的椰香让双皮奶吃起来没那么甜，再加上卖相可爱，深受追求健康的人士以及年轻人的喜爱。
  这个新品为董毅莹摘获了"广东岭南特色食品"称号，在外人眼中这是一次成功的改良，而对于董毅莹来说，则是一种激励。

  董毅莹（民信老铺第三代传人）：从祖辈到我这一代，我爷爷创出双皮奶，我爸爸制作的姜撞奶获得"中华名小吃"称号，到我这一代也获得一个奖，（所以）很高兴。

  除了对原有产品进行改良，她还增加了一些周边产品。

  董毅莹（民信老铺第三代传人）：因为岭南新天地很多游客，我们也卖面、馄饨。因为除了卖双皮奶之外，这里很多游客会在吃饭时间过来，你一定要迎合每一个地方的口味。例如在顺德，来到顺德第一时间想吃双皮奶，但是来到佛山不一定。人家不一定吃你的双皮奶，就算来到民信也不一定会吃双皮奶，你要多些选择给客人。

  双皮奶作为一种以水牛奶为主材料的小吃，随着顺德养殖场逐渐外移甚至消失，奶源紧缺的问题一直都困扰着董毅莹，一有空她就跟店里的师傅尝试寻找各种替代品。尽管一次次的尝试都是以失败告终，但是她并没放弃。

  董毅莹（民信老铺第三代传人）：我试试奶皮行不行。我们做的奶皮会厚一些，这种牛奶做出来的其实是没奶皮的，有的只是奶油浮起来。我参观过日本一些奶牛场，有一种质量最好的北海道牛奶都不行，做不出那个效果，最多只能做到六七成。因为制作双皮奶的牛奶比较讲究，除了水牛奶没其他选择。（只能）看看在养殖方面能否突破。我现在也在考虑这个问题，或者在其他地方养殖，高明、英德等地，养殖后将牛奶运过来，看看可不可行。

对于女儿这种新的经营方式，董老伯没有一般老人的保守与固执。看着民信老铺在女儿经营的 9 年时间里，由两家发展成 7 家，分店遍布顺德、禅城和三水，他甚感安慰。

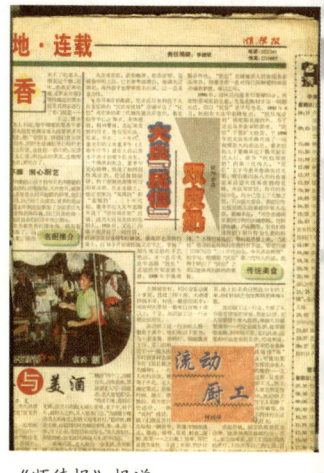

《顺德报》报道

董兆祥（民信老铺第二代传人）：她这样的管理没有走下坡路，算是成功了。她有（好的）发展，你就不要让她再走我们以前的路。那是不行的，别走。

顺德味道如何传承

由于双皮奶制作的奶源、技艺、经营等等问题，很难找到传承人。下一代不接班，顺德味道如何传承下去呢？

董兆祥（民信老铺第二代传人）：下一代未必接班，现在我的孙子接不接班？不一定接，估计大多数不接。

董毅莹（民信老铺第三代传人）：我觉得可以探究外国的方式，不一定要一代传一代的。

老一辈喜欢实干，什么都自己动手，或者让子女去做。可能是从小耳濡目染，深深感受到父辈家族式经营的辛苦和局限，董毅莹接手后对店铺的管理模式也进行了大刀阔斧的改革。她采用的是发散性管理模式，招新人进来，继续培训人才去管理新店。

董毅莹（民信老铺第三代传人）：现在我会用电脑监控看着几家店的运作，然后店里有一个经理，如果有事情发生，就由他第一时间处理。

现在民信各家分店由董伯的几位徒弟负责业务主理。他们必须经过三到六年的培训以保证技艺和口味的纯正，而董毅莹则负责行政以及店铺推广等工作，这种放权式管理将董毅莹从以前父辈那种凡事都亲力亲为的困局中解放出来，同时也为未来的传承奠定了基础。

传承不再靠传人，美味将如何延续呢？

董毅莹（民信老铺第三代传人）：好像我儿子，他学的专业是外语，我觉得他的想法是，可能会从事与他专业有关的工作。

时代不同，年轻人的想法也不同。董氏父女对一代一代的传承都不抱有希望。所以他们决定放手，打破传统，培养更适合的人选去传承手艺。在董氏父女看来，只要大家吃到的是正宗顺德双皮奶的味道，由谁制作又有何关系呢？

董兆祥（民信老铺第二代传人）：神秘感？其实一点神秘感都没有。我觉得我们一点神秘感都没有，已经传给人了，不是自己单独制作，没有任何神秘感。双皮奶就像我女儿说的一样，不是属于你一个人的而是整个顺德的，它是顺德的一种小吃。多好！没必要一定是属于你家族。

董毅莹（民信老铺第三代传人）：谁管理我觉得不是问题，最重要的是传统的手艺可以一直流传下去，那就好了！

人们在被奶香润滑的双皮奶征服的同时，也深深地被民信的创新理念所折服。如今，民信的第三代传人把老字号注入新内容，把古老与现代相结合，把饮食和文化相结合，提高了老字号的品位。她集众家之长，创出饮食新品牌，在传统老字号中注入时代血液，使之焕发青春活力，令昔日的民间小吃登上了大雅之堂。

谁说我们一定要走别人的路？不走传统路，民信恪守"民乃国之本，信为商者先"的传统经营宗旨，诚实守信，礼貌待客，在市场经济的大潮中走出了一条自主经营、自负盈亏、自我完善、自我发展的道路，不仅将顺德双皮奶发扬光大，还使"民信老铺"成为广东的名牌，顺德的骄傲！

编导手记

双皮奶，我相信每个土生土长的顺德人，都会对这一款家乡特有的甜品有着特别的情感。而喜爱双皮奶的人，也不仅仅是顺德人。许多来顺德的游客，是因为双皮奶而慕名前来。在我的记忆中，外地的亲友每次来顺德的时候，都会提出要去吃双皮奶。

现在想吃正宗的双皮奶，不是只有在顺德才能吃到。在顺德制作双皮奶多年的民信老铺，已经逐渐将分店开设到更远的地方，让更多的客人品尝到这种来自顺德的味道。佛山岭南新天地是个新与旧完美融合的地方，民信老铺将分店开设于此，也体现了它对传统的传承，同时敢于创新的精神。

作为一家传统的甜品店，民信老铺将双皮奶等传统甜品继续传承，并且跟随着大众口味的变化，对味道进行改良。同时又不断研发各种新产品，让人们在此既可品尝传统的味道，又能尝试到与众不同的新口味。

民信老铺的创新，不仅仅是产品，更重要的是观念上的创新。从前的民信老铺，作为经营者的董老伯，亲自参与到店铺的所有工作环节，亲自管理，亲自制作双皮奶，亲自培养学徒，亲自将双皮奶的味道传承下去，但却因此无暇考虑将原来的两间店铺扩大，甚至往外开拓市场。董毅莹从父亲这里接手打理民信老铺后，为店铺的经营管理注入新思维，让老品牌的传统口味焕发新活力。

如今，民信老铺的顾客依然络绎不绝，创新的精神为传统的魅力增添了光彩。

印象企业

　　1930 年代，董孝华（创始人）始创双皮奶，双皮奶从此问世。后来董孝华在当时顺德大良最繁华的路段——华盖路开设第一间"民信奶品店"，被人们所熟悉。

　　1932 年，董孝华研制出"凤凰奶糊"和"金银奶"，与"双皮奶"形成三足鼎立。

　　1935 年，在省城广州的黄金地段第十甫开设分店，店名为"民信"。后来毁于战火，损失惨重。

　　1958 年，"私营企业合作化"的政策，使大良华盖店"民信奶品店"合作化，此后双皮奶沉寂了一段时间。

　　1990 年，董兆祥（第二代传人）在陈村的新圩复业，重新亮出"民信"的招牌。

　　1993 年，在陈村经营了 3 年的民信，带着近 300 个甜品款式，迁回大良华盖路，使得"民信"的招牌又重新悬挂在华盖路上，即现在华盖路步行街总店地址，一直营运至今。

　　1998 年，民信第一家分店开业，地址位于大良东乐路，由董翰承（第三代传人）管理。

　　2000 年，经过董兆祥改良后的"姜汁奶"获得"中华名小吃"称号。

　　2009 年，成为"广东老字号协会"会员，并为申请"广东老字号"做准备工作。董毅莹（第三代传人）创作的"原只椰子炖双皮奶"迅速成为民信老铺的又一拳头产品。

　　2010 年，"双皮奶""原只椰子炖奶""金银奶""焦糖炖奶""姜汁撞奶"五个产品，获得由广东省饮食协会授予的"广东岭南特色食品"称号。

　　2012 年，获得首批"广东老字号"称号。

　　2013 年，民信甜品店"双皮奶制作技艺"成为第四批区级非物质文化遗产项目，民信第二代传人——董兆祥成为区级非物质文化遗产项目代表性传承人，双皮奶获得"佛山十大名小吃"称号。

　　2014 年，"民信炸牛奶"成为"佛山名菜"。

姜汁奶荣获"中华名小吃"称号

双皮奶制作技艺成为"区级非物质文化遗产"

苏显忠：生活方式制造者
——品酒客的红酒平台

夏日的夜晚来得比平时迟，但人以食为天，人们对美食的追求从不停步。

一家时尚的现代派餐厅里优雅静谧，秩序井然，其实已座无虚席，而外面的客人还在源源不断地涌入。这家位于顺德容桂的"品酒客"葡萄酒主题餐厅去年11月开业，从今年2月开始，50个座位天天爆满，想要享受美酒美食，您必须付出等待的时间。

这家应接不暇的餐厅的老板是个传奇人物——顺德品酒客国际有限公司董事长、总经理，"法国骑士勋章"获得者苏显忠。他有什么"祖传秘方"或"独门秘籍"，让他在顺德这个对美食要求极高，餐饮竞争最激烈的地方把一家餐厅经营得这么风风火火呢？还有，作为一位著名成功人士，苏老板的事业和理想就限于这家才50个座位的"小"餐厅吗？冰山一角的下面还有什么让人惊叹的宏伟构想呢？

"一位难求"源于品牌力量

"你好，先生。"品酒客餐厅里，带着歉意微笑的服务员彬彬有礼地向一位焦急的来客鞠躬致歉，"不好意思，今晚的座位已经全部订满了，需要的话，后天星期六有张台，有一张大台可以留给你。"

苏显忠（品酒客国际有限公司董事长）：超乎了市场的预期，你就能做到一位难求，而且在顺德这个对美食要求这么高的地方，也能做到一位难求。这可能是顺德饮食界史上从来没有试过的，我应该会做一个中国最大的中产阶级的社交平台。

苏显忠与车手合影

品酒客车手夺冠

这位侃侃而谈，口出豪言的餐厅老板真是叫人刮目相看——颇有一种酒的潇洒品质。美食虽丰富，但葡萄酒的主题依然无法被掩盖。这家餐厅的 24 小时恒温酒窖里藏酒种类数百，涵盖世界各地名庄美酒，彰显出主人对浪漫情怀的极致追求。但是你又是否看得出他曾在务实的制造业界打拼多年……

2007 年，苏显忠把苦心经营的塑料工艺工厂卖掉，钻研红酒，当时的国内红酒市场并不成熟，拥有无限机遇的同时也意味着没有可供复制的经验。为此，苏显忠邀请品酒专家一起远涉重洋，去到法国的所有产区考察，进行第一线采购。

苏显忠（品酒客国际有限公司董事长）：这么多年来，我们一直坚持所有酒是一定要由我们引进，由我们进口，从产品的源头到我们这边的销售终端都掌握在我们的手上，这就决定了产品的质素。

"法国骑士勋章"获得者苏显忠

他山之石，可以攻玉。其实长达 10 年的制造业经历并没有白费，它给苏显忠带来了宝贵财富，那就是品牌意识，要将品牌做到超好。

苏显忠（品酒客国际有限公司董事长）：没有品牌，只能处于产业分工最低端的一部分。我们希望品牌会更健康，更时尚，所以这六七年，我们品牌投入了很多的活动。

2008 年，品酒客进行了大规模的品牌宣传投入，通过与世界排名最高的华人品酒师邝英志先生成为合作伙伴，组建 CFGP 中国方程式车队，与阿里巴巴网商大会建立合作关系，挑选超模为形象代言人等一系列举措，引起了市场广泛的关注，成功塑造了高雅时尚的葡萄酒连锁品牌，仅仅几年时间，品酒客在国内开拓了近百家旗舰店。

2012 年，一场由法国圣埃美隆骑士协会主办的"法国骑士勋章"授勋仪式在香港华丽上演，30 多名在葡萄酒领域作出重大贡献的杰出人士受到表彰，苏显忠的亚洲脸庞格外引人注目。

苏显忠（品酒客国际有限公司董事长）：拿到这个"骑士奖"当然非常开心，这里有我的姓名，我是默默无闻者之一。当然这是一个产业对我个人的一个鼓励，但鼓励意味着要肩负更重的责任。

葡萄酒主题餐厅应运而生

2013 年，品酒客再次升级，以美食带动葡萄酒的销售，采取前端体验式的消费模式，葡萄酒主题餐厅应运而生。

苏显忠（品酒客国际有限公司董事长）：经过五六年的发展，我们发觉，美酒一定要跟美食相结合，就会产生一个更加混合，更加是人们生活所渴望以及喜欢的模式。大家都知道，中国三十几年的改革开放，物质得到很大的丰富，很多人解决了温饱问题，对生活的诉求很明显是不一样的。中国因为人口基数大，过亿的中产是很正常的，甚至这是一个很保守的数字，我们公司的定位就是服务这一亿的中产。

红酒是时尚与品位的代名词，红酒文化契合了当今社会推崇的慢生活模式。和不懈奋斗的苏显忠有着相似背景的人群，已经迅速发展成中产阶层队伍。

"为1亿中产阶层提供品位"，2013年，品酒客品牌再次升级，苏显忠瞄准了国内庞大的中产阶层市场。

自古美酒与美食密不可分，以自助餐的形式将高端食材与葡萄酒完美结合，用大众的价钱，就能享受星级的餐饮服务、超性价比的享受。

"我们不只是在卖产品，我们更是在卖一种生活方式。"苏显忠认为主题餐厅除了有美酒、美食外，更要有让人愉悦的就餐环境。他将餐厅的装修格调定为欧式古堡，每一个细节都充满了欧洲古典的文艺气息，让食客不用到巴黎，就能够体验到与众不同的餐饮享受。

热辣的法式铁板烧，意式手工冰激凌，烛光摇曳当中，专业侍酒师斟上一杯上等葡萄酒，让来客沉醉在欧式古堡建筑的低调奢华氛围中。然而作为将餐厅一手打造的创始人，苏显忠总是在挑剔，用他的话来说这是一种"体验"。

品酒客代言人：中国第一黄金比例身材超模艾尚真

苏显忠（品酒客国际有限公司董事长）：这批牛肉比上次一批要好，但是五成熟要更加适合于西方人，中国市场要稍微偏熟一点。

岑鸿基（侍酒师）：我们苏总定期都会出来，检查环境和（物品）位置摆放，一旦有什么错都会提醒我们，叫我们及时改正，无论是对待那些餐具的摆放，（还是）红酒的存放，红酒上不能有一点灰尘，要是这样给客人的感觉就是好像很脏，不够专业。

苏显忠（品酒客国际有限公司董事长）：以前的制造业就是OEM，简单来说就是接订单，生产，出货，收钱，相对来说是简单一些。现在进入到服务业，就意味着做品牌，营销，团队，更加复杂。我们都会很注重客户的感受，特别是中产阶级，已经不是简单物与物之间的感受了，可能"物"以后的精神层面代表了他对这件事物的看法。

2012年苏显忠在香港接受法国圣埃美隆骑士协会的"法国骑士勋章",以表彰品酒客在推动中法葡萄酒文化交流中所作出的卓越贡献

苏显忠爱把"中产阶级"挂在口上,在社会文明进步,物质充裕的年代,他感同身受,那些不懈奋斗的人们从事业中获得成功感,同时注重精神的享受、生活的品质,他们普遍关注时尚,懂得品位,那么,如何号召这一亿中产走进自己的餐厅呢?

微信营销与体育营销

一条充满诗情画意的"在顺德,遇上巴黎"是2012年2月15日品酒客公众号发布的微信。由此,苏显忠养成了时时查看手机的习惯。这条微信在各个朋友圈中疯狂转发,单单七日的转发量就达到5000,阅读量接近6万,每天100多个订座来电,使得品酒客餐厅一下子成为全城最难订位的餐厅。

苏显忠(品酒客国际有限公司董事长):讲回上一次计划的微信营销,"阿根廷刺身龙虾主题"。有没有一些建议,不如我们就做一篇配合我们白葡萄(酒)的专题,就是会写一些关于口感或者酒方面。酒杯加上我们的配餐,还有我们的虾生,一起去拍照,让效果会多一点美感。最重要的是葡萄酒的推介,我们都放在菜单的背面,让他们在就餐的过程中都可以学习葡萄酒知识。我们的就餐环境、食材出品这几样一定要做得很专业,而且做得漂亮,再通过微信的闭合营销,产生它最好的效果。

活跃的会员数量让策划团队充满干劲。新菜式发布了,葡萄酒有了新的款式,首创的葡萄酒学院开课了,都被策划团队转化成生动的文字和图片。在很多餐饮业还在为团购成本的问题烦恼时,品酒客已经把微信公众号玩得风生水起。

2012年品酒客葡萄酒学院正式成立并授予4位法国庄主为荣誉顾问

苏显忠（品酒客国际有限公司董事长）：以前我们做过很多微信、微博、网站，反正很多很多（宣传方式），为什么现在全集中在微信？因为你每一天低头刷的就是微信，所以微信在你心目中，现在这一刻，是最重要的一个应用，通过不骚扰的形式，每个月发送那么四五条，让我们存在。客户知道我们现在在做什么，那你会将他的习惯养成，如果这个公司在他的习惯里出现，这意味着你的传播相对来说是简单了。

2012年CFGP中国方程式大奖赛在董事长东肇庆国际赛车场拉开帷幕。品酒客与2011年一样继续赞助该项赛事，2011年他们的车手崔岳拿到了年度车手总冠军，通过赛事品酒客品牌得到了进一步的推广。品酒客董事长苏显忠也来到了肇庆赛车场现场，并接受了媒体的专访。

苏显忠（品酒客国际有限公司董事长）：品酒客与CFGP中国方程式签约4年，双方的合约到2014年到期，今年是第二年。去年我们的成绩比较理想，车手崔岳拿到了年度冠军，今年我们又补充了一名车手邰怿，组成了两位上海车手阵容，我们的目标就是在巩固去年成绩的基础上，在车队建设方面有更大的突破。在诸多体育项目中，方程式赛事更符合我们的企业形象展现，方程式代表着科技与最新的研发，在广大车迷心目中是高端的平台，这也是我们把品酒客建设成健康、高端的品牌所追求的。

通过2011年一年与CFGP中国方程式的合作，品酒客也从中尝到了甜头。

苏显忠（品酒客国际有限公司董事长）：去年（2011年）通过体育营销，我们的车手有好的表现，我们也邀请各地代理商来到现场，通过观摩比赛，使代理商更认识我们的公司，知道我们正在做一些具有想象力的工作，今年希望更进一步。

带着新人奔向未来

放眼品酒客的工作人员，大多是充满朝气和活力的脸庞，对新鲜事物充满热情，苏显忠直言更欢迎大学应届毕业生来到公司。

苏显忠（品酒客国际有限公司董事长）：我们不太喜欢在招聘市场里有一些学坏的观念，或者是一些态度的人，进入公司后很难改，所以我们这么多年来更加倾向于去招聘一些应届毕业生，因为只要他们勤快，对未来有要求，这是一家无限学习的公司，因为我们对未来真的是充满了探索，对未来世界始终保持好奇的心。

姗姗来自山东，来到品酒客3年后，已经是投资事业部的经理，她的成长速度比同学要快得多。

姗姗（品酒客国际有限公司投资事业部经理）：我是2008年毕业，2009年到这边来，然后刚进公司语言又不通，对红酒、葡萄酒也一无所知，但是来了公司以后，发现学习的机会特别多，像上一次我们去江西开培训课，我是从来没有上过台的人，然后苏总就很放心大胆地让我上台去给他们做培训。当时我就说，苏总，让我给他们讲课的都是我们的加盟商，都是有上百万上千万想投资进来加盟的人，我说你让我上台，我还怕压不住场。但是苏总说没事，我在下面给你坐镇，你就在台上放心地讲吧。我的第一堂课就这样讲了，当时我用一个成语来笑话这是拔苗助长，但是现在看来真的是苏总知人善用，然后还有就是放心大胆，让我感觉这样的公司有挑战，有发展前景。

因为经历，所以懂得。20年来，苏显忠在顺德这片热土勇猛征战，如今带着同样有梦想、敢奋斗的后辈们，能发展一份自己喜爱并能得到认可的事业是一件幸运的事。

苏显忠显然很享受现在的工作。"为一亿中产提供品位"，致力打造国内最大的中产阶级社交平台，未来或许还有征程，但他信心十足。

苏显忠（品酒客国际有限公司董事长）：从今年开始，我们会开出更多大型的直营店，首先在顺德我们总部的地方先开一至两家，然后会在珠三角各个城市开我们的直营店，数据（显示）应该在一到两年的时间我们肯定会北上到北京、上海，我们一定会走出去的。

从当年一家针织厂的印染工人，到今天坐拥200多家红酒专卖店，在周围人看来，每一次"逆转"，苏显忠都"踩对了点"：在电脑尚未完全普及时，他用网络联络海外买家；

在电商泛滥时，他回归实体店销售；在越来越多的人开始重视生活品质时，他又制造和贩卖了生活方式。

织布印染、塑料工艺、互联网、红酒、餐厅，品酒客国际有限公司董事长苏显忠自己也没有料到会辗转这么多行业。他的人生字典里天生没有"安稳"两个字，因为"逆转"才是他人生的主题词。

编导手记

看得出来，苏总是一个很有想法，并且对生活充满热情的人。他的声音洪亮，特别乐于和人分享自己的看法，而且不管什么话题，他都能说出一二，可见平时涉猎的广泛。也正因为此，他在制造业做得一帆风顺的时候，敏锐察觉到红酒业的巨大潜力，毅然转行。而他销售红酒的方式也与众不同，准确地说，是抓住了一个时代的发展要素。他的红酒餐厅布置得非常有情调，每个环节都考虑到消费者的需要，连洗手间里要设置放手机的篮子这些细节都没有错过，他称之为"客户体验"。他的品酒客微信粉丝每天都在迅猛增长，数以千计的粉丝参与店里活动的讨论，每天"一位难求"成了一件很正常的事。

去拍摄的时候，他刚登上《人民日报》（海外版）和《中国经济周刊》，不少人对他和他的经营模式充满好奇，而他也毫不掩饰自己未来的更大目标，只是那对时尚概念的迅速跟进和对客户体验的细致调查却不是旁人能轻易复制的。为此他也特别喜欢带领年轻的团队，因为他认为，一个有魄力的企业家，绝对能给出足够的成长时间，带出一个足够优秀的团队。

印象企业

  2010年，成为世界女子9球锦标赛官方指定唯一红酒赞助商。同年成为阿里巴巴集团全球网商系列活动金牌合作伙伴。同年获上海世博会荣誉企业。

  2011年，品酒客方程式车队成立并荣获当年中国方程式大奖赛年度车手冠军及车队亚军。

  2010～2012年，成为中国方程式大奖赛战略合作伙伴。

  2012年，"中国第一黄金比例超模"艾尚真小姐正式签约成为品酒客的时尚形象代言人。同年，品酒客董事长、总经理苏显忠先生在香港接受法国圣埃美隆骑士协会的"法国骑士勋章"，以表彰品酒客在推动中法葡萄酒文化交流中所作出的卓越贡献。品酒客葡萄酒学院正式成立。

  2013年，成为中国欢乐龙舟文化节支持单位。

  2014年，品酒客创新的商业模式被国内外各大顶级媒体所关注，包括《人民日报》和《中国经济周刊》等权威媒体都对此作了专访和报道。

品酒客团队参观法国达索酒庄。稻草堆上的欢迎仪式，是法国最传统和隆重的迎接贵宾的方式

2013年法国蒙彼利埃市政府隆重接待到访的品酒客团队

陈景：美食是一种诚意
——味·空间的无国界料理

说到顺德，就不能不说起顺德的美食，就算是在繁华的珠三角一带，顺德的美食也是享有盛名的，素有"食在顺德，厨出凤城"之美誉。在大环境的影响下，喜欢美食的顺德人自然就喜欢在"怎样才能做出独特味道"上下功夫了。而陈景，便是这"研究行列"中的一员。

2011年，陈景开设了味·空间无国界餐厅。然而，要想在餐饮之林中站稳脚跟，就必须有自己的独特之处。许多客人第一时间走进味·空间，便是被这餐厅别具匠心的装潢所吸引：深色的木地板，搭配大理石工艺餐桌，各种具有民族风情的摆件被主人安放在特别的角落……浓浓的异国情调，东南亚特有的潮湿空气也扑面而来。墙上的怀旧黑白老照片与落地窗外的整片绿色景致交相呼应，让宾客仿佛置身于异域空间。味·空间定位中端餐厅，在顺德享有不错的口碑，然而餐厅的主人陈景却曾经在创业中途沉到谷底。在鲜为人知的背后，陈景又拥有着怎样的一段故事呢？

从"铁饭碗"跨入餐饮业

和所有的创业者一样，陈景是一个不安于现状的人，他总希望能够通过自己的努力创造出属于自己的事业。他不是"富二代"，不是"创二代"，而是"拼一代"。为了自己的梦想，他毅然辞掉别人眼中的"铁饭碗"，踏上寻梦之旅。

陈景（味·空间无国界美食执行董事）：我觉得我本来就不算是一个很安于现状的人。我曾经在政府单位上过班，但是那种生活，（我）一直都觉得不是自己想要的。因为你30岁，可以看到40、50、60岁，就是几十年后的生活，你会觉得，（这是）很恐怖的一件事，所以这个想法促使我做回自己想做的事情。生活有一些跳跃，或者有一些变化，让自己可以享受更多，体验更多不同的人生。

从政府部门出来后，陈景到了企业做起管理层工作。之后，由于机缘巧合，在毫无经验的前提下，他先后做了两家餐厅的总经理。就是这样的一种经历，让他开始对餐饮行业产生兴趣，并且萌生了自己开餐厅的念头。35岁那年，陈景终于下定了决心，开始筹划开设一家属于自己的餐厅。为此，陈景开始东奔西走，遍尝各地美食，考察各地餐厅的经营模式。

陈景（味·空间无国界美食执行董事）：我觉得开餐厅最辛苦的时期，应该是有几个阶段的。第一个阶段就是筹备。当我有这个想法以后，我就很投入地去做这件事。整整一

味·空间扩建后的主入口

个月的时间,自己一个人背着背囊,走了8个省、十几个城市,可能有几十家餐厅那么多,去看、去尝试、去学,去寻找一些有灵感的东西。

"看这个蟹的颜色,这个盖是透明的,应该颜色再深的更好是吗?……"要经营好一家餐厅,需要耗费很多时间与精力,而行走于各大市场间,便是陈景定期需要做的"功课"。

陈景(味·空间无国界美食执行董事):其实做这一行业,很多事都要亲力亲为。(所以)我会定期去走走市场,包括深圳、广州、顺德,都会去看。我平时去看的市场,比如说,去一些食材的市场,还有装饰品的市场、工艺品的市场,还会去一些器皿,好像酒店用品的市场,甚至还会经常去一些餐厅,去试吃去试菜,这些都是经常要做的事情。(我)希望多一些去了解市场,多一些去挖掘新的食材,(这)对于我整个餐厅的经营来说,会更加有利。

用心布置的精致环境

味·空间不仅仅是个吃饭的地方,更是一个让人很容易忘记时间的地方。客人在吃饱、吃好之余,还能享受到餐厅的环境、氛围和文化。

陈景(味·空间无国界美食执行董事):为什么叫"味·空间"?是(因为)我想通过这个名字,去传达我餐厅的定位。"味"、"空间",它是两个相提并重的东西。首先

是味道要走在前面,第二就是这个餐厅的空间它的舒适度、布置,在整个空间的设计里,(我)希望能给在这里吃饭的人,(带来)一些舒适的感觉,所以"味"和"空间"对于我来说,两者都是很重要的东西。当然服务还有其他方面的,都是我注重的,但是我希望"味"和"空间"能同时带给客人冲击感。

为了提升味·空间的视觉享受,增加餐厅带给顾客的舒适度,陈景总会将他从各地带回来的饰物精心摆放到餐厅的每一个角落。他对餐厅的用心,让人随时都能感受得到。

陈景(味·空间无国界美食执行董事):这些就是我在不同的古玩市场淘回来的小玩意、小古玩。比如说,这一部分是在江门那一边,江邑地区一些古玩市场(淘回来的),大概是民国时期的,我们家庭平时饮食之中的用具。还有这些是我在西藏旅游时,带回来的当地工艺品。我们味·空间就有十几间房,每一间都有不同的特色主题。比如这一间是我个人比较喜欢的房,它是东南亚的主题房,就像这一盏灯,是我在土耳其带回来的。还有一些木雕,是在泰国带回来的,还会布置一些有中国或者岭南(特色)的,就是混搭(的)几种风格。

相对于传统餐厅一成不变的招牌菜式和保守的做法,陈景为味·空间选择了新派餐饮路线。在"菜式要创新,用料要大胆,出品要优质"的经营理念下,味·空间开创了一片属于自己的天地。

曹经理(味·空间无国界美食经理):以前我们工作,每个行业都是说客户就是上帝,在我们这里,客人不是上帝,是朋友,我们把他当成自己的亲戚朋友。

黄鼎(味·空间无国界美食西餐总厨):(菜品)没有最好只有更好,所以说(对菜品的)要求都比较严格,每一道菜给客人都是很放心的。

客人:黑松露,我最喜欢的就是黑松露牛排,我很喜欢吃的,味道很好。与其他餐厅对比,它的味道,它的就餐环境让我难忘。

到会服务,避冷逆袭

所谓无商不艰,这个"艰"是"艰苦"的"艰"。当所有人都以为味·空间的生意会越来越红火的时候,它却在半路沉到了谷底。最高的时候达到十几二十万的亏损。为了筹钱给味·空间周转,陈景把父母的房子抵押给了银行,还借了一大笔钱。

陈景(味·空间无国界美食执行董事):这个餐厅从无到有是一年时间,从小到大也是一年后发生了变化。当我们扩建好开始营业的时候,基本上有大概四个月的时间,这个经营很艰苦,因为一开始扩大后,包括租金、人员工资都是成倍地增长,但是一开始客源、生意是上不去的,营业额是上不去的,所以这个时候,距离越拉越大。这三四个月出现比较大的亏损,最高的时候达到十几二十万一个月的亏损,所以那个时候,心里所承受的压力是相当大的,很大的。当时会想,如果可以回到过去,可能更加科学的做法,就是用后期的资金多开两家分店,在其他的镇区,就不应该拿去扩大。

然而,扩建后的黑暗期并没有将陈景打倒,反而促使他拼命地思考:怎样才能将餐救活。为了避开同质化竞争,陈景将目光放到了活动策划和送餐服务中,另辟蹊径,使味·空间在入不敷出的恶劣环境中存活了下来。

陈景(味·空间无国界美食执行董事):经历过这个亏损期的时间后,痛定思痛,同时做了很深入的思考。除了店内的经营外,我还开拓了两部分业务,一部分就是派对餐饮,一开始我将门槛降低,让更多的人体验这个服务;第二个就是力推"到会服务"。所谓"到会服务"就是送餐到各个地方的客户,我们就做了很多有代表性的案例,包括去到奔驰的4S店做到会服务,送餐上门;还有很多公司的开业,这种类型的到会服务,使得(餐厅)从吸引客人进来,到我们主动走出去。所以就是两个方面,一个就是店内实体店的销售,第二个就是向外开拓业务,两步同时走,所以经营是慢慢稳步上升。

味·空间无国界美食执行董事陈景

经过努力,在短短的几年时间里,味·空间克服了位置的制约,赢得了口味刁钻的顺德人的肯定,正所谓"酒香不怕巷子深",2013年,味·空间被评为"广东十大人气餐厅"。说起经营餐厅的秘诀,陈景给出的答案出乎我们的意料。

陈景(味·空间无国界美食执行董事):我觉得做一家餐厅,成功的唯一标准,就是它的定位。包括其他团队、资金这些都是其次的,定位才是关键的。我进入这个行业以后,经历了很多,过程就是看别人的,再看回自己。这个行业现在基本就是无序的发展,很多同行前赴后继,一个在做,很快就倒下,或者,另外一个人跟着做,接着又倒下,这样。看到很多这些鲜明的例子,活生生的例子,让我清楚定位是一家餐厅的根本——你想做什么,你的目标消费群是谁,你所做的是否符合消费习惯,或者他(顾客)的消费理念,两者之间可否找到契合点?这个很关键。

老房子也有春天

闲暇的下午,喜欢喝咖啡的陈景会去到自己喜欢的咖啡屋,让自己可以彻底放松一下心情,同时,他也在《顺商》杂志开设专栏写作。

陈景(味·空间无国界美食执行董事):所谓无商不艰,这个"艰"是"艰苦"的"艰"。这个工作确实是比较忙碌、比较辛苦,往往作为这个行业来说,客人在这里坐的时候,我们是站着;客人在吃的时候,我们在那里看着;客人吃饱走了以后,我们还要忙,这个就是这一行的特性。甚至对我的家庭,我也是一种很亏欠的感觉。常常,我在餐厅忙完以后,回到家,他们已经睡觉了,第二天我起床的时候,他们已经去上班上学,所以真正见面沟通的时间很少。这里是我觉得比较亏欠他们的地方。

经营餐厅之外,陈景最喜欢的就是老房子,中国的老房子,他几乎都去看了一次。在别人看来,老房子似乎没有什么价值,对于陈景来说却是灵感的源泉。最近,听说伦教御波桥附近的旧房子有项目可以做,他马上就积极奔走起来。

陈景(味·空间无国界美食执行董事):例如这一栋旧的房子,我觉得很有感觉。它保留了原始的风貌,包括瓦片,包括整个空间的布局,包括墙身的喷涂,还有地面的感觉,都很有那种历史感,很有工厂的感觉,有仓库的感觉。如果将它打造成仓库餐厅,或者具有阁楼感觉的文化休闲吧,我觉得是一种很好的享受。希望这个项目能顺利推行,给大家带来惊喜。

正如陈景自己所说:"不踏出第一步,你永远不会知道下一步会有多精彩!"坚持和坚强,勇敢地面对一切压力,是所有创业者必须经历的一课。在这一课中,陈景也是获益良多。

陈景(味·空间无国界美食执行董事):我觉得创业这两三年里最大的收获,就是人生的充实,很充实,没时间给我胡思乱想,或者去放松自己,因为始终有责任心在这里,牵引着你不断向上冲。

做餐厅需要坚守,拥有别人所不能的,火时不张扬,冷时不自弃,生意自会细水长流。餐饮中的"点"很重要,"点"即定位,定位准才有市场。如今的餐饮业,靠的还是口碑相传,餐厅做好内功,才会赢得大众口碑。熬过了最难捱的日子,陈景的餐厅生意越来越好。对于陈景来说,成功来得并不偶然,味·空间的成长,每一步都带着他的心血和汗水,成功的背后也背负着更多的责任。在"美食之都"顺德开餐厅,听起来那么美,却也是强手如林的实力大比拼,忠实自己的想法,并持之以恒,这份坚守的诚意,定然会烙刻在食客的心上。

编导手记

我们常常说"人如其名",陈景就是这样的人。为了自己喜欢的味道,为了自己喜欢的空间,他给大家创造了一片风景,在那片小小的天地里,人们可以放松自己。虽然我们很多时候都说这只是决定于自己的心态,但是不可否认的是,当环境的舒适与人的要求达到一定程度的吻合时,人的放松才会完全释放出来。

陈景的微信名字叫"小景叔叔",每一天,我们都能看到他发表的种种风景或者是景象。我真心羡慕他敢于善于乐于每一天都去表达自己的内心。无论是开心时的痛饮失态,还是失落时的愤愤不平,能够将自己的心情表达出来的人,都是难能可贵的。我们多数人都习惯于保留自己的心思,就像我们中学时学习的课文《套中人》的主人公一样,无形中就疏远了人与人之间的距离。我也不例外,我们都在慢慢地把自己套得越来越封闭。每每看到陈景每一天的分享,我就庆幸有这样一个朋友,即使我不去主动联系,我们也能知道他过得好不好。我常常会反省,如果我们都能够像他这样,或者尽量像他这样,诚挚地利用新媒体的手段,而不是单纯地作秀卖弄,这个世界的沟通应该会顺畅很多,负能量也会少很多吧。

印象企业

2011年9月，味·空间开始筹建。

2011年12月19日，味·空间正式开业，是顺德首家用iPad点菜的餐厅。

2012年3月19日，香港"食神"梁文韬亲临味·空间品尝美食。

2012年4月30日，味·空间获得凤城"食都杯"服务技能大赛冠军。

2012年8月，味·空间开始筹划扩张工程。

2012年10月，味·空间扩张工程完工并正式运营，餐厅面积由400平方米扩大至2000平方米。

2012年10月18日，香港美食家黄永帜亲临味·空间品尝美食。

2013年11月15日，味·空间荣获广东餐饮品牌榜"广东十大人气餐厅"殊荣。

2014年3月18日，味·空间的"黑金蒜炖肉汁""鲜花椒焗鲜虾""鲜汤鱼皮饺"三道菜式入选"乐寻凤城招牌名菜"。

2014年8月3日，味·空间菜谱全面更新，无国界美食多达八个大类，包括中西日泰越等多种美味。

2014年9月30日，味·空间以评分第一名的成绩荣获"顺德餐饮名店（特色类）"称号。

上好的牛扒供应

招牌菜品：果木烤牛扒

风味菜品：泰式青咖喱海鲜

人气菜品：泰皇咖喱蟹

02
传递爱，是一种美德

佘永亮："拼命九郎"
——"永亮"的公益事业

在顺德容桂，有一位从1994年就开始创业的70后土生土长青年，他坐拥8家企业，经营领域横跨厨具、餐饮、环保设备、教育等多个产业。个人事业蒸蒸日上，作为财富英雄早已功成名就，但他并没有因此而止步不前，而是将更多精力投身公益事业，寻求全面开花。熟悉他的人笑称他"不务正业"，但又对他赞不绝口，都说《水浒传》有个"拼命三郎"，他则简直就是"拼命九郎"！

这位"拼命九郎"就是佘永亮，永亮集团董事长。虽为商人，但顺德区公共决策咨询委员会委员、顺德青年企业家协会会长、顺德容桂青少年成长促进会会长、顺德区工商联副主席、顺德区社会创新中心副理事长等多个社会职务占据他名片上的大部分版面，摊分着他的绝大部分精力和时间安排。也正因为对社会公共事务的满腔热情和忘我投入，近年他先后获得佛山市"十大环保之星"，顺德青企协"年度热心公益奖""年度突出贡献奖""第三届顺德区十大杰出青年"等殊荣。

作为一名青年企业家，佘永亮以顺德人"敢为人先"的精神，在商业之路上披荆斩棘，积极推动地方经济发展。事业繁盛之时，他又秉承"知恩图报"的社会情怀，以高度的责任感积极参与社会事务，为顺德的社会建设不遗余力。

2010年8月，在团顺德区委的牵线下，容桂街道办事处给予一定财政支持，佘永亮与其青年企业家朋友们首期筹资60万元，发起成立了容桂青少年成长促进会。经过近4年的不懈探索和苦心经营，佘永亮带领的容桂青促会创造了多项"第一"（顺德第一个由青年企业家自发筹资成立的青少年社团；第一个承接政府购买服务参与社会管理的社会团体；第一个以NGO身份介入公办幼儿园管理的社会团体），成功入选《团中央青年社会组织案例选编》，已经走出了一条民间组织参与社会建设的新路子，是激发民间力量参与社会服务的活力、为顺德社会体制综合改革作出了突出贡献的鲜活样本。

不仅如此，佘永亮还身体力行，逐渐将公益事业发展为自己的"主业"。2013年，他全资投入创办了顺德首家民办的社会企业——永亮善品，为青年实现创业梦想和帮扶弱能实现就业提供平台。

而位于顺德容桂马冈的马岗青年营，是顺德首家以社会企业模式运营的青少年素质教育拓展培训机构，这是最近这一年多来佘永亮又一次全身心投入其中的一个著名的大型公益项目。

他让母校重获新生

佘永亮（永亮集团董事长）：这个其实是我读初中时的地方，也是我的母校。当时这

公益篇

获得"第三届顺德十大杰出青年"的佘永亮走进顺职院为学生做青春梦想演讲

个地方荒废了十几年，也非常荒芜，草长到有一个人那么高，教室里面的门窗、电线那些都给人偷光，也可以说这是一个藏污纳垢的地方。罗（景云）先生看见了就觉得很难过，有一次去参加马冈书院校庆的时候，也对我提及过有机会看看可不可以修葺一下。

这是经佘永亮改建前的学校，作为读初中时候的母校，其荒芜和"藏污纳垢"的景象深深刺痛了成年后事业有成的佘永亮的心，他开始萌生做青少年校外教育基地的想法，以实现自己多年的心愿。佘永亮提到的罗景云先生是他最念念不忘的大恩人之一。17岁那年，佘永亮从马冈中学考上了顺德最著名的三家重点高中之一的容山书院，但贫寒的家境却让上学成为了佘永亮遥不可及的梦想，就在他几乎要放弃的时候，来自马冈乡亲、香港顺德联谊总会首席会长罗景云的资助又将他带回了课堂，每个月35元的助学金，包了佘永亮的学费、伙食费甚至是每天往返马冈和容奇的轮渡费用。也正是当年的受助经历，坚定了成功后的他回报社会的感恩之心。

佘永亮（永亮集团董事长）：我们做这个青年营，其实我们想给青少年什么呢？总体来说，是一个体验式的教育，包括一些户外的求生方式、遇险自救等等的知识，我们都是想传播给青少年，帮助他长大后成为综合型的人才。

这就是作为拳拳母校学子佘永亮的心愿，也是作为成功企业家佘永亮别出心裁的教育理想。荒废的学校在佘永亮的努力下，变成了橙黄绿的新建筑。马岗青年营分为三部分：营地、营舍、营场，筹备了一年多，现已正式开营。改建后的学校面貌已焕然一新，成为马冈的"新地标"。

佘永亮（永亮集团董事长）：（心情）都非常复杂。正如很多朋友来到这里的时候，他们看回很多我们旧的照片，再对比今天（变化）都让大家难以相信。我个人来说，看着它每天的变化，其实内心真的是很激动。这个是一方面，另一方面，更多的是我期望它将来可以发挥到它的作用，在我们青少年健康成长方面做到更多的服务。

李蓓（永亮集团董事长助理）：这个营地应该是在顺德填补了青少年户外体验式教育的空白，走到了前列。从整个社会大的背景来说，大家普遍注重孩子一个综合素质的提升，所以我个人的直觉，这个行业应该还是蛮有前景的，最主要是因为它符合社会主流的一个诉求。

感恩长辈，照顾晚辈

在青年营的营舍当中，有一栋老房子，里面住着两位老人，他们是佘永亮的小学老师。改建营舍时，佘永亮坚持要保留老师的房子，并将周边修葺一新，以便让老师住得舒心。

郭老师（佘永亮的小学老师）：他不但自己的事业做得好，还为大众，为广大老百姓也做了很多好事情，这次的青年营也是对青少年很好。

陈海伦（永亮行知教育科技有限公司培训导师）：他每天都到青年营来，而且晚上还留到八九点（才走）。我觉得一起奋斗的氛围很好，尤其是对于我们这种刚刚毕业的大学生来说，需要的是一个去努力奋斗的成长环境。

要细说佘永亮对青少年的关注，其实应该要从容桂青少年成长促进会开始说起。2010年佘永亮牵头筹建了这个青少年非牟利社团，第二年，在他的带领下，青促会对容桂蓓蕾幼儿园开展非牟利性监管工作，探索社团"联姻"办学，并突破传统的青少年直接帮扶模式，通过购买专业社工服务，走出一条民间组织参与社会建设的新路子。

他产业众多，但更愿意当地球卫士

佘永亮常被人说是众人的榜样，但他总是自谦地回应："首先我从来没有认为自己是成功的。"看到佘永亮专注于青少年成长，很多人都以为他是一个专职教育家，其实佘永亮是一个地地道道的顺德本土企业家，是拥有8家子公司的永亮集团董事长。之所以对教育钟情，是因为他觉得投入教育是最好的回馈社会方式。佘永亮在家排行第九，当年读书遇到困难时，香港乡亲罗景云先生曾经为他提供了不少帮助，让他的学业得以继续。毕业之后，他通过20年的奋进拼搏，铸就了目前的企业王国，在环保、厨具、餐饮、教育等不同的领域里面不断开辟出自己的一片天。但是不论事业做得有多大，他都坚持做公益。

佘永亮（永亮集团董事长）：外面流传一句话，说"公益不是有钱人做的，是有心人做的"。

2013年，永亮善品咖啡屋在顺峰山公园开业，专门聘请弱能人士作为职员，这间咖啡屋白天由阿May和其他两个同事值班。和阿Sam交流时，只能够靠比手势和手机沟通。

阿May（永亮善品咖啡屋员工）：还没有来这里之前我是在一家面包店工作，工作了一年半，太多人说你闲话，又说你做得慢，怎样怎样，所以给自己的心理压力好大，后来就没有做，留在家里了。

广东省青联委员走进永亮善品考察交流

2013年佘永亮组织热心企业家远赴新疆伽师扶贫助学

琪琪（永亮善品咖啡屋员工）：都是很开心的，星期六、日比较多人，会辛苦一些，节假日都这样。

阿May（永亮善品咖啡屋员工）：很开心。刚开始接触的时候，我是第一个来的，都感觉很好，一开始，从什么都不会做开始，站在吧台后面，出产品，洗杯，后来都是接触一下，看看那些咖啡师怎么做，然后回家慢慢学一下，看下，我现在可以站在吧台做自己的产品。

佘永亮的咖啡屋开店一年多从未盈利，但是他未想过要关了它，坚持要保住这个弱能人士融入社会的平台。从不锈钢厂到环保公司，从咖啡屋到青年营，他经营的产业存在很大的差异。

佘永亮（永亮集团董事长）：从我自己经营的生意来说，我是对环保方面比较感兴趣，因为做环保都很有意义，首先它是一门生意，第二它又可以帮助环境做一些治理的工作。我将它理解成为医生，我们每天所做的事就是医治地球，为地球治病。

工程师甲：就像他到现场，他不只是做一个工程，不只是说一个项目，不只是说一个水质达标，他还要整体环境都要做得很好，所以他要对每一个细节都要求很高。例如就说走一步路，我们做那个踏步，它每一步路，它是多宽、多高，它不标准，就感觉不舒服，他一下子就感觉到，就是说要求这样做到（大家）过去之后，都觉得舒服。

工程师乙：（他）并不是说我是领导，我这么写，你就必须按照我的意思去改。他说你是做这个专业的，你觉得我这样改对不对。他是有一个征求我的意见的过程，我觉得这种感觉非常好。

收获越多，工作越忙，永不满足

2013年，对于佘永亮来说是收获颇多的一年。9月份，他当选为顺德青年企业家协会第五届会长；12月份，他被评为"第三届顺德十大杰出青年"。随着职务和荣誉的增多，佘永亮也越来越忙。

佘永亮（永亮集团董事长）：自从去年开始，我身边有一些朋友，看见他们，都说你做了会长以后多了很多白头发。原来我几乎是没有的，但是现在事实上是多了，两鬓也不断冒出来，雨后春笋一般。

佘永亮坐拥8家公司，首创3个社会组织，身兼数个社会、政府职务，可以说是不折不扣的跨界达人，但是，佘永亮却认为其实一切都是万宗归一。

佘永亮（永亮集团董事长）：我曾经有一个朋友，给我一个很中肯的评价，他说我这种人闲不住。其实当我完成一件事以后，举得它逐渐走上轨道以后，本来我可以歇一歇，休息一下的，但是不知道为什么，自己的思想就会不受控制，看到一些事又想去做一做。当然，你认为所谓的跨界，可能只是看实物具体的操作层面，但是在意识形态里面，思想层面里面，我一直都不认为是跨界的。

拼命工作，连打球也要求自己百发百中的佘永亮，对于我们来说，是一个很成功的青年企业家，可是这个成功的男人对自己事业取得的成绩并不满意。

佘永亮（永亮集团董事长）：首先我从来没有认为自己是成功的，但是你说做到今天（的成绩），自己应该是锲而不舍地去实现自己人生里面一个又一个的人生目标，这个是最重要的。其实成功的定义我想是有很多很多种的说法，不过我个人的看法应该是能够实现自己内心所设定的人生价值，这个我相信就是一种成功。

"作秀"无所谓，重要的是能否一辈子"作秀"

从青年企业家到公益组织创建者，对公益事业的热衷，让这位佛山第二届公益慈善盛典公益慈善个人"金玫瑰奖"获得者佘永亮遭受不少"作秀"的非议，但他表示始终坚持一个原则："作秀"无所谓，重要的是能否一辈子"作秀"。

佘永亮（永亮集团董事长）：我认同一句话，"假做久了就变真"。就当我作假，假如我一辈子作假、作秀，我就奉劝大家，自己不做却又去对别人评头品足，那你自己就去做一下，看一看能不能作一辈子的假。像陈光标这样做公益，我也不是很了解他，但有一点做了总比没做的好，我更愿意去评价那些抨击他的人。陈光标的做法我肯定不会去学的，我没有这个条件，看看自己腰包有多少钱、资源、能力，量力而行。

作为企业家，投身公益，难免招致非议，而在商业社会，企业家的任何投资都是要有回报的，哪怕是公益事业。佘永亮为公益事业投资了那么多，花费了那么多人力物力，为感恩社会不图回报可以理解，但他作为企业家在参与社会公益中到底可以扮演什么角色？对此，佘永亮也有自己独到的看法。

佘永亮（永亮集团董事长）：企业家参与社会公益，就是社会公益的执行者。做了我才知道，原来企业家去做社会组织才有不一样的味道。因为他做过生意，有经营的思路。我们现在这个咖啡厅虽然艰难，但已逐步走上发展的道路。我有信心在不久的将来让它健康起来。因为我是做生意的，我也把它当做一盘生意来做，如果只是卖善心，这个东西是不长久的。

2013年初，佘永亮联合顺德青年企业家协会的几位朋友，自掏腰包1000余万元，将马冈中学的旧校舍承租改建，在马冈搞起了一个辐射全区的青年营。所谓的青年营，借鉴的是香港的概念，专业从事体验式课程培训、研发和推广，通过为青少年提供具有国际水准的多样化素质教育培训服务，引导青少年观念和行为的正向改变，从而培育具有良好素质、朝气活力的青少年群体，更好地促进青少年健康快乐成长。2014年6月28日，马岗青年营正式开营。

佘永亮（永亮集团董事长）：首先，在这个喜庆的日子里，请容许我代表永亮行知和青年营，对各位领导、各位来宾的莅临表示热烈的欢迎！我们的马岗青年营今天正式开营，请赖书记授旗，请林总接旗……

编导手记

佘永亮是顺德年轻人中的楷模，企业做得很大，但是我们许多人都是通过公益事业才认识了他。我们邀请佘总拍摄节目时，佘总委婉地拒绝了我们栏目组。原因很简单，他说自己的故事媒体已经很熟悉了，没什么好拍的。但是我任务在手，完成不了也不行。所以我坚持隔一个星期就联系他一次，约他见面，要求拜访一次。如果我的拍摄计划不能打动他，那到时候我再放弃。

等待真是让人很煎熬。终于，第三个星期的一天上午，佘总愿意花点时间见上我一次。机会太难得了，但是有时候我们真的需要等待这样的机会。当时我去到位于马冈的马岗青年营，看到他又一个围绕青少年成长的项目即将完成，我劝说他，将这次节目的主线放在这个青年营上面。公益的宣传，永远不会嫌少。而且我们需要做更多的公益，尤其是关于青少年成长的公益。大环境下的很多负面新闻层出不穷，有时候，受到伤害的孩子不仅仅给这些孩子的家庭带来巨大的灾难，其实也让我们这些旁观的家庭非常恐惧。

佘总的这个新项目，可能在很多人看来并不是什么新奇的项目，但是我觉得，一个企业家没有把钱放在前面，而是把孩子们的收获放在前面，这已经是一种成功了。社会需要这样的企业家，需要这样不断实现社会责任的号召者。而我们的节目能够将这样的正能量传递出去，我们一定程度上也算成功了。

马岗青年营　　　　改造后教学楼　　　　马岗青年营地旧貌教学区　　　　永亮善品

印象企业

1994年8月28日,永亮不锈钢制品厂成立。
1996年,永亮不锈钢制品厂更名为永亮厨房设备厂。
1998年,永亮厨房设备厂更名为永亮工程有限公司。
1999年,大良红岗3号成立第一家餐饮公司——大良恒亮餐馆,正式涉足餐饮业(次年结业,让出场地成立亮科公司)。
2000年,成立了亮科环保工程有限公司。
2001年,亮科拿下环保资质,筹措高级技术人才,成为顺德第一批有资质的环保公司。
2002年,在伦教仕版工业区创立了优赢环保厨房设备厂,进一步开拓厨房设备之路。同年成立亮业厨具经营部,销售厨具制品(2006年取消门市部)。
2003年,成立茶聊茶艺馆,将文化与饮食有机结合,引领了顺德饮食艺术的潮流。
2004年,成立一家休闲农庄式美食坊——茶苑美食坊。同年成立了日蒂斯电梯有限公司(2008年转让)。
2006年,投资铨锋环保设备有限公司。同年创办丹青翰墨园,多年以来每月定期组织书画作家创作沙龙活动,提供文化艺术交流平台,大力推动本地文化事业发展。
2007年,投资康亮餐具消毒服务有限公司(2009年转让)。同年赞助举办"永亮杯"千人书画即席创作大赛,努力推动本地的青少年文化艺术事业的发展,有"千枝彩笔绘凤城"等活动。从这年开始,每年春节给马冈村每一位60岁以上老人送上春节慰问金,连续八年从未间断。
2008年,成立了佘老太餐饮管理有限公司。同年在茶聊茶艺馆举行"汶川大地震"书画义卖赈灾筹款活动。
2009年底,六号花园酒膳开业。
2010年初,喜喜宴融和菜酒楼正式开业。
2010~2012年期间,组织热心企业家远赴新疆伽师扶贫助学,筹资15万元成立对口助学基金。
2011年,永亮工程进军商用节能电磁炉制造。同年,亮科环保揭开顺德区农村污水治理新篇章。8月,成立永亮企业爱心互助基金。
2012年,永亮工程有限公司入选顺德第一批"星光企业"。
2013年1月,永亮善品文化传播有限公司成立,顺峰山公园店开业。
2014年初,永亮善品容桂店、区行政服务中心(东、西座)店相继开业。2月,创办永亮行知科技教育有限公司。6月,永亮行知旗下核心教育基地马冈青年营正式开营,成为顺德青少年素质教育的引导者。

区建业：善商一直在路上
——钜牛与狮子会的善缘

有人说，钜牛掌门人区建业碰上了顺德经济发展的好时机，父亲作为改革开放成就的第一代民营企业家，为他留下了良好的基础。可行内人都说，创业难，守业更难，区建业能把家族企业做大做强，可见他是一个精明厉害的企业家。然而，区建业对于企业的发展有不同的想法：做大企业，意味着社会责任更大。钜牛的目标是做社会企业，把企业所得利润的大部分回馈社会。

在顺德经济建设大潮中，一路打拼的区建业获益良多，财富的增长也曾令其迷失过方向，一度过着令人诟病的"富二代"纸醉金迷的生活。随着年龄的增长，岁月的沉淀，家人的影响，区建业开始意识到，能力越大，责任越大，而且顺德商人历来有乐善好施之美德，一次偶然的机会，他结识了狮子会的义工，从此一发不可收，做慈善的念头开始在区建业的脑海中生根发芽，他从一个生意人转变为企业家，从企业家又转变为慈善家。"善商"，就是区建业的名片。

外来工子女夏令营

公司总结表彰大会暨团年晚宴

区建业表彰员工

与雅安结下善缘

芦山某处的板房教室里传来朗朗的读书声，穿着印有"广东狮子会"标志T恤的区建业，悄悄地走进教室。虽然此时的他略显疲态——毕竟舟车劳顿，加上马不停蹄对援建的学校教学楼方案进行讨论和考察，然而，感受着孩子们对学习的热爱，他的脸上露出欣慰的笑容。

区建业（广东狮子会副监事长、顺德钜牛金属制品有限公司总经理）：其实我们这次在整个芦山的灾后重建中，这里有604户是我们亲自援建的给残疾人的房子，同时也有三间学校正在建设，我们叫作委托工程，只是捐资一部分。唯有这一间（所），每一块砖，每一片瓦，我们都希望是可以亲手跟进的。做一个可以说是具有历史意义以及真的可以让学生安心在这里好好读书的工程。

雅安七家小学是一所命运多舛的小学，曾在汶川地震时倒塌，2013年4月20日再遭厄运，墙体、瓦顶全部坍塌，只剩下一个框架。这已经是区建业一年内第六次来到这里，在距离广东千里之外的四川雅安，有300个小朋友时时令他牵挂。

雅安七家小学校长：这些都是留守儿童，他们的父母在外打工，家里只有老人，有些甚至寄住在亲戚家里，所以没有人管。我们（社工）把这些学生组织起来。

区建业（广东狮子会副监事长、顺德钜牛金属制品有限公司总经理）：这些桌子还是蛮残旧的，等学校建好后，我们就帮他们买一批新的。

四川雅安"4·20"地震发生后，当时担任公益慈善组织广东狮子会会长的区建业，带领着队友们筹集了800多万元救灾专项资金和360多万元救灾物资赶到灾区，投入灾后救援和重建。

公益篇

谁会想到，一个曾经打扮新潮、行事嚣张的少爷仔，竟然会全身心投入慈善事业？谁会想到，平时人前谈笑风生、坚强无比的男子汉，也会在众人面前流泪？谁会想到，外表斯文的他，面对灾情和危险，却总是第一个冲在最前线。然而，谈到自己对慈善事业所付出的艰辛和努力，区建业总是淡然一笑。

身先士卒，传递爱的火把

"灾区"对于没有经历过的人来说，是一个伤痛、危险而又遥远的地方。但对于区建业来说，则是他义不容辞的工作地点，汶川、玉树，甚至日本福岛，恶劣的天气、高原反应、核辐射都不能阻挡他的步伐。

区建业（广东狮子会副监事长、顺德钜牛金属制品有限公司总经理）：劝我的人会有的，特别是在日本那一次，是有很多朋友都跟我说："你真的要考虑清楚！"老实说，危险是肯定有的，我们经常试过。例如，车子打滑去到悬崖边，幸好司机救回来。这些都会存在，但是没有想过会真的（出现危险）。如果每个人都怕危险的话，没有人去做的话，那么里面的灾民，谁去照顾？谁去救？

郑勇强（四川天府服务队创队队长）：在去年的"六一"儿童节，他也带我们一起来，和这里的小朋友一起，跟他们过"六一"。其实他（当时）可以不过来，因为这边的事情，他只要告诉我们怎么去做，我们都可以去做，但是他还是愿意亲自来参与。不谦虚地说，我觉得可能是因为区会长带动很多人，在他的影响和感召下，除了广东来了很多狮友，我们四川还有很多志愿者，后来也成了（四川）狮子会的会员，应该是超过了百人。

在雅安停留了短暂两天，回到顺德的区建业，隔天一大早又带着自己的企业服务队，出现在所属的陈村合成社区，为社区里的老年人服务。他特别留意老人家的眼睛，和他们聊天的同时，还会简单地做一些小测试。

区建业（广东狮子会副监事长、顺德钜牛金属制品有限公司总经理）：我主要还是比较留意和老人家沟通，他们看得清和看不清，表情是不同的。现在科学这么发达，白内障已经是一个很简单的手术，只需要十几分钟就可以让他看得清楚，所以这个项目，我们一直都有坚持在做。

为了鼓励更多的员工加入到义工行列，区建业给公司的员工制定了激励措施：员工每个月都可以拥有两小时带薪义工服务时间。

莫希玲（顺德钜牛金属制品有限公司义工服务队义工）：在我们的带动下，公司很多人都会自愿加入义工团队，特别来到这种场合，觉得很开心，真的能帮到很多人，特别是老人家！

区建业（广东狮子会副监事长、顺德钜牛金属制品有限公司总经理）：我这个服务队可以服务周边的社区，社区的居民对我企业的美誉度会提高，将感恩这个文化带进企业，

让很多员工在赚钱的时候,他也做一些(触动)心灵,或者可以更加付出的行为,搭建这样一个平台给他们。

做一次善事容易,一如既往坚持做善事却很难,区建业不嫌麻烦、不计名利,长年累月坚持,更难能可贵的是,一大批人在他的带动下,积极投身公益慈善事业中。

区建业(广东狮子会副监事长、顺德钜牛金属制品有限公司总经理):如果在企业里面,我是当领导。但是在公益的领域里,我要做领袖,首先我带头去做。我也去搬米,我也去扶老婆婆,他们才会愿意,所以,榜样的力量是无穷的。当见到榜样都这样用心做善事,他们会觉得自己也应该这样做。

做企业,要负起社会责任

作为一个企业家,时间就是金钱,可在区建业眼里,经商只是自己事业的一部分,做慈善却是自己一辈子的事业。熟悉区建业的人都知道,想要找区总谈生意,必须在上午。因为到了下午和晚上,他就是"区会长",要负责狮子会的慈善项目。在竞争激烈的市场里,凭什么他能这么淡定呢?

区建业(广东狮子会副监事长、顺德钜牛金属制品有限公司总经理):有时候他们都会开玩笑说,到底你是做企业,还是做公益?

每当区建业出现在镜头前,都是"顺德好人""慈善之星"等各种慈善奖项的颁发。低调的他从来不为自己的企业卖广告。事实上,凭着辛勤的汗水和智慧,在区建业父亲的带领下,一个几十人的家庭小作坊,逐渐壮大成为一家上规模的公司。区建业接过父亲手中的棒,用自己敏锐的商业视觉和开阔的视野,把公司发展成一个上规模、上档次、科技含量高、纳税超过千万元的大企业。

区建业(广东狮子会副监事长、顺德钜牛金属制品有限公司总经理):我们出口的数量可以做到全球第一,在碳烧烤炉这个领域的确不容易,但是我们做得到,是因为一个信念,我们专注做一件事,始终坚守着,将这个产品做到极致。其实最核心还是人,怎样使这个团队愿意跟随这个老板发展,我觉得这个是最重要的。下一个新的厂房的建设,我们准备设计得让大家可以住得更好,这个我觉得是我做企业主的一个责任。

2014年是区建业正式接手企业的第十年,如何降低成本又保证产品质量是国内企业家普遍正在经历的挑战。而区建业却选择了在杏坛工业园投建新厂,占地约110亩,共12万平方米,这个外表温和的男人有着雷厉风行的执行力。

区建业(广东狮子会副监事长、顺德钜牛金属制品有限公司总经理):我是逆向思维,环境好的时候没人愿意卖地给你,建筑成本和整体的规划,大家都在发展。可能你没办法吸收更好的资源优势,但是这个时候,我去扩充我的厂房,我去建这个物业,到危机过去以后,机遇就会出现,订单就会瞬间增加,过了那个时候你再去建厂房,你已经迟了!

新厂投入使用后,将会为杏坛创税2000万元。除了会一如既往地专注于烤炉产业,区建业还准备将旧厂的服务队理念带到杏坛。而旧厂原址,他将进行一次社会化企业的变革。

区建业代表广东狮子会向碧心捐赠善款

区建业(广东狮子会副监事长、顺德钜牛金属制品有限公司总经理):我自己就是一个企业家,我每天都在面对如何经商的话题,如何利益最大化的话题。的确我也觉得很累,我自己也在想,我可不可以推动社会化企业在中国的发展?例如,我自己收藏了很多木(材),我可能会召集一些木雕刻的艺术家过来,然后召集一些残疾人、特困人员,一些劳改过的社会青年,通过培养他们,去做一个艺术工场,再成立一个保育的基金。通过将这两件事整合在一起去推动社会化企业的发展。

说来说去,又回到了慈善。比做企业更甚,区建业对慈善投入了许多人无法比拟的专注!但有时难免有人对这种不计回报的付出不以为然,觉得"慈善就是有钱人的游戏"。因为在外界看来,他确实衣着时尚,温文尔雅。对此他并不去辩解什么,只是默默地用自己的行动来说明一切。

区建业(广东狮子会副监事长、顺德钜牛金属制品有限公司总经理):当我年轻的时候,我也狂妄过。我相信很多人还是沉沦在这(心态)里面。好像人浮于世,好像行尸走肉,好像自己被社会推着走,自己并不是很清晰向前发展的方向是什么。当我做公益慈善的时候,我真正理解财富的意义是什么。你赚回来只是你的第一步,怎样让这些财富更加有效地支配出去,才是你真正拥有财富的能力。所以很感恩有机会让我去接触到(慈善)机构,让我找到一条成长的路。慢慢更加理解,帮助别人的时候其实是在帮助自己。

2013年,区建业从广东狮子会顺利卸任,但依照惯例,他还要辅佐下一届会长和培养新的慈善力量,留给自己的时间总是少之又少。对此,他对自己的家庭有愧疚,但更多的是对家人的理解和支持表示感激。

区建业(广东狮子会副监事长、顺德钜牛金属制品有限公司总经理):在我做会长的那一年,有一次我的女儿考了好的成绩,我太太问她想要什么奖励,她说希望能和爸爸吃一餐饭。家庭对我很重要,所以一有空,我都会和家人一起共享天伦之乐。有一次我的女儿看到电视新闻,看到一个地方发洪水,她就指着电视说:"哎呀,爸爸又要去那里了!"

多年的慈善之路，区建业见证了无数的悲欢离合，这也让他无比珍惜每一次和家人相聚的时光，也能更坦然地面对每一次分别。

区建业（广东狮子会副监事长、顺德钜牛金属制品有限公司总经理）：我觉得作为一个商人，他已经不单是纳税，更多可能是将企业家精神深化，我觉得有个很新的名词，叫做"善商"。我相信未来"善商"可能会成为中国企业家一个新的形象，一张新的名片。

"善商"，一个多么值得称道的称呼！如果这个称呼能够像区建业希望的那样，成为中国企业家的一个新的形象，一张新的名片，相信中国的整体形象、中国人的整体心态和文明程度，都会上升到一个更高的境界。不管如何，至少从自己做起。从顺德这块充满奋发能量和企业家进取精神的地方传递出自己的一份"善心"，并把它带到远方，这一点，作为企业家的区建业做到了。这位曾经的"富二代"纨绔子弟，如今已化身"善商"的代表。这不单是一个顺德年轻人的变化，也是顺德本身精神面貌的变化。

区建业代表广东狮子会向日本福岛地震灾民捐赠善款

编导手记

认识区总是在四年前，那一年他获得"顺德好人"荣誉，我去采访他。电话中的他声音充满磁性，温文尔雅，让人以为是一位稳重的中老年男子，结果见面一看，却是个衣着时尚的年轻人，尤其那时他还没留胡子。更让人惊叹的，是他的办公室里那一柜子的奖杯，各式各样，全部是关于志愿活动，完全盖住了他那几个"纳税超千万企业"的奖牌。以至于我认识他四年，才知道他的烧烤炉出口产量是全球第一。

他的片子可以说是目前播出的《顺商传奇》里比较特别的，因为大部分时间都是在说他以企业家的身份对慈善事业的思考，对此他将自己努力的方向定义为"善商"。

顺德做慈善的企业家不少，但是像他这样长期全身心投入而且非常有想法的并不多见。我们去雅安跟拍他考察受灾学校重建方案，第一天中午到，马上就开始和当地相关单位开会、协商，谈方案，争取每一分钱都用在实处，第二天回到顺德已经是凌晨3点，第三天早上他又精神饱满地出现在广东狮子会的活动上，这分明是用创业的精神来做慈善。当地狮友告诉我，四川本来没有狮子会，震后区建业和一批批的广东狮友在那里长期驻扎，专业的救助服务被当地政府看在眼里，于是也号召成立了四川狮子会。我的印象里，好像没有听过他说什么抱怨的话，即使是有困难也是微笑着的。于是虽然拍摄很奔波，但想想自己也是在为慈善做宣传，也感到特别兴奋，我对他的称呼也从"区总"变成了"区会"。

也许是在志愿服务的过程中常常看到人情冷暖和生离死别，在回答各种问题的时候，他的表述都很专业，但总是透露着沉稳亲切的感觉，有一种特别的豁达气质，让人觉得非常踏实和信服。这样用心回馈社会的人，有什么可能经营不好自己的企业呢？

区建业参与云南地震现场救援

玉树地震灾区，区建业在搬运救灾物资

 印象企业

  2004年，佛山市钜牛金属制品有限公司在陈村镇成立，占地面积8万多平方米，有生活区、办公区、生产区，现有员工750多名。

  2006年，荣获陈村镇"规模企业奖"。

  2007年，公司已成亚洲最大的碳烧烤炉生产基地之一，年产值超过5000万美元，且平均每年保持15%左右的增长率，同年荣获陈村镇"税收贡献奖"。

  2008年，公司荣获陈村镇"纳税超千万元企业奖"，同年7月被授予陈村镇闲置物资再循环工程"真情参与企业"。

  2009年，成立企业义工服务队。建立广东轻工职业技术学校、广州城建职业学院学生实践教学基地，为社会培养专业人才。

  2010年，钜牛公司已通过ISO9001质量体系认证，产品也通过了CSA、UL等认证。

  2012年，公司与客户一直保持良好的沟通，不断引进新产品以及进行创新，以最好的产品回馈客户，力争在未来5年内成为世界最大的碳烤炉生产基地之一。

  2013年，公司在低碳新能源（发电）系列产品方面，继续引进国际先进技术以及对研发不断投入，大力推广"人力小型发电站"、"健身发电车"的销售，使客户有效使用绿色能源，协助地球降温。

  2014年，公司在烧烤炉行业领域刻苦钻研，加大开发的力度，确保在未来3年内做到"燃气烧烤炉"、"电烧烤炉"产量翻一番。

新厂外貌

03

智慧科技与电商

彭利民：做好，才有商机
——小冰火人的电商时代

考大学时，老师知道科龙公司，建议他学与空调有关的专业，于是读了制冷专业，那年，彭利民19岁；在顺德科龙公司工作10年，后来辞职去北京找工作，那年，彭利民36岁；因老婆在家喜欢淘宝购物而成为电商，到被选为顺德区电商协会首任会长，那年，彭利民43岁。

一个又一个蜕变，上演了一个顺德商人的传奇故事。这个故事的核心，一言以蔽之：看到别人所看不到的，并且做好它。商机的秘密大概就在这里。

彭利民的故事与顺德电商有关。他是当地电商拓荒者，开了顺德培养电商人才的先河；他提出了"全托盘的运营理念"，将电商提升到一个更高的境界；他的小冰火人网络科技公司成了顺德电商的行业龙头。对顺德的发展来说，他是一个值得书写的人物。

容桂电商拓荒者

彭利民是一位资深电商，在合作商眼中他非常有远见。网络代理主要是帮别人销售产品，但是每个网络代理商都能做到这个。能看到别人看不到的，做好，才有商机。"我们的模式主要有两种，一是做网络代理，二是做全托盘运营。"彭利民介绍。第二个概念是他们自己摸索出来的，包括从资金到物流，从前端销售到后台运营，从品牌策略到渠道建设的一整套服务。

彭利民（佛山市小冰火人网络科技有限公司CEO）：电商的优势是，能够快速地了解消费者，能够快速地满足消费者的需求。

梁永健（顺德区盛熙电器制造有限公司贝尔莱德董事长、总经理）：他做事不会单考虑个人利益，会把长远的布局、会把双方的利益考虑到。

有顾客需要服务，有能力为顾客服务，这还只是有商机，怎样才能做得更好，更有持续性，彭利民想得更多、更远。他与职业学校挂钩，比其他企业先行一步，进行校企合作，培养后备人才。他被坊间称为"容桂电商拓荒者"。他比别人看得更远。

史宪美（顺德胡锦超职业技术学校副校长）：专班的形式，可以说是开创了顺德培养电商人才的先河。

当别人还在为企业的业务拓展拼命时，彭利民已经看到了日后的发展，看到了几年之

小冰火人网络科技
有限公司CEO彭利民

后的人才竞争。早在2012年，彭利民就未雨绸缪，跟胡锦超职业技术学校尝试了一种新的合作模式，为自己的企业培养更多的电商专才，再一次让大家看到了他非凡的眼界。未来是人才的竞争，电商业也不例外，彭利民已经走在了同行的前头。

史宪美（顺德胡锦超职业技术学校副校长）：彭总这种做法非常好，在电商行业他是龙头老大，也是区电子商会会长，他在这方面起到了引领作用。正是因为有他的引领，也带动了其他电商企业积极参与到这样一种校企合作，并且在合作的过程中，他们不仅在培养人才方面（用心），另外他们还会出钱出力，会对学生进行助学金、奖学金这些奖励，我觉得对培养人才起到了很好的促进和推动作用。

网络销售额领跑佛山

今年44岁的彭利民来自湖北荆州，2006年，他与妻子共同创办了快速成长的顺德电商行业龙头"小冰火人"。

彭利民（佛山市小冰火人网络科技有限公司CEO）：记得是辞职后的2007年5月，我还通过猎头到北京一家公司应聘，和这家单位的一位人力资源顾问交流时，我告诉他，我妻子在家做电子商务，去年销售额200万元，预计今年会有500万元，顾问说那很不错啊，不会比你现在求职的这个差！

恍如电光石火，一席话惊醒了彭利民，他决心和妻子共同开拓，一起投身电子商务领域。从一个小小的家庭小网店做起，到成长为拥有几千平方米，500多人的电商公司，他完成了一个又一个的飞跃。

彭利民（佛山市小冰火人网络科技有限公司CEO）：最大的吸引我们的地方，就是它的一个快速的变化，因为它每天都会不一样，每天都会遇到新的问题，每天要遇到新的挑战，然后要不断地去克服。

看着即将落成的办公大楼，彭利民内心充满期待，因为在这里将迎来他事业上的又一次飞跃，他希望未来的电商应该是具有创意与活力的，这点可以从他的办公楼设计图中看出。

彭利民（佛山市小冰火人网络科技有限公司CEO）：第一层楼是我们办公的大堂，二楼是我们的摄影室和一个大会议室，三楼和四楼主要是我们的办公区域。在三楼、四楼里面，我们有很多功能区，中间我们还设置了一个旋转的滑梯，还有一些滑道。为什么会有这样一些设置？实际上我们也是考虑到员工。我们主要的员工群体是80后、90后。他们渴望的一个办公环境是前卫的，时尚的，休闲的。我们希望营造这样一个氛围给他们，然后也希望营造一个有创意的氛围，因为这些都是我们电商企业里面非常重要的元素。

每一次办公楼乔迁，对于彭利民来说都意义非凡，因为它不但见证了小冰火人的发展轨迹，更是他每个梦想实现的地方。在公司的办公区，坐满了在电脑台前工作的年轻人，在这些普通岗位上产生的业绩非常惊人，去年公司实现5.3亿元的销售额，领跑佛山地区小家电网络销售。这些成绩的取得，跟彭利民具有前瞻性的眼光分不开。

彭利民（佛山市小冰火人网络科技有限公司CEO）：（我们）这个企业到现在那么大，有500多人，实际上是2006年两个人开始创业。（这些记录主要是）告诉员工，小冰火人是一个创业的企业，让大家时刻要记住一个创业的理念和想法。

鱼蛋（佛山市小冰火人网络科技有限公司品牌策划中心主管）：彭总他给人的感觉很随意，同时是一个很有远见的人。（这是）品牌策划中心，当初为什么会成立这个部门呢？其实彭总期望的是策划先行，我们期望要做到的是，比如针对一些有个性的品牌，我们会根据它的个性去做一系列的策划。品牌策划在整个淘宝来说，我相信做出来的成绩，是大家都能看到的。

梁永健（顺德区盛熙电器制造有限公司贝尔莱德董事长、总经理）：在2007年的时候，我们全网大概有十几个运营商在运营，总共一年的销售规模是400多万（元）左右。然后到2008年我们全部交给小冰火人运营的时候，那一年已经达到了800多万（元）的销售规模。

全托盘的运营理念

2011年，彭利民在业内率先提出了全托盘的运营理念，即全网络渠道的销售业务，将策略、设计、推广渗透全网，迅速提升流量，达成销售与品牌双赢新模式的诞生，对B2C运营商提出了更高的要求。原本简单的服务上升为更加紧密的合作，同时也带来了双方的信任、共同的投入和长久的合作。

2013年"双十一"合照

开放篇

梁永健（顺德区盛熙电器制造有限公司贝尔莱德董事长、总经理）：原来我们只是简单地将货物放到网上卖就行了，但现在开始要考虑你的品牌在网上给消费者的感觉是怎样，慢慢的，转变会给双方的合作带来很大的挑战，因为越到后面要求越高，双方的紧密程度会越来越大，同时要求双方的信任感、理解、包容也会越来越强，这种存大于赢。合作那么多年，双方都能同时面对困难，一起去分享成果，这种合作算是行业内一个样板吧。

除了对电商的运营模式有着前瞻性，在团队建设方面，他也时刻展现出独特的智慧。

梁永健（顺德区盛熙电器制造有限公司贝尔莱德董事长、总经理）：整个小冰火人团队给我们的印象和冲击都很大。比较难忘的，例如每年"双十一"，"双十一"是一个很大的活动。

2013年"双十一"，购物狂欢，一天的营业额超过7000万元。这些数据包括了京东、苏宁易购、亚马逊、当当、一号店、唯品会等等，总共是7807万元。

梁永健（顺德区盛熙电器制造有限公司贝尔莱德董事长、总经理）：我们公司的员工都会和小冰火人的同事一起，晚上12点钟起到第二天的晚上12点钟结束。我们在小冰火人里面敲锣、打鼓、舞狮等等，一起去庆祝这种狂欢。其实最特别的就是每一年他们的年会，彭总也好，还是他的太太原媛，在台上分享这种历程。看着他们有笑有泪的回忆，其实都是冲击很大，你会觉得这个公司非常有活力，非常有亲和力，然后很多员工愿意去为公司的目标去奋斗。这个很符合现在很多80年的、90年的年轻人的价值观。很多想法可以通过这个平台、这个公司去实现。公司的高层能够跟下面的员工打成一片，因为我们是做传统制造企业出来的，这种感觉对我们的冲击还是很大的。

彭利民（佛山市小冰火人网络科技有限公司CEO）：我们一直会想，员工和企业到底是什么关系，是不是一起奋斗的时间能更长远，甚至能够一辈子地去打拼，为一个事业去打拼。怎样让企业和员工建立起很强的纽带关系？我认为应该是有这种情感，有这种家庭的这种感情、这种感觉，这样的话才能够让员工和我们一起，能走得更远。

合资成立品牌公司

随着电商经营模式涌现同质化，如何在电商群体中脱颖而出，成了彭利民思考的问题。既要保证电商企业的发展，又要在与生产商合作中获取共同成长点，彭利民在思考如何突破。

彭利民（佛山市小冰火人网络科技有限公司CEO）：去年之前我们在这方面感受到的危机也没有那么明显。

作为区电商协会首任会长，彭利民除了专注于自己企业的发展，也一直致力为各电商企业搭建一个发展平台。不过近年来电商行业的竞争越来越激烈，各方的压力可谓来势汹汹，他感受到了前所未有的危机感。于是他考虑和生产商合作，创立自己的品牌，也着手和学校合作培养后备人才。

彭利民（佛山市小冰火人网络科技有限公司CEO）：我认为两方面都比较强的资源应该整合在一起。未来电商形成的模式，一是品牌商自己做，要么就合作一起做。应该说去年之前，我们在这方面感受到的危机还没有那么明显，但是今年过完年以后，这种感觉就非常明显，是有一些事件出现，例如美的集团就自己成立电子商务公司，自己去经营官网和天猫的官方旗舰店，所以这里反映出一个信息，品牌商未来要自己做电子商务。

小冰火人办公室

品牌商自己做电子商务，也就意味着越来越多的传统行业将试水电商，将不再需要像小冰火人这样的网络运营商为他们提供销售渠道，也就等于电商现有的优势将失去。今年6月，彭利民作出一个惊人的决定，选择和新宝（集团）合资，共同成立品牌公司。

小冰火人仓库一角

彭利民（佛山市小冰火人网络科技有限公司CEO）：做电商的人确实还是要有创意的思维，这样才能把电商做好，我认为电商发展到一定阶段以后，这种同质化的竞争其实已经开始显现出来，如果我们都陷入到同质化竞争里面，没有差异化，电商是很难发展下去的，所以这也是今年我们会选择跟新宝合资成立合资公司的一个重要因素。

彭利民认为这是一种新的尝试，也是一种双赢的做法，因为新宝能借助小冰火人团队扩大在国内的销售规模，而小冰火人也可借助新宝的研发、设计、制造能力，完善自己的供应链，为日后更长远的发展做好铺垫。

彭利民（佛山市小冰火人网络科技有限公司CEO）：机会不缺乏，怎样在竞争中脱颖而出是需要有独特的能力的，这种能力可能是一种精神，或许是一种能力，在营销和团队建设以及管理方面的能力，或者是一种实力，如社会资源、企业资源甚至资金资源，拥有这些之后都可以去做，有可能只有精神，也可能只有能力，也可能只有实力，我认为都可去尝试、去做，最重要是能否坚持看好。

彭利民喜欢陈奕迅的一首歌《路一直都在》，追梦的未来，路一直都在。对于成功的电商来说，梦想显得尤为重要。没有梦想的电商，是没有创意和活力的电商，很可能在瞬息万变的时代很快被淘汰。只有那些勇于不断创新、敢于松开束缚去拥抱创意和活力的人，才是跟得上变化的电商。这一点，彭利民为自己做到了，也为充满创业活力的顺德做到了。

编导手记

　　正如采访的时候，顺德胡锦超职业技术学校副校长史宪美女士所说："彭总非常踏实，非常儒雅，非常肯干，并且对电商有着非常灵敏的触觉。"这就是彭利民在大家心目中的印象。

　　小冰火人网络科技有限公司由彭利民和妻子两人于2006年在自己家里创办，公司成长迅速，第二年便告别了居家式的办公，公司的规模也越办越大。在参观公司的时候，公司里面有一条走廊令人印象深刻，走廊的墙上有每年新入职的员工签名，从最开始的时候仅有他们夫妻两人的签名，每年逐渐增多，到了近两年，墙上的签名多到几乎数不完。

　　公司的规模扩展迅速，有赖于彭利民在人才培养方面的独到眼光。早在2012年的时候，彭利民与胡锦超职业技术学校开始了一种新的合作方式，通过开办电商专班，为自己的企业，甚至整个电商行业培养了大量优质的专业人才。这种极具前瞻性的校企合作方式，在顺德电商界开了先河，更是对人才的培育有着促进和推动的意义。

　　彭利民眼光独到、触觉灵敏，并不仅仅是体现在人才培养方面。现今的电商行业的发展日益同质化，企业如何发展，如何在日益庞大的电商群体中脱颖而出，彭利民作出了一个大胆的决定，这个决定就是选择和新宝集团合资，共同成立品牌公司。

　　电商与企业合作成立公司，是一种无例可循的新做法。企业可根据电商的销售规模扩大市场，电商更可借助企业的研发、设计、制造能力，为日后更长远的发展做好铺垫，真不失为一个双方共赢的决定。

公司年会

印象企业

  2006年1月13日，淘宝"小冰火人"C店开业，成为东菱、小熊工厂唯一直接供货的网络经销商。同年12月注册成立佛山市顺德区凯杰电器有限公司。

  2007年，小冰火人C店成为淘宝面包机、酸奶机销售第一店铺，凯杰电器公司成为东菱排名前3的经销商、小熊唯一指定的网络经销商。

  2008年5月，凯杰电器公司成为第一家入驻淘宝商城的电器专营店；6月告别居家式办公，第一次拥有自己的办公室；7月开始销售贝尔莱德产品，半年销售额50万元。

  2009年，成为贝尔莱德网络总运营商，全年运营销售突破千万元，同时自建600平方米仓库，公司团队人数超过40人。

  2010年6月，注册成立佛山市小冰火人网络科技有限公司，公司运营品牌增加美的、格兰仕、索奇、爱普爱家等代理品牌，淘宝店铺超过10家，成为EMS佛山地区最大的合作伙伴，全年运营销售突破5000万元，团队人员超过100人。

  2010年，运营淘宝贝尔莱德旗舰店，"双十一"单日单店销售突破200万元，小家电类目排名第二。

  2011年10月，确定公司未来三年的战略发展目标，11月确立公司的企业文化，并引入外部培训机制。

  2011年，荣获淘宝电器城颁发的"2011年最具影响力运营商"称号，公司全年销售额突破2亿元，同比增长364%。

  2012年，入选首批"广东省电子商务示范企业"，被认定为顺德区"龙腾企业"，并在11月与政府发起成立顺德区电子商务协会，成为会长单位。

  2013年，举行"玩转小冰，提升DSR"活动，提高全公司服务意识。

  2013年，全年销售额超过5亿元，"双十一"销售突破7800万元。

公司前台

张成康：用现代的管理方式管理企业
——赛意科技，以人为本

张成康服务的企业遍布全国。他开玩笑说，自己简直就是个飞人，一个月可能差不多一半的时间都没法在顺德待着。这位从美的走出来的创业者，最开始的客户就是美的，但是，他最终还是要走出这双翅膀之下，成长起来，自己去搏击风浪，经受市场的风雨洗礼。

奋斗路上，一个创业者会留下多少遗憾？退一步，是一辈子做一个打工仔，安安稳稳地过日子，朝九晚五；进一步，是坚持自己的创业，既可能收获巨大成功，也可能遭受灾难性打击。今日的赛意信息科技有限公司总裁张成康，当初也经历过这样的两难抉择，但他最终还是从一个打工仔蜕变成了大老板。

如今，总部设在广州的赛意信息科技有限公司，于珠三角黄金腹地顺德拥有大型研发基地，在深圳、上海设立了分公司，并在北京设立了专门的技术与咨询服务中心，形成了立足华南、辐射全国的服务网络。每位成功人士的背后都有常人不可想象的拼搏历程，张成康的蜕变之路，带给我们的并不仅仅是思考。

管理一群理工男

张成康微笑着介绍自己的员工：平均年龄29岁，主要是理工男，很难管理。我们都以为这样的组合会让企业的管理简单许多，没想到实际上并不是这样。

2014年7月3~5日，海口2014年赛意用户大会暨"遇见时光 创见未来"赛意15周年庆典

2011年1月13日，佛山铝型材行业活动　　2013年11月8日，青岛甲骨文应用软件高峰论坛

　　赛意信息科技有限公司员工甲：我 24 岁。
　　赛意信息科技有限公司员工乙：我 25。
　　赛意信息科技有限公司员工丙：我 29 岁。
　　赛意信息科技有限公司员工丁：我今年 28（岁），计算机专业。我是学的软件工程，大学读的是软件技术专业，方案做出来以后，要一次一次去检查，一次又一次地去修改，有时会经常加班。我修改过最多的三十几次……（女朋友）很难找。因为男的多，女的少。IT 男赚的多，花的少。（我们）都很少接触一些年轻的女性同胞，基本上都没有什么机会去谈恋爱啊什么的。
　　张成康（赛意信息科技有限公司总裁）：现在的（员工）越来越年轻，很多都是 90 后。但我们这些人大部分都是高知识（人才）。知识分子的优点是想法比较系统，但是不好的就是有时候会钻牛角尖。你（管理）做得不好的话，他们会有很多想法。本来一件事不是这么想的，但是他们就会认为你是这么做，我们要花很多时间去做人的工作。

　　张成康的公司专门为不同的企业量身定制各种管理系统，但是其实在他自己的团队里首先要做好的也是团队人员的管理工作。

　　张成康（赛意信息科技有限公司总裁）：我一直都认为公司一定是以人为本的，所有可以长期发展的公司，人是最主要的方面。无论是 IT 公司，还是传统的企业，人才是第一位，其他都是次要的。所以我们整个的经营理念，让员工快乐，作为最重要的第一点，高于股东的认同，或者客户的满意。

　　不同的企业，不同的领导者，引领出不同风格的团队。张成康总是想方设法地将公司的收获回馈到员工身上。今年，他们还将公司的股份分给了内部的 100 多位员工。

　　张成康（赛意信息科技有限公司总裁）：很多老板可能自己都很有钱，开辆宝马，自己住在一间（座）很大的别墅（里）。实际上对于我们的股东，你看我们之前一起奋斗的员工，包括我自己，真的将所有的精力都放在这家企业，基本上从来都没有分红。公司每年都赚很多钱，一赚到钱，基本上又投到公司里面。所有人认为，只要我们可以实现我们想做的事情，可以帮更多企业实现价值，实际上很多人都不在乎金钱这种东西。所以我认为这是我们团队最引以为豪的地方。

2012年4月24日，参观美的

2011年5月12日，顺德agile plm pic

张成康服务的企业遍布全国。他开玩笑说，自己简直就是个飞人，一个月可能差不多一半的时间都没法在顺德待着。

张成康（赛意信息科技有限公司总裁）：这几年都是以工作为重，我自己觉得很遗憾的一点就是，我女儿出生的时候，我竟然还在外地，等到她出生的时间点，我才飞回广东，我是没能看到我女儿的出生。

邹为（张成康太太）：本身我就是外嫁女，到这边来（当时）跟我家婆家公也不是很熟悉。然后心里也是觉得又想妈妈了，自己老公又不在身边。所以就特别地想念他，但是又想到他是在外面工作，那也没有办法。

太太的理解，让张成康可以专心地打拼。当我们聊起他与太太相识的经历，他却说，自己的一切都要感谢"美的"，因为"美的"不但给了他爱情，更让他收获了现在的事业。

张成康（赛意信息科技有限公司总裁）：我为什么说要感激"美的"？如果没有美的的话，我就不可能转到这个行业。赛意的前身，就是美的的一家IT公司。IT公司和传统制造业差别太大。从企业文化、工作方式到管理流程，差别非常之大。所以当时何老板觉得这种IT公司是否可以分出去，就将这家赛意公司（进行）MBO（管理层收购）。MBO之后就变成了一家几个高管持股的公司，完全走出美的。

出走美的，闯出一片天

美的集团全国闻名。20世纪90年代，有不少年轻人都希望在美的闯出自己的一片天。张成康从美的分离出来之前，已经获得了公司的认可，收入可观。要自立门户，这个决心其实不好下。

张成康（赛意信息科技有限公司总裁）：我觉得最主要就是既有希望，同时也觉得有点迷惘，因为都没尝试过做这样的事。赛意公司起初是一家由几十个人组成的公司，最主要的客户就是美的。如果真的要走出市场的话，毕竟会遇到很多风浪，外面市场的竞争很激烈，可以说以前肯定有饭吃，到现在是自己找饭吃，这个差别很大。

纠结了一段时间后,张成康作出了改变的决定。他没想到,自己踏出的这一步,彻底改变了自己的命运。自立门户,如何才能生存下去?信息爆炸的时代,如何把握机会?张成康如何在创业路上展翅高飞?

张成康(赛意信息科技有限公司总裁):我们每一个项目,可能都是由几个人、10个人,或者20个人组成一个团队。长期工作、生活在一起,所以我觉得和打篮球一样,应该说是一个非常注重团队的活动,非常之吻合,所以我们每年公司都会组织相应的篮球赛、足球赛,团队的羽毛球赛,可以更加促进团队的气氛,激发团队相互协作的想法。

赛意信息科技有限公司总裁张成康

张成康就是凭借着这样的团队,让公司不断壮大起来。当年离开美的集团后,张成康蛰伏了几年的时间。

张成康(赛意信息科技有限公司总裁):实际我们的发展,开始的几年,就是我在赛意最辛苦的几年。因为万事开头难,的确是万事开头难。当时的几个股东,包括几个股东之间的理念,都有很大的差异,所以我们都经历了将近两年左右的思想碰撞,最后有一个股东离开了,当时是个很困难的时期。

股东的离开,并没有打击到张成康的信心,而是让留下的人更紧密地结合在了一起。

张成康(赛意信息科技有限公司总裁):以前说雄鹰要三年,才可以展翅。通过了这几年的磨合之后,我觉得第一个(关键)应该是,公司所有的高管思想上达成了一致,目标是明确的;第二个(关键),大家的方向是比较清晰的;第三个(关键),就是经过一些磨合之后,以后要用怎样的工作方式。这几年的时间是很重要的。另外我们当时最重点的是内部建设。将整个公司的内部结构以及流程,按一个IT公司来运作。通过这几年练内功之后,再走出去,我觉得是非常有帮助的。

用现代管理方式管理企业

没有蛰伏,就无法展翅,企业的发展需要厚积薄发。这几年,随着企业需求越来越多,张成康的团队两年间发展到了1000多人。公司成长的速度,让不少人刮目相看。

张成康(赛意信息科技有限公司总裁):美的现在的董事长方洪波曾经说过,没有ERP(企业资源计划)就没有美的的今天。我们以前经常说,雷军说过,如果在风口上猪也会飞。现在，实际上我们也是在风口上。我们在信息技术这个行业，为什么我们公司能迅速发展？一个方面是刚才说的，我们自己内功已经练好；第二个，更重要的一个方面是现在时代的需要。以前有一种说法，做ERP就是找死，不做ERP就是等死。这个意思就是说，你做不做也是死路一条。但2001年以后，就觉得不做是一定会死。

顺德遍地是企业，但是相当一部分企业都是传统的管理方式，如果企业不主动实现管理方式的转变，很有可能就会被时代淘汰。

张成康（赛意信息科技有限公司总裁）：老婆管财务，大姐管采购，现在很多企业都是这样做。当他要在深圳（或）清远再建一家工厂，他就会有很多忧虑和想法。要交给一个可能和自己的家庭无关系的人，他很不放心，但又没有办法。所以信息技术可以是很好的办法。因为信息是共享的，按照一些流程，比如说财务管理、人力资源管理，包括采购管理、生产管理，都可以按照这边的模式复制过去。

你来我往，你负责攻击，我负责防守。就像对企业的服务一样，70后的张成康与整个团队，处处都显现出活力。企业家们总会有自己的野心，但是张成康对自己未来选择扮演的角色，定义却非常的简单。

张成康（赛意信息科技有限公司总裁）：我们公司有一个想法就是，将一家传统的企业变成一家现代的企业。我们说将全中国的企业变成世界的企业的想法一样，要用现代的管理方式去管理一家企业，我们可以出一分力，那就已经是非常不错了。

自己出一分力，成就一个企业。张成康似乎更愿意成为别人成功的基石。面对自己对社会交出的成绩、别人的肯定，张成康对自己的要求就是三个词：回首、展望、前行。

张成康（赛意信息科技有限公司总裁）：现在你要说我是成功的，我不敢这样说。因为我对于成功的定义，我觉得就是可以实现自己的梦想、目标，那才算是成功。很多人会认为，你这么年轻算是成功，企业已经做得这么大了。但我觉得，可能我的追求会更高一点。而且从成功的概念，应该要从个人的工作、生活和个人的各个方面都达到一个完美的平衡，才叫做成功。所以我觉得我还有很多事情要做。

天道酬勤，企业家应以务实精神强化管理、服务客户；厚德载物，每一家企业都应以创新理念提升自我、发展未来。多年来，赛意人正是这么做的。在总裁张成康的带领下，赛意人不懈进取、渐行渐远，不断开拓创新，在变化万千的市场大潮中一飞冲天。风物长宜放眼量！展望未来，企业才能以更大的气魄、更大的热情去规划蓝图、追求发展，就如雄鹰展翅搏击长空，以巨大的自信、气魄和谨慎，长久地傲视市场风云。

编导手记

初见张成康，我们都以为他是江浙地区的人，因为气质文雅，很像上海的知识分子，又讲得一口流利的普通话，在广东的确不多见。聊了半天后，才知道原来他是地道的南海人，只是大学毕业就在顺德工作，所以家早早地也就安在了顺德。

张成康的性格是出了名的好，讲话谦谦有礼，对同事也是极有耐心的。有时候我总觉得他像个大学老师，不太像一个企业的总裁。如果不是时间限制，我们真希望可以跟拍他是如何跟客户进行交流或者谈判的。很难想象这样一个儒雅的人如何表现自己的威慑力。

在我们的整个拍摄过程中，张成康的表现都很完美，我们甚至无法找出他有什么缺点。当然在他看来，因为太忙碌了，所以无法顾及家庭是他的大缺点。但是我们就觉得不能顾及家庭是企业家的一种状态，有心无力，因为当下事业也许更需要他们。张成康也相信，自己以后会有机会好好弥补家庭的。不过他还真是有点忙过头了，女儿今年明明已经14岁了，还跟我们说12岁，结果后来惹得女儿有了小小的不满。

张成康对女儿的教育也是比较随性的，中国很多的父母不会支持孩子学习艺术类，例如画画、唱歌。张成康就很支持女儿画漫画，他觉得既然孩子喜欢，那就让她做喜欢的事情，不是很好吗？

2014年12月19日，广州，全国化工行业电商交流会

2012年8月31日，广州，企业商务智能管理高峰论坛

1998年12月,广州赛意信息科技有限公司在广州挂牌成立,成为Oracle合作伙伴。

2000年8月,荣获华为公司认证"定制软件开发供应商"评价第一。

2002年7月,自主产品"SIE-IMS"亮相首届中国国际制造业信息化博览会,引起轰动。

2004年5月,与CA公司合作,正式启动华为基于数据仓库技术的BI(商务智能)项目,进军BI领域。

2005年3月,通过并实施ISO9000:2000质量认证。同年7月,被评定为"广州高新技术企业"。

2005年10月,深圳办事处成立,巩固在华南市场领先地位。

2006年1月,上海办事处成立,正式进军华东市场。

2007年4月,自主产品"SIE-OMS"研发成功,并在美的制冷集团全面推广使用。同年12月,在北京与松下电工签订战略合作协议,正式进军华北市场。

2008年7月,企业刊物《赛意感悟》创刊。同年9月,深圳分公司正式成立,进一步奠定在华南市场的领先地位。

2009年4月,参加香港国际资讯科技展取得成功。同年9月,正式通过CMMI L3认证,标志赛意软件开发过程管理再上新台阶。同年10月,正式成为Oracle白金级合作伙伴。同年12月,10周年庆暨首届用户大会于珠海成功举办。

2010年1月,全面推行事业部制并启动"123"战略规划,将赛意推向更高目标。

2010年3月,上海分公司正式挂牌,华东成为赛意在华南市场的第二战略市场。同年作为广州市重点软件企业,成为广州市行业软件协会常务理事单位。同年5月,独立自主研发,完全基于SOA技术平台的SAIP正式投入使用。同年12月,获得多项Oracle专业资质认证。

2011年6月,北京分公司正式成立,正式进军华北市场。

2012年6月,与Kronos达成战略合作,双方建立战略合作关系。同年11月,赛意深圳ODC成立,正式开始ODC全面运作。

2013年3月,赛意顾问规模达1000人,推出移动办公平台、E商通产品。

2014年1月,赛意荣获首批"广东省科技小巨人"称号。同年7月,赛意15周年用户大会在海口隆重召开。同年9月,赛意获得"中国企业管理信息化最佳服务提供商"称号。

丁祎：享受孤单行走
——时代易家的电商全产业链

"想要有突破和新鲜感"，丁祎这样形容自己的创业初衷。辗转过不同的行业，丁祎总离不开互联网这个领域，他说自己的血液里奔流着网络的因子，这么多年的经历让他知道，互联网模式将成为商业发展的主流模式，电商的时代已经来临。

顺德电商的发展对比电商大本营杭州、专注文化价值的北京和运作时尚类商品的上海，在经营理念和整体效率上水平都不高。很多电商只用互联网的工具和渠道来销售商品，做的是传统经销商的事情。然而，顺德是世界制造业基地，产业配套完善，有良好的工业设计基础，也有众多的人才资源。丁祎知道，自己的机会来了。

但是，当丁祎找人过来在自己的屋子里讲他的设想时，就如当年马云第一次给别人讲阿里巴巴一样，能留下来认认真真听完的人寥寥无几。可是丁祎没有放弃，他坚信：越多人怀疑，就说明这件事越有价值。他成立了时代易家电子商务有限公司，拉上几位志同道合的伙伴，走上了自己的创业之路。

做开创者，不做跟随者

做电商，依葫芦画瓢模仿淘宝、京东模式，只能是一条死胡同；另辟蹊径，不但要摸着石头过河，还要面对众多质疑。在丁祎看来，做开创者远比做跟随者好，收获更丰。他提出打造全产业链的电商形态，这是一个与众不同的构思，也是一条前人没走过的路，更是一个难得的机遇。

丁祎（时代易家电子商务有限公司总经理）：互联网每个发展的节点，都有它新的机会，我们觉得移动互联网新的机会已经到了，所以我们愿意放弃之前擅长的事情，去尝试新的东西。

曾在大型网络、通讯巨头有过工作经验，又曾在顺德某知名电商做过总经理的丁祎，这些年在电商领域经历着风云突变，对电商有着切身的感受。

丁祎（时代易家电子商务有限公司总经理）：我们现在做的电子商务，其实我觉得已经是一个深度红海的市场，不管是传统的品牌——其实格局已经都差不多了，还是代营运公司，大家做的（时候）都是压力非常大。

如今网上零售，九成份额是商家平台，比如天猫、淘宝、京东。天猫份额超过五成，京东、

丁祎团队

淘宝各分得两成,另外一成被当当等其他平台瓜分。在这个看不见硝烟的战场上,狼烟四起却又悄无声息,变幻莫测而又无时不在。是去抢食其中的蛋糕,还是另辟蹊径呢?

丁祎(时代易家电子商务有限公司总经理):我们上电子商务不是从谁那里切蛋糕,而是我们要做新的市场需求和新的消费市场。这是一块新的蛋糕,未来有可能是我们把这个市场做大,把蛋糕分给别人。

一只水壶的故事

在中山,一个正在紧锣密鼓进行施工的工厂正是丁祎用来部署核心研发和配件输出的地方,此时设备已经在进行安装和调试。这家工厂要投入生产的就是丁祎公司研制出的全球第一台全玻璃弱碱性热水壶,水壶用的不到黄豆粒大小的材料,就是丁祎公司所掌握的核心技术。

丁祎(时代易家电子商务有限公司总经理):我们这个水壶烧开的水是pH值为7.9左右的弱碱水,壶的核心技术就是附着在玻璃底部的发热膜。整只壶我们用了不到黄豆粒大小的材料,这是我们这个品牌进入电商的第一款产品。

为了让产品打响头炮,丁祎全程扮演一个消费体验者角色,就连一张产品的网站图片,拍摄角度、图片介绍有没有突出产品的特性和美感,他都要把关。有时为了一张图片,他会亲自督促摄影师的拍摄工作。丁祎认为,电商的每一个环节都不能犯错,更重要的是,效率是电商至关重要的问题。

丁祎(时代易家电子商务有限公司总经理):在每一个专业领域、每个商圈都有专业

的公司，我也可以跟他们合作，不是自己去做。但是跟人合作的过程中，基于商务层面的东西，基于大家对事物的理解和标准的不同，会把整个过程的周期变得很长，我们现在面临的是一个互联网或说移动互联网的环境，我们需要更快的效率，更直观的一种做事方式。

一只水壶从构思到样品的出现，所用的时间很短。在丁祎看来，这得益于顺德的工业配套非常良好，加上他们抓大放小，抓核心技术，所以研发时间才大大缩短，投入量产的时间大为提前。现在，制造业都有专业的配套，分工协作大大提升了行业效率，但丁祎公司所掌握的核心技术，在市场上却很难找到相关配套服务。围绕核心技术研发的产品，丁祎公司有着清晰的定位。

丁祎（时代易家电子商务有限公司总经理）：我们做的很多事情都是行业中没有的，所以在一些特殊的技术或者特殊的配件材料环节，我们现在都是自己建设，但是行业里有这种成熟的体系和这种制造业的基础，我们都是开放地合作。

让价格对得起价值

为了保障消费者购买的产品的价值，丁祎要选择一种不一样的销售方式。

丁祎（时代易家电子商务有限公司总经理）：目前我把这个事情定位为做价值保障体系的电子商务。电子商务的监管平台越来越成熟，基于品质的保障，基于交易安全的保障，基于售后服务的保障，基于退换货的保障，在目前这个阶段，一些平台和一些品牌都能做到了，都可以做到。唯独对消费价值的保障是没有人去做，也没有人能做得到，那么我们所挑战的就是这样一件事情——让消费者在我们这里购买的产品，永远对得起它消费的价值。

这就是说，只要通过丁祎公司的平台购买产品，如果产品降价，你会得到差价返还。确实，价格对于电商的发展所起的作用日趋式微，由价格转向价值是理所当然的事情，只有在服务上让消费者满意、信任，才能留住消费者。

丁祎（时代易家电子商务有限公司总经理）：打个简单的比喻，在量产之后，我们的成本可能会一步一步地压缩，这个产品的价格就会一步一步地调低。在我降200元的时候，前一万名（客户）可以返400元，降400元的时候可以返800元，降500元的时候可以全部返还给你。然后在一万名以后的客户，差价有多少，我可以返还多少。也就是消费者在我这个平台和品牌体系下消费商品，永远可以得到这样的价值保障。

为了实现产品价值，为了保障价值体系，围绕产品，丁祎开始了相关产业链的配套。

丁祎（时代易家电子商务有限公司总经理）：想法我觉得不重要，其实想要什么更重要，当我们想要新的价值，或者新的操作方法的时候，我们只能是一步步地为它部署它需要的东西。也就是说,我说的配套和平台型的公司,当你一块一块去做的时候,回头一看,原来这个就是全产业链的工作平台。

精英团队打造全产业链

既做产品研发生产,又做网络销售传播,打破传统,以电商为目的配置全产业链,是丁祎想要走的一条和传统电商不一样的路。

丁祎(时代易家电子商务有限公司总经理):大家理解电商,很多人是比较直观的——就是在网上卖东西。实际上对一个品牌化的电子商务项目来讲,它本身就是一个全产业链的项目,因为你的每一个工作环节都可能影响到最后这个项目的结果、产品的品质、产品的生产规模、包装形式,然后推广的视觉、资讯的传播、渠道建设、售后服务,其实每一块都会对结果产生影响。

时代易家电子商务有限公司
总经理丁祎

打造电商全产业链,究竟是什么在支撑着丁祎呢?

丁祎(时代易家电子商务有限公司总经理):在我们的产业平台上,配套了产品研发公司,这是一个很优秀的团队。之前是为世界五百强西门子、飞利浦、伊莱克斯做产品解决方案的。从他们手上研发的产品,为这些国外品牌创造了不下一百个亿的市场。那么在水壶之后,我肯定是准备了一系列的这种产品解决方案,而且每一款都可以做到颠覆市场。

工程师李晓浩就是研发团队的一员,他离开深圳的大平台而来,就是和丁祎有着共同的理念。

李晓浩(时代易家电子商务有限公司工程师):首先是我们的整个研发理念,我们有相同的梦想、相同的理念、共同的目标。如果我们是以商业价值去确定我们的研发方向的话,可能我们偏重于产品的形式化,这时商业价值会提升,但是理念就会下沉。当我们在这个团队里面,我们一直说紧紧坚守的,就是以社会责任为价值,社会产品的真正实际用途为价值作依托,做产品的研发。

被质疑是一种价值

最近,有不少朋友听说丁祎的电商全产业链,都相继来了解,有人很认同他的独特思维,也有人对其庞大环节表示担忧。丁祎对他们的质疑和担忧也一一作了回答。

张荣华(顺德艾迪工业设计公司设计总监):这样的话,您这个推广的周期毫无疑问

会加长,我们正常情况的推广是3个月就能达到一定预知的效果,那么我口子一收窄,有可能是半年甚至一年。

蔡炜文(广东奥马电器股份有限公司高级市场经理):别人只是做一个纯粹的销售平台,你要包括你的制造,你的品牌推广,你的技术,甚至包括你的系统研发,任何事都做,一下子铺得这么大,你的整个布局到底是怎样一个规划?是一步到位还是分一步步走?或者资金方面是怎么去考虑的?

对于这种全新的电商模式,虽然很多人都提出了自己的困惑和不解,但是丁祎依然坚持自己的选择。在电商野蛮生长的20年里,各个企业纷纷向B2B、B2C、C2C全面扩张,发展日趋成熟。丁祎认为这个阶段是需要让电商和电商的商品回归技术,回归产业的一个过程。

丁祎(时代易家电子商务有限公司总经理):其实我倒想知道,有没有人信任我们。基本上所有人首先都是表示怀疑,但又觉得好像不这样做又没有更好的办法,越多人的不相信或者说怀疑,可能恰恰是(反映了)这件事情的价值。这也是我为什么可以很开放地把我的想法和我在做的事情讲给大家听,就算有些东西可以上升到商业秘密的级别,我都可以开放地讲给大家听。因为我知道大家都在怀疑,应该不会自己动手做我们这样的傻事。

顺德是全球制造业中心,有着稳定的产业模式,这在丁祎看来喜忧参半。

丁祎(时代易家电子商务有限公司总经理):互联网有很多机会和形式,以前互联网整个是靠技术来推动的,靠技术来推动就意味着一定是要有很强的专业底蕴。这个内容在顺德肯定是没有的,所以说好的技术互联网的公司都是在北京、上海、深圳。但是未来的互联网,它在技术的应用(方面)会稳定下来,这是互联网的价值需要。跟产业和行业结合,进行二次的价值改造和二次的价值爆发,那么我们公司提供的相关的配套和相关的模式,就是做这样一件事情。

就在一片质疑声中,上海某投资公司已和时代易家达成2500万美金的投资意向。

丁祎(时代易家电子商务有限公司总经理):顺德优秀的企业多,但是大多数企业家都是经验主义者,只信任自己成长发家的经验和自己的模式,其实内心是比较抗拒接触新的东西,然后对别人的怀疑要比信任多,需要我们把事情做成来改变大家(的想法)。

"不怕念起,只怕觉迟",这是丁祎时常告诫自己的话。身为电商,丁祎要在全产业链这条人少的路上走出别样的风景。他说过:"我们宁愿做更好的品质,做更新的模式,选一条人少的路享受孤单行走。"在电商的路上,丁祎找到了自己那条"人少的路",并且在这条路上得到了回报。这些都有赖于坚持。他相信:很多人创业,死在了不坚持的路上;而自己,绝不会退缩!

编导手记

采访时代易家电子商务有限公司总经理丁祎,源于朋友的介绍。最初听到"全产业链电商"的概念,我就被这种新型模式吸引。原以为作为时尚潮流的年轻人打造新型电商模式的企业家,也一定标新立异、个性新潮,然而初见便发现,丁祎虽然在做着时尚潮流的产品,但从着装到言行都极其质朴内敛。他说他所做的是"取势、明道、优术",这种成熟、稳重的开篇,让我一下子对他正在打造的电商全产业链莫名多了一份信心。

一般意义上的电商,大多只是网上卖东西这一个环节,丁祎想走的,却是和淘宝、天猫这些网络巨头不一样的路:既做产品研发生产,又做网络销售传播。在采访的三天时间里,摄制组至少遇到不下三拨前来了解他的"全产业链电商"模式的企业家,这其中既有认同的,也有质疑的,丁祎总是不厌其烦地耐心阐释自己的理念。他的信念可见一斑。

电商兴起的速度飞快,在这条不一样的电商路上,丁祎会不会成为下一个马云呢?

"发上等愿,结中等缘,享下等福;择高处立,寻平处住,向宽处行",是挂在丁祎办公室的书法,这24个字,浓缩了先贤"极高明而道中庸"的人生哲学:胸怀远大抱负,只求中等缘分,过普通人的生活;看问题要高瞻远瞩,做人应低调处世,做事该留有余地。这也恰恰浓缩了丁祎的抱负、眼界、为人和生活!

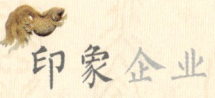
印象企业

2013年3月20日,广东顺德时代易家有限公司成立,并入驻广东工业设计城。

2013年6月,香港环球表业集团旗下的钟表品牌电子商务运营中心上线。

2013年8月,服务广东宏远集团电子商务建设,承销广东宏远食品,及CBA宏远球票线上销售。

2013年12月,收购"爱乐活"品牌,成立红果果工业设计公司,开始自主产品研发。

樊友斌：72小时的私人定制
——爱斯达服饰的智能制造

如果我告诉你：一位原本对服装设计和制造一窍不通的人，一位服装行业的门外汉，却要对服装制造行业进行颠覆性的革命，你是否觉得匪夷所思？

如果有人告诉你：15分钟内可以为你设计完成一件特定的服装，并且，你只需轻松地坐在电脑前敲击键盘，选择好自己喜欢的面料、颜色和款式，上传自己喜欢的图文，72小时后，定制好的服装就可以送到你手中，你是否觉得这是天方夜谭？

此刻再有人告诉你：有一家服饰公司已居服装智能制造全球之首，开启了服装DIY定制时代的序幕，你是否会脱口而出说这简直就是奇迹？

是的，这样的奇迹，就发生在顺德；这样的人物，就是顺德人——爱斯达服饰有限公司创始人及执行董事樊友斌。爱斯达服饰公司投入数以千万元计的研发费用研发智能裁缝设备，只需20秒的时间就可为你裁剪好一条富有个性的裤子。它还让解决库存这个世界性难题成为可能，一举成为服装智能制造企业的标杆。

开启服装DIY定制时代

牛仔青年樊友斌，在大学学的是中文专业，做过服装出口贸易。他开启了服装DIY定制时代的序幕。

樊友斌（爱斯达服饰有限公司创始人及执行董事）：这个T恤衫里面的图案，是我们（2013年）9月6日智能产品上线的时候，（菲尔普斯）到我们现场拍的一张照片。我们花了15分钟时间，定制给了他这样一件产品。当时他是出乎意料之外的，所以他看到后非常高兴。每次我们去（美国），都看到他穿着为他量身定做的这件衣服。我觉得这是对我们最大的一个认可和肯定。

15分钟完成一件特定的服装，并不是只为名人设计的专利。樊友斌推出的服装私人定制，就是要把消费者当成真正的主角，帮他们快速实现个性需求。

樊友斌（爱斯达服饰有限公司创始人及执行董事）：以前是衣选人，现在是人选衣。人选衣就是说：我是什么身材，我需要什么产品，你就做给我。

樊友斌所说的人选衣，就是按照个性需求去DIY，也就是说，你只要坐在电脑前，轻松地敲击键盘，选择自己喜欢的面料、颜色、款式，上传自己喜欢的图文，72小时后，定制

开放篇

樊友斌与广东省副省长陈云贤合影

樊友斌荣获"广东年度十大经济风云人物"

好的服装就可以送到你手中。樊友斌要做的,就是赋予服装人生难忘的记忆和特殊的情感。

樊友斌(爱斯达服饰公司创始人及执行董事):它是没有一种可比性的。它唯一的(特点)就是它的创作。它的创作能很好地通过一个产品展示出去——小孩参加一个画画比赛,拿了一个很好(的)奖品,把这个奖品做在衣服上面,它可能起到一个纪念的意义。他长大以后,可能三十年五十年以后,翻翻柜子里面的衣服,还是他小时候得的奖,对他的意义和价值就完全不一样了。

传统的服装生产都是批量进行。如今却一件一件剪裁,实现每一件衣服都有不同的效果,这不能不说是对行业的颠覆。

樊友斌(爱斯达服饰公司创始人及执行董事):这是一个个性的时代,只要你想得到,我们就能做得到。

智能裁缝系统的过人之处

2013年,樊友斌获得"广东十大经济风云人物"称号。有人说爱斯达已居服装智能制造全球之首,开启了服装DIY定制时代的序幕。但也有人对樊友斌的私人定制产生了质疑。

樊友斌(爱斯达服饰公司创始人及执行董事):大家都觉得是不太可能的。原因很简单,因为这种快消品,它工业化的这个批量生产成本是最低的。如果说你一味地去追求个性,追求这种特色产品的时候,它不一定有生命力。但我自己的看法、观点是不一样的。因为市场的变化是根据它原有的模式在不同地提升。在提升的过程当中,我们找到了适合消费者需求的一个点。我觉得有需求的市场,肯定是可以持久的。一个新的产品诞生的时候,它是会经历很多的声音。因为这些声音,可能会起到一些正向或负向的影响。但是如果说我们在一个情绪当中去做事情的时候,这个事情是没办法做出来的。

现在,爱斯达服饰公司的智能裁缝每天订单量达上千个,其中以20到30岁的年轻人居多。

2013年9月6日"智能裁缝"启动仪式

樊友斌（爱斯达服饰公司创始人及执行董事）：以前在产品设计的过程当中，都是批量化生产的，没有办法满足一个个性的需求。如果我们用个性的去做的话，那我们以前那种裁剪师傅手剪的方法，可能要30分钟到1小时才能裁一条裤子。而这个（智能裁缝）我们只需要20秒钟。这种产效是未来产业的需求，也是传统的没法对比的，一台机器相当于12个人在同时工作。

这台20秒钟就能完成剪裁的机器，是樊友斌他们自主研发的被称作"智能裁缝"的系统。这台设备的智能之处，还在于同时具备超级打印机的功能。

樊友斌（爱斯达服饰公司创始人及执行董事）：那这种超级打印机，它可以打图案出来，同时还可以切裁片出来。这就是我们智能裁缝最核心的价值体现。这是以前所有的这种类似的设备没办法做得到的。

服装门外汉解决库存压力

颠覆传统批量生产的模式，实现个性化定制。究竟是什么机缘，触发了樊友斌的念头呢？

樊友斌（爱斯达服饰公司创始人及执行董事）：在2008年金融海啸的时候，整个全球的经济都陷入一个停滞的状态。当时在跟客户交往中，我们发现一个很奇怪的现象：我们百分之八十的客户都是属于订单下降的态势，而一个客户反而增长了3倍。我当时很好奇，于是调集了他所有的资料进行整理，发现这个客户做的产品和其他客户的产品不一样，他全部是大尺码的，做特体的服装。我后来发现，原来在做这个产品的过程当中，是有一个特殊体型的需求，是刚性需求，对我们企业要发展未来品牌有了一个很好的借鉴作用。

樊友斌意识到：满足特定人群的需求，另辟蹊径，或许是一条可行之路。

樊友斌（爱斯达服饰公司创始人及执行董事）：刚好我去国家快速制造研究院请教一位院士。他当时问了我三个问题。他问我第一个问题，他说你的这个想法很好，我想问一下，你帮人家提供这种量身定制的衣服，你打算多长时间交给他？我说以我们现在开发样板的速度，7天可以满足他们的需求，基本上7天是最快可以做给他们的。他就接着问，我问你第二个问题，你能做特殊体型的服装，常规的衣服你能不能做？我说当然能做，特殊的能做，常规的肯定能做。他说，好，那我再问你第三个问题，你看到凡客、淘宝今天卖衣服，明天就可以收到，你觉得普通消费者能等你7天吗？这下我茅塞顿开——当时我们就是没有在意用户的需求，只在意自己生产能力的一个点，没有去进行突破。院士后来给了我一个忠告，他说如果你3天能够将这种产品给到消费者，整个未来的市场就是属于你的。

院士的一席话，彻底激发了樊友斌。随后的几年时间，这个学中文出身、做过服装出口贸易的小伙子，就开始一心一意只做一件事情——那就是研究怎样在72个小时内把衣服送到消费者的手上。对行业革新，最初樊友斌也曾犹豫。遇到挫折，他又能否真正放弃？这个服装行业的门外汉，能否解决库存这个世界性难题？

樊友斌（爱斯达服饰公司创始人及执行董事）：我花了接近9个月的时间，就是去寻找相关的设备，和其他制衣企业里做得最好的一些产品，去学习和借鉴。后来发现，我们服装工业里面，都是以批量化标准去做设备的研发。你想要72小时内完成的话，这个是根本没可能的。一个门外汉，走进相对来说还是有点专业性的领域里面，要进行一场革命，我觉得在这个点上，我还是有一点太过高估自己了。但是后来想了一下，像我们这个年代、这个年龄层的人，在服装领域从事这个行业的人不多，当时就有一种使命感——我们不去改变，谁去改变？

放下，拿起来；拿起来，又放下。樊友斌为了心中的那颗理想之星，又重新整装出发。而这一次，他有了新的发现。

樊友斌（爱斯达服饰公司创始人及执行董事）：我们在国内用的很多先进的设备系统，都是欧洲（20世纪）80年代初人家已经开发出来的。只不过是过了20多年，再重新包装了一下进入中国市场。我当时就觉得市场的空间很大。我就考虑到我们从整个产业发展的一个态势去看的时候，今天你再不改变的话，明天你要改变就没机会了。这个时候就鼓足劲，就开始往前冲。

经过四年钻研，经过无数次失败，樊友斌终于在2012年研发成功第一台智能裁缝设备，累积投入的研发费用达4000万元。爱斯达也实现了从制造到智能的华丽转身。这个服装行业的门外汉，终于让解决库存这个世界性难题成为了可能。

樊友斌（爱斯达服饰公司创始人及执行董事）：现在在整个中国市场上的库存大概有300亿件，给我们每个人分20件衣服，我们一年就不用买衣服了。就在这么庞大的库存里，对整个企业、对整个行业，打击是非常大的。我们及时意识到这一点，通过快速制造的方法来降低库存量，来提升市场的运行速度，这个对整个行业未来的帮助和推动，是非常非常大的。我一直很庆幸，我们做了这件比较对的事情，也比较符合这个时代发展的需求。

樊友斌（右）与埃德蒙·菲尔普斯

牛仔人的咖啡馆

爱斯达服饰公司内设有咖啡牛仔体验馆。

樊友斌（爱斯达服饰公司创始人及执行董事）：今天我们开始学习咖啡制作，主要包括三个步骤，首先我们是要磨咖啡，磨成粉，然后第二步是在这里冲咖啡……

咖啡牛仔体验馆，是樊友斌专门为员工打造的。他要求员工都必须要到牛仔馆体验咖啡调制。他希望每个人都能在这里获得牛仔制造的灵感。

樊友斌（爱斯达服饰公司创始人及执行董事）：在这个咖啡馆里面，你可以看到很多牛仔系列感觉的东西，会给你不一样的放松感。这种感觉是我们作为一个牛仔人内在最深处的一个感觉。你改变不了世界，但可以改变你的牛仔裤。很多生活的细节，会在咖啡的体验过程中创造出来。我觉得这种感觉才真正符合我们自己内在的一种需求。这是人性最真的一点。

樊友斌曾说过："大家都围着圈去走的时候，我喜欢反着转。因为当我反着转的时候，会看到每一个人的面孔，我会接收到大量信息。如果我是顺着人家的方向去走，我就只能看到前面的后脑勺。有很多事情，不必要太刻意地在坚持和放弃之间作选择。可能在坚持跟放弃之间还有第三种选择，就看你怎么去面对它。"正是这种不走寻常路的思维，成就了樊友斌的传奇：他是一个门外汉，却对服装制造行业进行了革命。也许，商业所需要的，恰恰就是这种颠覆性的力量。

编导手记

人生关键，就应在对的时间、对的地点做对的事！看似简单的一句话，真正做起来绝非易事。

爱斯达服饰公司创始人及执行董事樊友斌所创造的服装行业的"私人订制"，就完全符合这三个关键点。

时间。这是一个个性的时代，个性需求急需服装这个外在形式来张扬。

地点。均安，中国牛仔第一镇。

事件。实现服装的"私人定制"。

沿袭原来的生产方式，企业完全可以生存得很好。但是，这个年轻、充满活力的企业家，更愿意用年轻人的视觉、用更个性的思维，不断接受新鲜事物，主动改变自己，去打造自己理想的生产方式——尽管"私人定制"项目的研发、生产并非一帆风顺，甚至还有人不断质疑。

任何事情的成功，都不会轻易获得。"私人定制"的诞生，同样也经历了各种失败的考验。然而，采访中，记者发现，这位年轻人有着超强的大脑、超快的思维，他总能从失败中迅速找到对策，调整前进的步伐。

于樊总而言，对的时间、对的地点、做对的事情，还在于他对生活的热爱。在大众的眼中，企业家都异常繁忙，甚至更多的社会应酬占据了大多数时间，但樊总却更愿意把时间留给亲人、留给孩子、留给自己。在采访闲聊时，樊总很多次提起周末如何陪女儿去度假，享受天伦之乐的幸福感溢于言表。他也曾说，他情愿一个人呆坐，也不愿去练歌房浪费时间。这个外表看起来韩星范儿十足的人，和一帮志同道合的朋友开了一个游艇会和跑马场，他对生活品质的注重可见一斑。

爱斯达服饰公司展厅照片

2008年11月11日，爱斯达服饰成立。

2009年12月，爱斯达服饰执行董事樊友斌总裁荣获"2009年度中国企业创新优秀人物"。

2011年8月，爱斯达服饰获得"ISO 9001: 2008"质量体系认证证书。

2012年8月，爱斯达服饰被广东省经济和信息化委员会认定为"广东省高成长性中小企业（民营企业）"、"广东省第一批重点帮扶（200家）高成长性民营企业"；被广东省服装服饰行业协会评定为"广东省服装产业转型升级重点培育企业"。

2012年11月，爱斯达服饰被评为顺德区"龙腾企业"、"广东省服装服饰产业技术创新联盟"示范企业。

2012年12月，爱斯达服饰被评为"2012年度创新中国百佳示范企业"，樊友斌总裁荣获"2012年度中国企业创新优秀人物"。

2013年1月，爱斯达被中国生产力学会评为"2012年创新中国百佳示范企业"。

2013年2月，爱斯达服饰被评为广东省"2012年度最具投资价值企业"。

2013年3月，爱斯达服饰被顺德人民政府认定为"顺德80家骨干企业"之一。

2013年6月，爱斯达服饰荣获广东省"重合同守信用"企业。

2013年8月，爱斯达服饰入选"领航100"广东省亿元级青年领军企业实力提升计划。

2013年9月，获"2013第二届中国创新创业大赛"（广东赛区）第一名并晋级全国半决赛；9月6日，邀请诺贝尔经济学奖获得者埃德蒙·菲尔普斯（Edmund S. Phelps）亲启"智能裁缝"全球首发上线仪式。

2013年11月，爱斯达服饰荣获第二届中国创新创业大赛（广东赛区）暨首届"珠江天使杯"科技创新创业大赛（成长企业组）二等奖。

2013年12月，樊友斌总裁荣获"广东省十大经济风云人物"称号。爱斯达服饰被评为"2013年度广东省制造业优秀企业"、"2013年度广东省制造业五百强"。

2014年4月，爱斯达服饰自主研发的Everstar智能制造系统（智能裁缝）获得广东省科技厅认证的高新技术产品认定；樊友斌总裁荣获"2013年度中国服装行业十大领军人物"。

2014年6月，樊友斌总裁荣获"中国商业最具创意人物（100MCP）"称号。

任汝刚：寻本之路
——理斯本家居的销售变革

家具业是龙江的传统优势产业和特色产业，早在 20 世纪 70 年代末，龙江便开始出现家具作坊；至 90 年代初，龙江获得了"中国家具第一镇"之称。龙江家具曾经占据全国家具制造业的 1/5 产值，2005 年，龙江被中国轻工业联合会和中国家具协会联合授予"中国家具制造重镇"和"中国家具材料之都"两大国字号区域品牌，是中国家具制造业的"航母"、中国最大的家具产业集群基地。

位于顺德龙江镇的广东理斯本家居实业有限公司，原名佛山市理斯本家具实业有限公司，公司于 2013 年获得"广东省民营科技企业"后正式更名，是一家集研发、设计、生产为一体的家居生产企业，长期坚持对中国家居行业进行技术革新，产品多次获得国家专利。由想为社会提供一种全新的、具有本质不同的差异化家具想法开始，经过不断的创意、构思、设计、试验、检验、改进等工作，在 CEO 任汝刚的带领下，公司目前已发展成为中国家居睡眠行业的领军企业。

然而，身为中国家具重镇企业家的任汝刚，却总在为龙江家具未来的市场担忧，年过不惑的他义无反顾选择了第三次创业，他能否掀起家具销售模式的革命？

传统家具销售模式日落西山

改变家具销售的传统模式，是广东理斯本家居实业有限公司 CEO 任汝刚正在做的一件事。两年前他就意识到家具实体销售的模式已日落西山。

任汝刚（广东理斯本家居实业有限公司 CEO）：我们传统的卖场面临很多很多的问题，比如不灵活、投资大、运营费用高、租金、销售费用、税收等，运营成本就高。

占领了销售渠道，就拥有了市场。本着这样的理念，任汝刚开始全心投入一项新的研发。

360家装航母招商会现场

3D效果图

任汝刚（广东理斯本家居实业有限公司CEO）：从两年前开始，我们就组织了一帮人，几十个人。几十个人做什么呢？专门做软件开发，做后台开发。

传统家具销售模式走下坡路，那就跟上现代销售方式——电商的步伐，这是一般人的思路，任汝刚并没有盲从跟风。他首先结合行业本身对实体销售和传统电商模式进行了深入思索。

任汝刚（广东理斯本家居实业有限公司CEO）：现在我们电子商务虽然有一定量增长，也很快。但是他们销售的产品基本上都是很低端的，真的比较低端。价格就是它唯一的标签，那这样的话对我们家具，尤其是中高端家具，其实它帮不了多少忙。

两种模式各有优劣，究竟该如何抉择呢？

任汝刚（广东理斯本家居实业有限公司CEO）：我们不想像今天去做个淘宝，做个天猫，找几个人轻轻松松，可以把我们的产品进行对接，然后就可以去销售，甚至就可以赚钱。我们都认为这些东西你能做他也能做，任何人都能做，又怎么样有自己的个性？一个企业真的是需要有沉淀的，是需要有根，是需要有属于自己的东西。我们公司姓"本"，本是什么？其实本就是一种根。我们要把企业做好，我们就要把根做好。

不依托现有的平台，就只能另辟蹊径，从头开始。任汝刚朝着自己的既定目标，开始默默努力。

任汝刚（广东理斯本家居实业有限公司CEO）：这个社会没有现成的，我们就必须要去开发，我们必须要去构思，我们必须要去做各种各样的基础工作。

泛家居销售新模式

龙江的家具，在全国是起步最早的，产业链是最完善的，物流也是最发达的。但是因为市场不景气，很多家具老板都转型改行。龙江家具企业也早已被其他地方超越。身为业内人士，任汝刚陷入了思索中。他认为，家具企业销售模式转型迫在眉睫。经过一年的研发，任汝刚搭建好了一个全新的平台。这个平台，被视为一种销售模式的革命。因为这个平台不是纯粹的电子商务，而是业主、泛家居机构与厂家共存互动与共赢的新型商业结构，也就是泛家居独特专业的销售模式。

任汝刚（广东理斯本家居实业有限公司CEO）：所谓泛家居就包括家具、家纺、建材、灯饰、卫浴、水暖、地板、饰品，甚至家电。通过这么多企业的产品联合在一起，把它们联合在一起，我们再运用一些比较现代的技术手段，把我们泛家居资源聚合到一起。那我们的这个平台可以帮你把整个商场拓展到周边大街小巷，拓展到各种专业的渠道，非常有好处的。

顺德是"家具之都"，家具企业星罗棋布。在任汝刚眼中，泛家具平台打造好了，自然不用担心没有企业青睐。然而理想总是比现实丰满，刚开始，任汝刚就遇到了意想不到的难题。

任汝刚（广东理斯本家居实业有限公司CEO）：很多厂家不认识，不了解，不明白。我们很多人在想，那你可以跟人家解释，可以跟人家说明。但是话是可以这么讲，而事实上是很多很多的人，你跟他讲也不明白，道也不明白。

不仅不明白，一些早已习惯传统销售模式、按部就班的企业家还干脆对此置之不理。

任汝刚（广东理斯本家居实业有限公司CEO）：有很多厂家看不到，你跟他讲，他真的就视而不见。

张登明（广东理斯本家居实业有限公司董事）：我们的平台在运营推广的阶段，需要你们的配合来满足我们采购商的需求。企业家们听到我们这一个回答，他们基本上都是表明"等你们有这样的一个交易量的时候，我们再来合作吧"。

360家装航母首次亮相智博会

360家装航母平台莆田启动仪式

更有一些商家直接要看到实物,甚至要承诺,这让任汝刚犯起了难。

任汝刚(广东理斯本家居实业有限公司CEO):要让我拿东西给他看,要他加盟进来,甚至要给他承诺,就是那么现实。但是一种新的东西,我有什么给你看的?一切都是一张空白纸的开始,总有人走第一。

说易行难。当绝大多数人不认同的时候,也是自己最容易放弃的时候,任汝刚也像常人一样,接受着考验。

任汝刚(广东理斯本家居实业有限公司CEO):刚开始两个月,没找到一个工厂,很多厂都不理解。

新的销售模式能否被市场接受?三次创业,任汝刚又遭遇哪些挫折?

任汝刚(广东理斯本家居实业有限公司CEO):有些人说我是疯了。新的东西始终都不是所有人能理解的,我一直都这样认为。如果每个人都理解的话,就轮不到我们今天来做。那么一个平台,我选择的东西,一直要到要么真正的成功,要么失败,不到最后真正失败,我是不会放弃的。

认定的,就不会放弃。尽管开头困难重重,任汝刚并没有放弃自己的目标,仍然坚持着自己的方向,因为在这位企业家心里,有着更大的责任。

任汝刚(广东理斯本家居实业有限公司CEO):我从来没有把这个平台当成我们自己的平台。这平台就是大家的,就是我们泛家居企业的一个联盟。其实我们就是一个执行机构,如果一个人把企业当成你自己的,我认为这个企业是做得非常有限的。

动则变,变则化。一年的坚持,任汝刚终于看到了希望的曙光。

任汝刚(广东理斯本家居实业有限公司CEO):现在跟我们合作的企业工厂已经有300多家。我们平台一旦成功,那我们合作的这几百家工厂也会跟着成功。所以这种成功不光是我们企业本身。

虽然这种模式得到了部分企业家的认可,然而在打造平台方面,任汝刚这两年没有一分盈利。

任汝刚(广东理斯本家居实业有限公司CEO):到今天我们同样没有一分钱的收益,没有一分钱的效益。

不惑之年第三次创业

尽管没有一分钱的收益,直到今天任汝刚仍在坚持做这件事,因为"从不放弃"是他的人生格言。正是这种性格,才有他45岁义无反顾第三次创业的人生经历。

任汝刚(广东理斯本家居实业有限公司CEO):那个时候创业,我确实不年轻。45吧,那时候,我最小的小孩才1岁左右,这就是一个人做企业的一种追求。如果我当时只是想找点快钱或者怎么样,那我坦白讲,我就没有必要做它。我老婆是非常反对我创业的。

妻子之所以不支持,是因为在这之前,任汝刚有过两次不成功的创业经验。

任汝刚(广东理斯本家居实业有限公司CEO):我不否认,我一点都不否认可能会失败。但是我确实都是一直这样认为的,只要人努力坚持,退一万步真正失败了,我觉得也没什么,也没什么太多后悔。我觉得一个人关键是你有没有努力,有没有去坚持,有没有去争取。

不惑之年,放弃年薪百万的稳定工作,选择创业,的确需要付出更多的勇气。

任汝刚(广东理斯本家居实业有限公司CEO):有些人说我是疯了,但我觉得年纪也不小了,再不做,年龄也好,精力也好,我真的很怕再过几年就没有这种斗志了。

分秒必争,实现人生价值。带着这样的想法,任汝刚第三次走上了创业的道路,融入了龙江家具行业的大潮。

任汝刚(广东理斯本家居实业有限公司CEO):家具竞争那么大,你要不要竞争?除非你和人家不同。你和人家相同,那你肯定要去竞争。

"沉淀"是根本

在竞争白热化的家具行业,分一杯羹谈何容易?更何况任汝刚是个外行人。但是他发现龙江家具同质化现象严重,要想做大做强,就必须有与众不同的产品。带着这个想法,他开始寻求不同。

企业外景

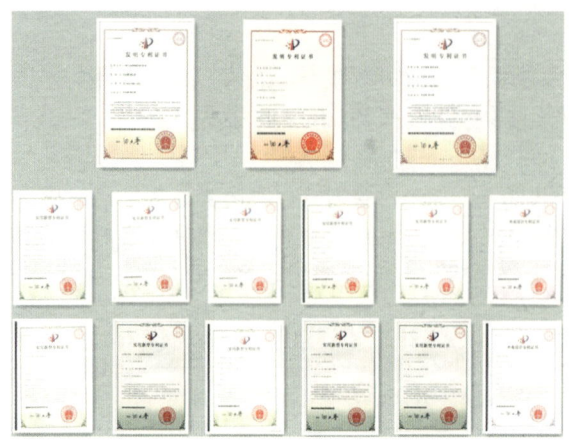

企业荣誉——15项国家专利

任汝刚（广东理斯本家居实业有限公司 CEO）：我们开发产品，要做出与众不同的产品，那么这时间确实比较漫长，它需要沉淀。我们很多家具行业开发产品都喜欢借鉴，参考别人的，甚至偷学别人的。而我们在开发的时候是专门回避别人的。

投入了就马上想得到回报，这是很多人的正常心理。但是任汝刚却静下心来了，带领团队花了整整一年时间搞产品研发。

任汝刚（广东理斯本家居实业有限公司 CEO）：我们很多人做生意也好，做企业也好，都想找快钱。所以很多人都去炒股，去做基金，甚至做企业也是，尽量地去仿，没有真正意义上属于自己的东西。我觉得任何东西都是需要沉淀的，只有沉淀得好了，一个企业才走得长久。

企业有了稳固的销售，并不代表未来一帆风顺。家具行业生存状况依然很不乐观。一个偶然的契机，他对未来有了新的思考。

任汝刚（广东理斯本家居实业有限公司 CEO）：就是深圳的一个企业老板，他来找我，他希望我们能到深圳去，他说我们龙江的企业没有那种追求，我们龙江没有这样的土壤，我们龙江没有这样的环境。也就是说创新、高端品牌，他们认为龙江都不适合。听到这句话的时候，虽然我才刚刚开始，我也不是真正意义上的龙江人，但是我真有点不服气啊，同时我也为龙江家具感到有点悲哀。

我一直都有一种很大很远，甚至有人说有点狂妄的一种追求。所以现在虽然公司不大，但是布局很大。既然创业，我认为，你就不要有什么顾忌，你既然走上这条路，就要大胆地、破釜沉舟地去做，甚至不要给自己留什么后路。

是的，我们正处于一个变革的时代，所有的沟通、思考、消费、生意、价值观念都在迅速发生改变，没有人能抱着过去的经典再次成功地走向未来！在营销时代来临的今天，没有人可以拒绝新的商业模式！静则思，思则变，变则通，通则达。任汝刚和他的团队掀起了家具销售模式的革命，衷心祝愿他在创业的路上走得更远。

开放篇

编导手记

在见到任总之前，跟他电话里沟通过两次，最终约好了见面时间。推开任总办公室门的时候，我有些意外，因为在电话里听到的声音，感觉他是个30来岁的人。可是见了面，有种瞬间颠覆的感觉，原来这是个50岁左右的人。

当他说起自己是40多岁才创办了这个企业的时候，我再次惊呆了。对于这个年纪的人来说，很多人寻求的是一种安稳生活，可是他偏偏不安分，还跑出来创业，而且是一种全新模式的创立，这需要多大的勇气和魄力啊。老骥伏枥，志在千里，任总的经历告诉了我，什么才叫"年龄不是问题"。

他觉得人活着，就要做点事，做点有意义的事。家具重镇龙江，有那么多的光环，可是却避免不了衰落的命运，这个承载数万家具人光荣与梦想的地方，他为它骄傲过，也为它感到悲哀和心痛过，为了改变龙江家具衰退的现状，他下决心要走出一条新的销售模式让龙江家具产业看到新希望。责任，勇气，很多词在我脑海闪现，年届五旬的企业家能有这样的气魄和情怀，这是多么的可贵。改变龙江家具现状，这些看似美好的说辞，也许会让很多人质疑。他对这些质疑鲜有回应，他始终相信，时间会证明一切。

"人总是要有点追求的，我怕再不做些事情，就等不了了。"任总的这种精神也深深地触动了我，回去的路上，我也在想，作为一个年轻人，我能为龙江乃至为顺德做些什么呢？

印象企业

"360家装航母"平台是由广东顺德家妆家居科技有限公司联合泛家居生产企业开发的一个专业整合泛家居供应资源和专业销售渠道资源的专业渠道销售平台。

2012年1月，基于3D云设计技术的二次开发成功，开始在家装渠道进行试销，同年以均价2000元销售4000个账号。

2013年3月，广泛吸取装修公司泛家居资源的采购需求，决定放弃软件的销售利润，转而搭建一个连通供应端、销售端和用户端的整合型平台。

2013年11月，"360家装航母"平台正式亮相"国家级两化融合成果展"。

2014年3月，平台供应商会员累计达300家。

2014年7月，平台城市运营商达到24家。

2014年9月，"360家装航母"平台联合平台供应商会员亮相中国三大家具展。

2014年10月，"360家装航母"平台亮相"第十一届中国国际中小企业博览会"。

李国财：十年筑梦

——海国电讯风雨创业路

"有了明确的方向，我们就大胆干，不做水货，用心服务，与运营商、手机品牌厂商齐心合作，为消费者提供货真价实的产品。"早上9点整，海国电讯培训部已热火朝天地开始培训活动，这家从无到有的本土企业，在创业初期就认定了立足顺德的方向，如今这个方向愈加坚定。

海国电讯的总经理李国财坦言"细节成就成败"，一位顾客从踏入海国电讯的营业店门时起，就能享受到细致的服务，譬如从迎接顾客到为顾客倒水，再从详细介绍手机功能到送出店门，每个服务细节都要到位。"而细节也不断地在适应中改变，比如以前只是介绍手机功能，而现在要教会顾客如何玩手机应用。"海国电讯也创新了手机行业新的服务标杆，除了给顾客创造更舒适更高档的购物环境外，还免费为顾客提供咖啡、奶茶、可乐等饮品。客人同样都是买手机，当然会首选服务有品质、售后有保障的店，因此不难想象海国在顺德为何能迅速扩张，在同类产品市场的激烈竞争中占有一席之地了。

出走福建山村，勇闯顺德商海

手机原本只是用于通讯的工具，现在已经逐渐渗入并影响到人们衣食住行各个方面。在顺德大良，仅是在清晖路上，就有大小超过10家店面经营手机销售、通讯服务等业务。

海国电讯大良团队

成立于 2004 年的海国电讯，在不到 10 年的时间里发展成为佛山规模最大、分店最多的通讯连锁品牌之一。

李国财家人生活照

李国财（佛山市海国电讯有限公司总经理）：现在海国在顺德有 28 家店。主要有两大块的合作伙伴。一个是厂家，厂家的话有苹果、三星、OPPO、步步高、华为；另外一大块是运营商，就是移动、联通、电信。我们跟这三个运营商都是重要的合作伙伴。

2001 年，李国财还是福建省一名山村教师，每个月工资只有 700 多元，他感到自己发展的空间有限。在父母的反对声中，他毅然决定辞去教师这个"铁饭碗"。之后，他来到佛山，进入一家通讯企业做普通店员，三年之后做到总经理助理。2004 年为了突破职业"天花板"这个瓶颈，他选择在顺德小镇杏坛自己创业。

李国财（佛山市海国电讯有限公司总经理）：杏坛相对竞争没有这么激烈。我们刚刚创业的时候，资金也不多，只有 10 万块钱的本金，所以当时就开了一个很小的店。开业的时候，只有 40 平方米，其实当时在店里上班的只有 3 个人，包括我在内只有 4 个人。

由于赶上了手机行业蓬勃发展的好时期，仅仅过了一年时间，李国财就在容桂开了面积 300 多平方米的第二家店。但是创业并不容易，没有人能够轻易成功。

李国财（佛山市海国电讯有限公司总经理）：因为刚开始，我们开第一个店的时候，没有品牌也没有知名度，别人也不认识我们，所以我们去向别人拿货，很多人都不愿意跟我们合作，也不愿意供货给我们。就（算）我们反复地求他，他也不愿意供货。那现在是完全反过来，一般人都是要，比如差一点的品牌，他到了顺德，他都希望我们能够卖他的货，他的产品能够进入我们的卖场。所有大的品牌，我们都是合作得非常好的。像我们有三星授权的专卖店，苹果也有授权专卖店，华为、OPPO 都有授权的专卖店，都是归为战略合作伙伴。以前的话，实话说是我们求别人，别人也不愿意跟我们合作。现在的话，我获得了尊重，获得了平等的待遇，他们都愿意跟我合作。

成就大事的忍字诀

从事服务行业，总会遇到有客人挑三拣四，李国财也曾经被刁难过。

李国财（佛山市海国电讯有限公司总经理）：因为我们做这个电子产品的销售，肯定有售后，用了手机肯定会产生售后。所以有客人买到有问题的产品可能有点生气，就想发泄一下，就过来投诉，找了几个朋友过来把我们手机店门口堵住，然后用手捏住我的鼻子。当时这个事情对我有一点触动，当然我通过不断地跟他沟通，不断地跟他讲道理，他的怒

核心团队

9周年晚会管理人员合影

2013年欢乐中国行之上海

气（才）消失，后来他也没有什么（进一步的做法），就是退钱给他。所以我觉得这个还是要沟通，售后还是可以解决的。要多善于跟客人沟通，多善于站在客人的角度去考虑，因为当时可能他用的产品有问题，他就一时冲动，冲动导致产生怒火。

李国财经常告诫下属，要学会坚持，更加要懂得忍耐。

李国财（佛山市海国电讯有限公司总经理）：遇到困难要忍耐。因为这个人生也好，创业也好，不管是工作还是生活，一定会（有）很多困难的。遇到这些困难，不要去把情绪表露出来，要尽量多忍耐、多坚持，很多困难都会过去的。其实当你回头去看的话，这些困难其实也没有什么，在当时来说压力很大，你忍过去了就过了，方法永远比困难多。

教师出身的李国财，在员工看来，有他不一样的地方。

李胜平（佛山市海国电讯有限公司副总经理）：主要一点是他比较务实，为人方面比较低调。他比较勤劳。坦白讲，我是这个公司的第一名员工，跟着公司一起成长，一起到现在，公司从小到大，从无到有，每一个工作每一个项目，基本上都有我的参与。遇到像这样一个好老板，他也给我足够的信任，让我在这个平台上游刃有余地发挥自己。

李国财（佛山市海国电讯有限公司总经理）：（工作）一定要勤奋。如果说你不勤奋，再聪明也没有用。勤奋，勤能补拙，勤奋是很重要的。

苏志雄（佛山市海国电讯有限公司副总经理）：我很钦佩他的是前瞻性的思想。他每一次工作，做每一个计划之前，都可以有高瞻远瞩的眼光，可以看得非常远，为我们整个公司的导向提供了很明确的方向。

李国财用心经营，重视企业信誉，始终秉持顾客至上、服务第一的理念，坚持服务创新，他的努力不断得到顾客的认可。

顾客：现在海国电讯的服务很好。比如一个手机，我是在海国电讯买的，他说它的保质（修）期是一年，我的手机有一部分坏了，之后过来维修，他们的服务态度很好，我都很满意。

顾客认可，员工认同，企业发展逐渐走上正轨。但是，在2007年，当李国财计划大展拳脚之时，变故却不期而至。

李国财（佛山市海国电讯有限公司总经理）：那一天，我因为结婚要去番禺拍婚纱照，我有个店长，他跟我一两年了，他突然就把店里的所有贵重东西，手机、现金都拿走了，对我来说打击是非常非常大的。当时我正在拍婚纱照，他打电话，发信息给我说："老大，对不起，我要走了。"他拿走将近10万块的现金和商品，对我来说基本上是重创。因为当时我没有多少现金，也没有多少资本，当时是非常痛苦的。

新婚的李国财，被突如其来的变故搞得差点崩溃。但好在他的背后有坚定支持着他的妻子。

李国财（佛山市海国电讯有限公司总经理）：当时我太太就鼓励我，没什么大不了的。就当没有这个店，重新开始了。现在事后回想一下，其实也没什么。但当时来说，是非常伤心的。当然这个事故，对我的企业的成长，还有我个人的成长，也是个帮助。所以我的人事制度要建立起来。

员工是最大的一笔财富

在不断的打击中成长，李国财变得更加成熟。他逐渐意识到，团队才是他成功的基石。

李国财（佛山市海国电讯有限公司总经理）：我觉得第一个的话是团队。不是我一个人在奋斗，是我一个团队一起在努力。如果没有他们的话，不可能有一些进步，有一些成绩。
严太阳（佛山市海国电讯有限公司副总经理）：我们每个月都有员工培训，包括外出的拓展，还有旅游这些。对人才的培养的话，我们李总一直是（视为）重中之重的。

为了打造金牌团队，李国财想方设法激励员工，不断改善公司员工的福利。在他看来，员工才是他最大的一笔财富。

区永开（佛山市海国电讯有限公司营销总监）：这一次，我们业绩比较好的，奖了一台车，这台车是给我们使用权。现在到下面的门店去巡店，都非常的方便，车虽然不算贵，但是我们非常开心。
周裕荣（佛山市海国电讯有限公司人事部副经理）：公司的福利方面，近几年都变化得好大，每一次都会不断地去更新，提升员工的收入质量（水平）。还有就是都会组织一些省内游、省外游。今年的话，都已经是发展到外国游，准备出国游了。相对的话，福利方面会一步步提升。

虽然已经不再教书育人，李国财在对待员工的时候，仍然会流露出曾为人师的风采。

李添玉（佛山市海国电讯有限公司人事部经理）：我感觉我们李总就像一个老师，也像我们的兄长。他会引导我们，如果说他没有这种魅力的话，我相信我们走不到今天。

李国财（佛山市海国电讯有限公司总经理）：要不断学习。因为这个社会不断地变化，你要与时俱进。如果说不能与时俱进的话，很容易被社会淘汰掉。

创业至今近10年，秉持"海纳百川，立足中国"的企业精神，公司从只有4个人的小店发展到如今员工超过300人，年销售额过亿元的连锁企业。由于长期忙于事业，面对家庭，李国财坦言，对家人有所亏欠。

李国财（佛山市海国电讯有限公司总经理）：我的太太她希望我不要这么累，多一点时间在家里，多一点时间陪家里人，不要整天工作。我就尽量合理地安排时间，上班的时候尽量忙，忙完以后，尽量早点回家，帮忙尽能力地做点家务，尽一下我作为先生、作为父亲的责任。

企业越做越大，自身也都具备了能力，李国财逐渐有意识地承担起企业家的社会责任。他的公司与媒体合作，开展相关公益活动，为儿童搭建参与社会实践的平台。在顺德电讯行业打拼多年，李国财对顺德的未来满怀期望与信心。

李国财（佛山市海国电讯有限公司总经理）：像顺德很多家电行业、家具行业，经常要举办一些全国性的展会。很多商务人士来到顺德，甚至从广州的广交会过来，这个市场还是存在的。关于旅游的话，华侨城都要来顺德投资了，所以我觉得顺德作为珠三角的一个明星城市，未来的发展空间还是非常大的，潜力也是非常大的。

超越梦想，涉足酒店行业

每个做老板的，都不会满足现状。如何做大做强自己的企业？李国财思考着公司的未来。经过近一年时间的考察调研，这一次，他把目光对准了酒店行业。

李国财（佛山市海国电讯有限公司总经理）：首先，手机是我们重要的基础，我们现在有20多个店，300多人。所以首先我们想稳健地发展，我希望在顺德、在佛山能够生根，做好这个根据地，不断地发展壮大，稳健地发展；同时的话，我们现在涉足酒店，我们想打造一个酒店的连锁品牌，我们现在第一家店正在装修，做一种精品的中档酒店，这是我们的规划。

第一次尝试其他行业，尽管具备勇气，李国财难免感到忐忑。

李国财（佛山市海国电讯有限公司总经理）：我们是非常慎重的，不是冲动的。我们坚持做了十年的手机，现在才第一次做酒店，就是很慎重、很认真地调研了这个市场才决策的，不是冲动的。做详细的规划，做好充分的准备，才做这个市场的。

相对于做手机来说，酒店行业是我们第一次涉足，没有经验，所以刚开始的时候，还是遇到些困难。因为不熟，以后一定会遇到困难，要交一些学费。但我觉得这也没有什么，边学边成长，遇到困难去战胜它，当作一个经验，当作一种学费，希望以后会越来越顺利。

李国财一手打造的海国电讯，成为顺德分店最多的手机连锁公司。他经常勉励员工：心有多大，舞台就有多大。创业至今，他脚踏实地，步步为营，不断实现并超越着他自己的企业梦。

李国财（佛山市海国电讯有限公司总经理）：在创业的路上，遇到的困难是非常多的，包括人生的路途，也会遇到很多困难。所以我觉得面对困难的时候，现在回想一下，就是不要怕，要镇定。俗话说人定胜天。"定"，也就是说"镇定"，如果你镇定下来，然后去想想方法，还是可以战胜困难的，不要怕。另外的话，一定要忍耐，遇到困难要忍耐，不要把情绪表露出来，要尽量多忍耐，多坚持，很多困难都会过去的。

十年的筑梦，十年的坚持，赢来的是社会的认同和赞扬。十年的责任，十年的担当，换来的是继续前行的信心和力量！风雨漫漫创业路，岁月悠悠赤子情。祝愿勇于编织梦想、敢于追求卓越的李国财在新的征程上再创辉煌！

编导手记

李国财给人的印象很特别，或者说很单纯。性格非常随和，没有高大的企业家的形象，也没有老板的架子。他的团队也是一样，大家看起来都是兢兢业业做事情的人。什么样的领导者成就什么样的团队，这句话在李国财身上就表现得很彻底。作为老板，他的办公室与所有经理的办公室面积、装修全都是一样的，这是非常少见的。

我们团队几个人都与李国财有过接触，大家对他一致的看法就是朴实。一个企业家，连续几天的采访，穿来穿去，都是那两件简单的T恤衫，连后续需要补镜头，他还是一样的装束。我心里疑惑，他是不是每天出门都完全不用考虑今天要穿什么，因为他的衣服已经完全设定成了一种模式？我很佩服这样的企业家，他们拥有的财富，不需要通过自己的着装，或者是手机等设备去彰显出来。能够低调做人，说明这个企业家有多谦虚。

李国财是那种一步一步依靠自己的努力，积累成长起来的企业家。这个成长过程靠的是他的埋头苦干，靠的是他和团队的一起打拼，脚踏实地得没有一点水分。今年李国财开始涉足其他行业，我们无法判断出未来他可以发展到什么高度，但是我们知道，一个人，当他站到了高山上，他仍旧能够保持在山脚下时的状态与心态，他的未来必定会攀得更高。

2004年7月，在顺德杏坛创立40平方米的"洋域通讯"（海国电讯前身），第一家店在杏坛开业。

2005年5月，第一家300平方米的海国形象店在容桂开业。

2006年12月，公司在国家工商总局正式注册"海国电讯"商标，开始在顺德拓展开店。

2007年3月，海国电讯官方网站顺利开通，是佛山第一个开通网站的手机连锁公司，标志着海国品牌推广走向互联网，具有里程碑意义。

2007年9月，《海国人》报纸成功创刊，成为佛山通讯同行业内第一个拥有自己报纸的通讯连锁。

2008年1月，1200平方米的海国电讯旗舰店开业，是当时顺德面积最大、品牌最多、品种最齐全的超级手机数码卖场。

2009年3月，海国电讯与《珠江商报》、《南方日报》、《南方都市报》签订战略合作协议，在媒体监督下健康发展。同年，海国电讯第一家3G体验店在容桂天佑城开业，为佛山通讯同行首家拥有3G业务办理资格者。

2010年10月，海国电讯欢乐中国行第一站——海南启程，一年一次的员工省外游由此开始。

2011年5月，海国第一个三星手机专卖店开业，成为顺德第一个拥有两家三星专卖店的手机连锁公司。

2012年2月，海国电讯培训学校成立。同年，容桂最大电信合作营业厅——凤翔南路海国电讯旗舰店开业。

2013年1月，全国首家华为加盟专卖店——海国大良凤山店开业。同年，公司分店突破28家，成为顺德连锁分店最多、规模最大的手机连锁公司。

2014年7月，公司旗下品牌——青春季酒店开工，开启了公司多元化发展道路。

酒店夜景

04

定制品质生活

邓海强：水晶大王
——水精之恋，闪耀绽放

  他高考落榜，来到顺德投靠亲戚，找了自己第一份工作，就在仙泉酒店当保安。他从保安晋升到人事主管，却又突然辞职，要自己创业。水精之恋集团董事会主席邓海强在顺德完成了他的华丽蜕变，实现了他最初的梦想，草根也有春天。

  邓海强从酒店出来的创业历程顺风顺水，但他一直对家乡桂林溶洞里的水晶奇石念念不忘。他觉得，如果能将兴趣变成自己的事业，那才是一件幸福的事情。于是，他利用业余时间去进修水晶宝石专业的课程，慢慢开始进入水晶行业。然而他的决定遭到全家人的一致反对，"做水晶不能吃又不能用，谁会买下这些东西？"邓海强却坚持自己的选择，变卖住房，冒着风险跑到万里之外的非洲，淘回一大批天然水晶，在容桂宏骏广场租了一个便宜的铺位，开始了打磨水晶的生涯。

  短短十几年，"水精之恋"从一家默默无闻的小店，变成覆盖全国的63家分店。2012年元旦，邓海强在澳门投资3000万元开设第一家国际品牌店，分店开张后月增500万元的营业额。

  邓海强对水晶的狂热和执著，让他成为资深水晶收藏鉴别专家、业界的"水晶大王"。

内景奇石"航天飞机"

奥运奇石

2013年8月非洲马达加斯加总统拉乔利纳阁下（右）访问澳门期间破例前往水精之恋集团参观指导

与水晶结下一辈子的缘分

顺德顺峰山公园牌坊对面有一个水精宫殿，是邓海强耗资3000余万元打造的国内首创原生态天然水晶养生会馆，里面不仅有上万件珍贵稀有的天然水晶品种，还有传说中杨过和小龙女练功用的巨大"寒冰床"。作为中国最大的水晶奇石博物馆，水精宫殿保持着几项中国之最：重达19吨的中国最大水晶王、中国最大的天然紫晶洞、国内最大的冰种天然水晶观音摆件和梦幻般的阿凡达水晶灵魂树等。

邓海强（水精之恋集团董事会主席）：你看，可以这样说是见证奇迹的时刻，当正常的水经过一个正常的曲线流下来以后，当它一接近有强大能量的水晶石的时候，你会发现水流产生一个很奇妙的改变，水流会根据这个石头的一个能量，或者一个压变的效应，自然地产生震动，就像轻盈地进行舞蹈一样。

这个底座是用水泥做出来的，一般的水泥淋上去的话，它就是一个自然湿润的状态，但是我淋这两个水晶王，就会产生一些很不正常的物理现象，但这也是它最神奇的一面。水淋上去的话，它会产生很奇妙的变化，像水帘洞一样的。你看每一颗水珠，瞬间化为一颗颗小水珠，像珍珠一样慢慢地滚落，它不是流下来而是滚下来的感觉。这两块水晶王应该是国内最大的两块了，这块是7吨，右边这块是8吨，因为平时我们一直都比较低调，其实这真的是我们整个佛山、整个顺德的一个自豪。像这些横切面，我这里要进行一下科普教育，它不是用机器来切的，它是自然生长的，这个就代表了它的年龄。比较细的纹，大概的生长期有几万年，但如果比较粗的纹，就有几十万年的生长期了。所以我们通过这个横切面、这个横纹来推断它这块料已经超过20亿年了。而且你看看，它是整个料到这个位置，所以它有3米多高，它本身的高度也是一个世界纪录来的。蓬莱仙阁，它也见证了一亿年前火山熔岩经过这个地方，留下了一些熔岩经过的痕迹，然后在高温高压的过程中，经过一亿年的千锤百炼，它就变成现在这种原始的状态，就像一片原始森林。

水晶经历了水与火、生与死，才能够与人类结缘。水晶与人们的缘分常常都是短暂的，而与水晶结下一辈子缘分的人就是邓海强。

邓海强（水精之恋集团董事会主席）：从小到大就会有这种期望，希望自己像超人一样飞来飞去，刚好也是水晶给水晶超人这个力量，后来就想到，不如把工作辞掉跑到非洲去淘水晶！把房子卖掉，后来买了一部破的面包车，方便拉矿石。

邓进煌（邓海强父亲）：起初我和他妈妈都是反对的，因为这个水晶不能吃又不能用，谁会买下这些东西？没有用！我说千万不要搞，如果你搞下去会血本无归。我们给他在顺德买了房子，他偷偷摸摸地卖掉了，卖掉以后他就拿这个钱跑到非洲去。当时我们就很担心。

邓海强（水精之恋集团董事会主席）：最开始在容桂，我觉得很有纪念意义。在那个宏骏广场三楼做了第一家，那时候很简陋，你看一个商场连空调都没有，到夏天也是满头

2011年5月水精之恋集团代表澳门与巴西米那纳州水晶矿业集团MINA BAHI签订价值数百万美元的战略性合作计划。中国驻巴西总领事孙荣茂（左六）、中华人民共和国商务部副部长蒋耀平（左四）应邀出席。

邓海强接受中央电视台记者张萍采访

大汗去卖水晶,去推销水晶。这样子很艰苦的过程,基本上全部都是我一个人,总经理是我,销售人员也是我,然后进货采购都是一个人。当时我记得因为资金比较紧缺,然后租了一个宿舍,那些矿石堆在宿舍里面,我没地方住了。我记得有一段时间,还住在那个面包车上面,当时洗脸刷牙都在面包车上面,那时候是很有意思。

登陆澳门的珠宝品牌

回忆起最初创业的艰苦,邓海强始终面带笑容,也许就是这份乐观,让他度过了人生的一个又一个低谷。假如说高考落榜是他的第一个低谷,那么顺德就是帮助他走出低谷的福地。

邓海强(水精之恋集团董事会主席):十几年前来顺德投靠亲戚,因为高考落榜比较失落,投靠亲戚以后,找了自己第一份工作,就在仙泉酒店当保安,一份很神圣的工作。我当时在做保安,是超出了做保安的职责要求。我最高纪录试过站四个半小时纹丝不动。其实很多工作做起来,只要你努力的话,它真的会改变你很多人生轨迹。你看在人事部,因为自身努力的原因,连升两级还是三级我不记得了,从普通的文员后来升到主管,所以我在当时觉得是一种(件)光宗耀祖的事情。

18岁的少年,站岗的保安,人事主管,邓海强的人生轨迹在来顺德后的几年里面不断上扬,当年在仙泉酒店管着他的人事经理,现在成了他的水精之恋的人事部经理。

卢继生(原仙泉酒店人事经理、水精之恋集团人事部经理):回顾以前和看现在,的

拉美国家商品综合交易中心签约

确是他通过刻苦努力去创造了这个心态,也创造了这样的业绩。这种毅力和心态,在现在真的很难找得到了!

就是凭着这样的毅力和阳光心态,邓海强从困境中走出了一条光明的康庄大道。13年前,只有容桂一家小店,13年后,全国直营店达到70多家,公司资产达3亿之多。透过水晶看世界,邓海强总是与人们有着不一样的视角,很多顾客以为水精之恋不过就是个水晶饰品店,其实水精之恋已经通过澳门和巴西走向了全世界。

李正桥(中央人民政府驻澳门特别行政区联络办公室、文化教育部部长级助理兼副部长):第一个,这个水精之恋的这种经营模式,它从传统来讲,弘扬的是一种传统文化。第二个就是水精之恋的这种模式,在澳门经营是搭建了一个平台,什么平台呢?因为澳门是中葡的合作领域平台,水精之恋在这里做,这是为澳门和通向葡语国家搭建一个非常好的平台。而且最近咱们水精之恋也跟巴西签订了一个很好的合作协定。第三个就是它也是澳门多元文化发展的一个很好的方向;第四个是很适于澳门旅游文化的发展,你看澳门也是旅游城市,那么水精之恋能够在文化旅游的产业中起到一个推动作用。

邓海强(水精之恋集团董事会主席):开始我们是叫那个三个"日"的"晶",叫"水晶之恋",其实水晶最初的名字就叫"精神"的"精",叫"水精"。不如就把三个日的"晶"改成精神的"精",叫"水精之恋"。当时大家的野心比较大,希望未来可以上市,或者越做越大。

创新篇

　　作为广东省有史以来第一个引进到澳门的珠宝品牌，水精之恋把握住了时机，进入澳门不到三年的时间，连开5家连锁店。从新马路整栋大楼到获多利中心商铺，邓海强的雄心一步一步地实现。

　　黄聿德（新加坡籍水精之恋集团行政总裁）：我起初加入公司的时候，我们的目标首先要把我们公司实现在香港上市，要做到这样，我们需要始终坚持我们的目标，就是要把我们的企业从一个家族企业转型成为一个多方合作的企业；第二个目标就是，我们希望可以把我们的公司从现在位置，包括公司的产品打造成具有国际性的品牌；第三个目标就是我们的公司（现在）就60家分店，希望在未来的五年里能把我们的分店扩大到接近300家，能够遍布世界各地的不同区域。

小水晶，大世界

　　几年来，邓海强总是不断地在顺德和澳门之间奔波，如今水精之恋在澳门日益壮大，他不再像两年前那样，三过家门而不入。现在他总会尽量挤点时间，多弥补自己对家人的亏欠。

　　邓海强（水精之恋集团董事会主席）：确实比较愧疚，因为有时几天几夜都泡在办公室里面，甚至要去外面考察，所以一般小孩的话，基本上都交给老人家去操心。但是从目前来说的话，好像还是很顺，小孩也挺争气的。

邓海强向郑裕彤致赠专门为他定做的冰种天然水晶笑佛

水晶的命运,其实就像人类的命运,有的被历史淹没,有的名留千古。为了让水晶文化能够被更多人认知,邓海强总在寻找水晶的美。

邓海强(水精之恋集团董事会主席):大家都知道我们中国举办了2008年的北京奥运会,这个"奥运"水晶球不单单形似,而且它还抓住火炬踢着足球,所以我觉得代表我们中国,特别是足球。虽然(足球)现在不争气,但在未来一定会冲出亚洲,走向世界。这个"飞机"水晶球代表我们中国的航天技术的一个辉煌的见证。你要想着一亿年前的矿石,里面竟然有一个飞机,或者说是穿梭机在里面。

大家留意这五件法器,就是这一块石整体雕刻出来的。这个师傅完成了一个世界纪录——同时雕刻五条链,而且环环相扣。当时他说了一件事给我听,他这件作品为什么四年后才交给我,主要原因就是他一般都是晚上雕刻的,白天就不雕。他说因为这块石实在是太珍贵,他要心最静的时候才能雕。

这个是全世界最大的水胆水晶,它的重量有多少呢?大概是120公斤,摇一摇它,你看这里有一个可以说全世界最大的一个水胆——我们称之为"水库"的地质现象。我们把它放在澳门水晶博物馆,其实就是给全世界的游客见证这个大自然的奇迹。

这个是"子宫"水晶,我们通过扫描切开,发现了里面有些匪夷所思的景象,里面非常像一个女人的子宫,可以说是怀胎十月,里面有点像一个小婴儿。我们现在就见证生命的奇迹,把水倒进去,倒满水之后大概几分钟后,婴儿的脐带就会慢慢显现出来,开始很细,后来就越来越粗。

尽管现在的水晶事业蒸蒸日上,可邓海强却不满足,对于他来讲,这仅仅是开始,他希望打造立体的水晶事业,从水晶专卖店到水晶养生会所,从水晶餐馆到水晶酒店……邓海强正在一步步建立自己的"水晶王国"。

邓海强(水精之恋集团董事会主席):每个人都有自己的偶像,你觉得自我满足,你就会原地踏步,所以我觉得,当你跟顺德的乡亲郑裕彤比起来,就一点都不像成功,就是你进步的空间很大,你可以不断地追求成功,但是还没有到成功的终点,所以我觉得还是要继续努力。

邓海强对水晶奇石的狂热与执著,让所有接触过他的人印象深刻。从古代到未来,从地球到宇宙,从意境到梦境,只要是与水晶有关、与水晶奇石有关,邓海强的身上似乎总有着使之不尽、用之不绝的精力与能量,而作为倾听者都无一例外地被他轻而易举地带进那充满奇幻曼妙的水晶世界。他可以做到三天两夜不睡觉,就为了研究一件不可多得的水晶奇石。专注,才会有美梦成真的一天,成功只降临在那些有准备的人身上。

编导手记

邓海强给人的印象永远都是充满活力的，讲话有力，工作安排不断，似乎有着用不完的精气神。连续的采访行程安排，他有时还自己兼做司机，为我们开车，但是忙碌下来，他的精力比我们还要好。我当时就总有疑问，他为什么总是能够保持这么好的精力呢？当然首先他坚持锻炼身体，其次应该是和他的水晶事业有着密不可分的关系。

我们拍摄了很多不同行业的企业家，像他这样做实物销售的企业家也不少，可是真的对自己的东西到达挚爱的程度，可能也只有他这么一个人了。我曾经想问他，如果没有世俗的束缚与牵挂，你是不是会干脆一辈子就和水晶过日子算了？水晶对于他来说，绝不只是爱好那么简单。他发现了一个属于水晶的世界，在那个世界里面，他可以发现无数的美好。每一次的新发现，都可以让他兴奋不已。能够真正理解他的人，定会为他的热情所动容；不理解他的人，他再怎么讲述，别人也参不透其中的美妙。

邓海强是幸运的，但是我觉得他有时候是孤独的，因为人们的眼睛虽然有几亿的像素，但是看到的世界仍旧是不同的。我们只希望着，无论这个水晶的世界人们可以看到多少，邓海强都不要停下自己探索水晶世界的步伐。

印象企业

1999年，水精之恋的创始人之一"水晶大王"邓海强冒险前往非洲马达加斯加水晶矿区。

2001年，水精之恋第一家门店在容桂镇宏骏广场三楼成立。

2006年，水精之恋获得联合国注册供应商资格（商号：137793）。

2010年，水精之恋开设的自营门店突破60家。

2012年，在澳门贸促局一站式招商政策引进下挺进澳门新马路开设第一家国际品牌店。

2012年，作为澳门企业跟随中国商务部和澳门贸促局出访巴西，并代表澳门与巴西合作方签订关于水晶矿综合开采的战略合作协议。

2013年，时任马达加斯加总统拉乔利纳阁下访问澳门时到访水精之恋总部参观。

2014年，在珠澳跨境工业区成立"拉美国家商品综合交易中心"。

2014年12月5日，在澳门回归15周年之际，澳门贸促局推荐水精之恋作为第一家澳门企业接受中央电视台新闻中心社会新闻部的专访。

雷震霆：做好一件事
——明陶玉泉，把温泉搬回家

如果有一种产品，让你在休闲中可以延长细胞的生命长度；如果有一种新产品，让你家里有一个可移动的温泉；如果有一种产品，它更新了世界浴缸发展史，你是不是觉得惊奇？

"1996年进入这个（卫浴）行业，发现有很多不足之处。一开始洗澡的时候，洗着洗着就发现变冷了，所以就想到恒温。"人富裕了，生活好了，也有闲了，于是有很多人不辞劳苦去泡温泉，为什么不能将温泉搬回家里？为什么不可以在家里创造一个"移动温泉"？能不能把卫浴产品做成最理想的电器化产品，跳出卫浴行业，进入家电？

雷震霆的梦想，让他发明了"红外线无管道非浴缸恒温"，这个发明，可使药浴在红外线恒温环境下，让细胞生命长度延长15%，被誉为"世界非传统浴缸瑰宝"。十多年，他一步步接近梦想。雷震霆，一个你或许知道，或许不知道的商人，就这样存在，低调地为了自己的梦想而存在。

温泉梦，顾客需要即商机

一提起泡浴和浴缸，今年56岁的雷震霆，笑起来像个孩子，满脸是毫不掩饰的热忱。时代造就了像他这样的商人，更培养了他对商业的敏感。改革开放，造就了珠三角一大批有条件享受生活的人，泡温泉是这批人的一个新选择，有时为了享受更加私人的温泉，他们不惜代价，购入价格昂贵的浴缸，冲浪按摩、盐水浴、牛奶鲜花浴等，花样不断翻新。那时正在为大品牌浴缸做电机代加工的雷震霆，生意相当不错，在泡浴中，他敏锐地发现了新的问题。虽然他进入卫浴行业18年，但直到6年前，他才给他的浴缸下了新定义。

明陶玉泉展厅

雷震霆（佛山明陶玉泉卫浴洁具有限公司董事长）：我比较喜欢泡温泉，但怎样能够在家都有泡温泉的感觉呢？我想了很久，现在江湖上都叫我"温泉哥"。方世玉其实是我们(那代人)的偶像，在他成长过程中，他的外公苗显就(通过)打他又泡药，我就觉得泡(药)泡得他铜皮铁骨，大概泡上七八年，就会有一种自然的护体功能。想起这个故事，为什么我们不可以做成这个产品？一天可以浸泡多次。我最希望将中国的药泡、药浴这个概念和理念推广，让大家都健康。

1993年的时候，雷震霆自己也买了个浴缸来用，用的过程中就觉得太不舒服了，他就动起了脑筋，怎么改良它、改进它。

雷震霆（佛山明陶玉泉卫浴洁具有限公司董事长）：第一个要等加水，加满水以后，人泡进去以后，水就差不多又凉了，泡了十分钟八分钟，水一凉你会感冒，所以就觉得非常不好用，这样才想到怎样才能长期保温，怎么能成为一个温泉，那会很舒服，并且有些老人家，有些需要一缸热水多次浸泡的，那种类型的人群（需要）。

这个生活的小细节，就像砸中牛顿的苹果，开启了雷震霆对浴缸设计人性化的思考。在反复的尝试中，他和团队研发出了恒温器，把温泉搬到家里，想怎么泡就怎么泡。

雷震霆（佛山明陶玉泉卫浴洁具有限公司董事长）：当时恒温器本来是想去领专利的，但是不知道怎么做，那就一直耽误，觉得算了就没有领，后来就造成有几个做恒温器的过亿的公司出来，但是（恒温器）的缺点是，要配套按摩浴缸才能起到恒温的作用，接着我就考虑，能不能什么都不需要就能达到恒温？就发现了一种发热膜，它就像一张厚一点的纸那么薄，那我们就可以包住整个浴缸，什么都不需要配套，接着我们发明了一个保温浴缸。那时候发明就知道领专利了，所以现在，我们的专利逐渐多起来，恒温和保温，听起来就好像给了人舒适的感觉，可价格也比普通浴缸贵了不少。

如何让自己苦心研发的产品在市场上脱颖而出呢？雷震霆陷入了深思。让顾客知道自己的浴缸与众不同，如何展示，如何销售，如何让大家都接受，都是值得思考的。

雷震霆（佛山明陶玉泉卫浴洁具有限公司董事长）：浴缸的表面，大家看不出有什么区别，核心的东西，就在浴缸的里面，所以起初我们推广的时候，我们的产品都是在建材市场卖，人家说，你的浴缸一下子卖这么贵，我怎么买啊？没办法去销售。

浴缸梦，弃移民扎根故乡

事业有了发展，但家庭还是最重要的，为了让两个女儿享受到更好的教育，雷震霆的太太吴慧萍女士为全家办理移民加拿大的申请。手持多项专利的雷震霆，非常顺利地通过了签证官的面试，并受邀去加拿大考察投资项目。当所有人都以为他要离开的时候，雷震霆却作出了一个让人始料不及的决定："不去了。"太太为移民忙碌了一年，他突然变卦，

瑞典皇室波基塔公主现场颁发"一杆进洞大奖"

妻子不理解,他的朋友都觉得不可思议。

吴慧萍(雷震霆妻子):还是有些失望的,你可以想象一下,我当时准备了三大旅行箱的资料。

雷震霆(佛山明陶玉泉卫浴洁具有限公司董事长):最后批准了,并且邀请我们去考察,去到(加拿大)后,自己觉得人口太少,没有(浴缸)的销售空间,关键是语言不通,加上通过了解,加拿大那边请人也很艰难,那怎么实现自己的目标和梦想呢?

吴慧萍(雷震霆妻子):后来雷先生回来想来想去,他说,加拿大虽然很好但是如果你真的要我待在那里工作,我会傻的。我说人一生就不需要做很多事,做对一件事就可以了。那我既然已经嫁给他了,就只能成全他的事业。

一切都明白了——为了那个梦,那个关于温泉的梦想,雷震霆放弃了去加拿大的机会,在家乡北滘创建了卫浴公司,他决定自己去推广自己的恒温浴缸。这年他50岁,在他人看来,有固定的工作,有稳定的收入,这时候自主创业,实在是自讨苦吃。

雷震霆(佛山明陶玉泉卫浴洁具有限公司董事长):你说的没错,当时的年纪也那么大了,说实话,再创业,自己也觉得压力很大。但是为了目标,自己又觉得,真的是很好用的产品。因为自己是在用的,整个试验的过程,破坏性试验,还有耐久性各方面的试验,都是自己试验的。当然安全性不用讲,肯定是很安全自己才试,这么好用的产品,为什么自己不去做？他们不帮我推广，只不过是他们还没了解产品的好处。那么自己确定这个信念以后，一定要死心塌地，自己一定要义无反顾去做。

吴校长是雷震霆的恩师，也是他的岳父，因为糖尿病的后遗症，常常需要用药水浸泡手脚，于是成为了第一批浴缸使用者，看到吴校长，熟悉他的人都会说："你的手现在都挺好的，泡过之后这里都没那么肿了。"他有时一天泡两次，有时一天泡三次。长期的泡浴，让吴校长觉得病痛得到缓解，面色也红润起来，于是家里楼上楼下都有一个浴缸。

吴校长（雷震霆岳父、用户）：有的药很贵，但是如果你用完一缸水，马上就把它放掉，就像这缸水，差不多1000块，你说泡完一次就不要？我们目前的经济能力，也觉得承受不了，所以泡药养生，我就开始考虑，再添置一个来泡药澡。

梦已圆，老夫聊发少年狂

药浴，在中国已有悠久的历史，"天天泡个澡，胜吃老母鸡。"民间都这么说。相比于古代的木桶，恒温浴缸不止方便了一点点。珠三角的人先富起来，有些人有闲，开始追求高质量的生活，不辞劳苦去泡温泉，来回两三天，费时费钱不说，还不能起到效果。为什么人们无视家里的浴缸，不去经常使用呢？雷震霆灵感突至，结合现在最关心的养生问题，为什么不在家里造"移动温泉"？

雷震霆（佛山明陶玉泉卫浴洁具有限公司董事长）：要卫生又要方便，还要实用，如果你说整天都有个热水，就是我们说的温泉，在家里，你需要的养生的保健的什么药物，我们中国这么多，基本上我们中国人都会（用）的药物，放一点下去，绝对是保健，强身健体。

在现场，顾客高兴地喊："温泉哥，你好！""你好！温泉哥，好久不见，天天泡浴缸，红光满面。""你的产品在这边。"雷震霆边说边向客户介绍产品。

张飞（经销商）：因为他做事很认真，而且这个产品又是他研发的，"温泉哥"是一个尊称，但也是养生行业一个标志性的称谓，今年他58（56）岁，但是他的精神状态比很多人都好，像我们一起去学习，去开会，或者参加什么活动，他开车开几百公里都不会觉得累。

围绕着自己设计的浴缸，不会累的"温泉哥"总是有想不完的灵感，在他看来，浴缸不仅仅是泡澡的，未来更可以是家家户户都使用的电器。

雷震霆（佛山明陶玉泉卫浴洁具有限公司董事长）：我们思维通常都是觉得，浴缸只是在卫生间。到（产品）一路更好的时候，我们可以做"移动温泉"，可以放在卫生间以外的阳台，有花园的放在花园，甚至可以推到厅堂。最主要他需要就可以了，所以就是每个家庭都可以使用。

可以养生的浴缸得到了市场的广泛欢迎，不少消费者甚至写信表示肯定，而萍姐也被丈夫的执著打动，决定协助丈夫共同为公司的运营劳心劳力。

吴慧萍（雷震霆妻子）：应该说是尽到了配角的作用，还是支持他的。他认定了的事情，一定要去做，就算遇到困难，他自己也会想办法去搞定；他认定的事情，我改变不了他，那就只能继续支持他，但他认定的事情，基本上都是有正能量的。

雷震霆是一个实干家，是一个有青春活力的实干家。除了认定的事业，雷震霆的生活也是充满正能量，有时好不容易周末休息，他也拉着太太去做义工，如帮助北滘清洁工清洁公路，去均安参加慈善组织开展的"幸福树活动"。有时他去送爱心物资，自己也爬上爬下搬货递货，从内到外都透露出年轻的气息。同时，他又有中年人的细心，他关注细节，他深深知道，细节和正能量，能让企业走得更平稳，更和谐。

雷震霆（佛山明陶玉泉卫浴洁具有限公司董事长）：就是有些困难家庭，有什么愿望，就把自己的愿望写在愿望树上，我们狮子会就会组织善长仁翁善心人士，去愿望树那里帮他们圆愿望，有时间我都尽量参加活动，年纪最大的就是我。个人的力量毕竟有限，通过社会的参与，将这个善举普及，通过善举善事，去引导更多的人，去做更多正能量的事。

也许是坚持自己的理想，达成了自己的愿望，雷震霆正低调而倔强地向前闯。也许不久的将来，真的会像他所说的，浴缸是一件家电，突破浴具与家电的壁垒，成为人人都熟悉的保健用品。明陶玉泉卫浴洁具有限公司十分重视品牌和"智造"技术的力量，这给家居制造行业一个启示：在品牌竞争越来越激烈的今天，转型做自主品牌是其发展的一个方向。生活中的好产品，终究要回归到生活本身，实用而有功效，才是人们真正需要的。

 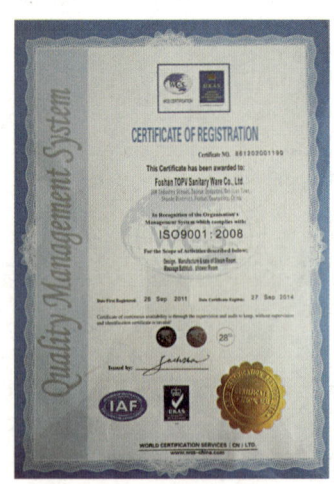 

企业证书

编导手记

雷总的名字非常有气势,他的模样和年纪也显现出沉稳的气质,然而他的笑容却是特别灿烂,甚至带有孩童般的天真。也许就是这份单纯,让他能潜心研发出保温浴缸,并一步步将它生产、改进和推广,甚至当移民加拿大的机会近在尺尺时,他也不惜放弃,只为了实现自己的梦想。

而特别难得的,是雷太太对他的无条件支持。两个女儿在外读书工作,剩他们两个在顺德忙生意,雷太太笑着说自己是"留守老人",但显然,他们并没有孤独的感觉。他们一起创业、一起为产品出谋划策,空余的时间还一起做义工,连笑起来的感觉都一样温暖。他们的豁达,是很多这个年纪的人所缺少的;而他们之间的脉脉温情,也让人特别羡慕。

拍摄的过程很辛苦,下午6点,50多岁的雷总在等待我们拍空镜的时候,忍不住靠在椅子上闭目小憩,雷太太静静地在一旁查阅资料,余晖下的这个画面深深印在我脑海中。我也曾被不少低调的企业家拒绝过采访请求,以雷总的年纪和阅历,实在不需要对我们如此细致耐心,但是他说,你愿意拍摄我的产品,我也觉得我的产品真的很好,那我有什么理由不配合你?转眼,他又精神抖擞地亮出了自己的招牌笑容。

"一生人,做好一件事。"这句话雷总说得特别man,而他确实是在做着,这无疑是顺德人勇于创新、甘于务实的最好写照。

印象企业

1992年,创始人雷震霆怀揣梦想创业。

1996年,中国首台自主知识产权按摩浴缸水泵问世。

1999年,中国泡泡浴的核心部件"风泵"研发成功,结束进口历史。

2000年,中国首台浴缸恒温设备研发成功,彩灯泡泡浴按摩喷嘴专利问世。

2004年,无管道按摩系统专利技术研发成功,加热水泵专利技术研发成功,恒温智能控制系统专利研发成功。

2007年,TOPV品牌启动,"TOP"是"出色、引领",而"V"是"卫浴"的音译,获得全球多个国家及欧盟等严格认证。

2010年,TOPV荣获《人民日报》颁发的"中国著名品牌"。

2011年,领先行业的"智能手机中程控制温泉浴缸系统"问世。

2012年,成为顺德区重点扶持企业(星光企业)。

2014年,TOPV赞助世界业余高尔夫锦标赛中国盛典,品牌升级。为赛事创办人瑞典皇室波基塔公主私人定制BIRGITT系列,成为广东省质量监督局唯一指定的"按摩浴缸质量标准"制定企业。

隆全明：为了银发的幸福
——地中海卫浴的初衷

顺德北滘的"幸福生活体验馆"是专为老人群体而设计的，它是近些年各届政府视察顺德工业发展成绩时必去的地方，在那里能充分感受到银发产品设计的魅力，隆全明公司的产品也在其中。

隆全明常说："做事业，首先学会做人。做事如做人，学会了做人，没有做不好的事。尤其是做诚实守信的企业家，自己必须是个诚实君子，并应该具备回报社会的胸怀！"

隆全明不是富二代也不是官二代，他所取得的成就完全是他自己靠努力与智慧获取。从仓管员到企业家，他实现了人生的华丽转身；产品从内销走向出口，他克服了重重困难；从大众生产到银发产品，他又经历了哪些变革？

灵感来自孝义

隆全明是个孝子，他对自己的父母关怀备至，对其他老人家也非常关注。在侍奉老人的一个偶然机会中，他想到了研发一种卫浴产品让老人家洗澡更舒服。

隆全明（广东地中海卫浴科技有限公司董事长）：我家老爸80多岁，岳母也是78岁，老年人这个时候注重的是吃住穿行和是否身体健康，可能是（出于）行业习惯，唯独我会想象一下老人家也要洗澡啊，（能否）让他们那种洗澡不是简简单单冲一下，让他们也享受一下这种浴缸里面带冲浪带享受（的感觉）？那个时候（我就）产生一个念头，前几年就开发了老人产业的卫浴产品。

灵感来源于生活，这个偶然的契机触动了这位步入中年的企业家。2006年以前，专为老年人服务的卫浴产品并非隆全明涉足的领域，但抱着一颗感恩与孝义的心，他还是走上了研发银发产品之路。

当时国内还没几家卫浴企业，老人卫浴研发这方面的经验更是少之又少，刚想起步，隆全明就遇到了拦路虎。

隆全明（广东地中海卫浴科技有限公司董事长）：在2006年研究研制的时候，一年多的时间，我们始终解决不了这个浴缸漏水的问题。

看似小小的问题解决不了，是放弃还是坚守？这让隆全明陷入了矛盾之中，他一方面继续原来的生产，一方面四处求教想攻克新产品的难关。

地中海卫浴科技
有限公司董事长
隆全明

只要一有空，隆全明就会去到养老院，亲身体验老年人的生活，真正了解他们的实际需要，寻找产品设计的灵感。

隆全明（广东地中海卫浴科技有限公司董事长）：如果真的是实用呢，就（请）院长告诉我们"再给我们送十个过来"，他们都要用一下，那我们就叫人来做这个事情。

自己的团队解决不了技术难题，隆全明就把希望寄托在了国外的专家身上。

隆全明（广东地中海卫浴科技有限公司董事长）：2008年，刚好金融海啸，传统的洗浴的产品市场竞争非常激烈，好在我们这个产品出来(后)在北美，比如说在美国、在加拿大，在日本乃至在韩国、新加坡这些(国家)，他们注重老人，很多年前就开始关注老人这个市场，已经做起来了。所以我们得到一个结论，在企业转型升级方面，我们如果在2006年放弃这个项目的话，那可能在这个金融海啸当中也会很吃力！

从仓管员走向销售

隆全明每天早上都会自己动手做早餐，因为"处处留心皆学问"，这一点对于业务员出身的隆全明来说感触尤为深刻。

隆全明（广东地中海卫浴科技有限公司董事长）：我从一个仓库的仓管员（做起），仓管员做了两个月，我就把整个产品了解了，然后我也了解一下这个产品的生产流程怎么出来的。要了解产品生产流程，最关键的(是)你要亲自去当工人，亲自去领会你才会知道。

当仓库保管员，远远满足不了隆全明的事业心，但他也并没有嫌弃这个工种，而是默默积累着重新选择的力量。

隆全明（广东地中海卫浴科技有限公司董事长）：那我申请去当工人，工人做了三个月过后，我就发现，产品我已经知道了，这个流程知道了，产品的型号规格我也知道了，品种我知道了，那只有做销售。

喜欢有挑战的生活是隆全明的性格,更为重要的是,当年这个年轻人并没有好高骛远,而是在一个台阶一个台阶地向理想靠近。当他向经理提出要当销售时,被经理否决了。

隆全明(广东地中海卫浴科技有限公司董事长):当时用经理的话来讲,长不像冬瓜,短不像葫芦,这样一个(条件)在经理的眼光中,我不是做业务的材料,就把我否决掉了。

经理的否决并没有打败隆全明的自信心,他认为既然目标选定了就一定要想办法实现。

隆全明(广东地中海卫浴科技有限公司董事长):我酝酿我这个想法,我不断追求的想法,是不能改变的,不能让任何人打断我的这个想法,台湾董事长过来时,我直接找到董事长,我说我要做销售。

虽然得到了董事长的认可,隆全明也实现了自己的想法,但这种所谓的"越级上访",也给他今后的发展埋下了障碍。

隆全明(广东地中海卫浴科技有限公司董事长):一个月之内就立下了"军令状"。经理就说:好,你想做业务没问题,一个月之内必须拿到订单,拿不到订单,马上回去做工人。

诚信打开了成功的大门

销售是隆全明的专长,他在卫浴行业的知名度也是源于他的销售功夫。自1994年涉足卫浴行业以后,隆全明就再也没有离开过。那么,隆全明接到经理下达的任务后是如何完成自己的第一单生意的?这单生意又给他的人生带来怎样的转折呢?人在最难的时候,往往就是最接近成功的时候。进入一个自己完全未知的领域,隆全明感受到了从未有过的压力。

隆全明(广东地中海卫浴科技有限公司董事长):有一天,第二十六天这个时候,天下着大雨,我们就不出去跑业务了,突然,下午4点钟左右,我们办公室有个人跑出来跟我说隆全明你终于有订单了!我非常高兴,当我拿着这个订单一看,只是一个补数的补数单,所以当时心里很着急。

面对少量的补数订单,隆全明想着要不要冒雨及时送过去呢?在这个进退两难的节点上,隆全明坚持了诚信。

隆全明(广东地中海卫浴科技有限公司董事长):解客户之所急,客户最困难的时候,才是做业务最有希望的时候,那(时)我从东莞的虎门坐车到东莞车站,再从东莞车站坐车到樟木头,樟木头坐车到塘厦,我们到了(的时候)已经是晚上7点钟左右了。天下着大雨,整个身上都湿透了,到了塘厦这个地方,还要坐摩托车再到那个工厂,到了工厂,台湾人走出来握着我的手,很感动,(说)你这么晚、(天又下)这么大的雨,终于把补数送过来,你看一下我的货柜车在下面等着呢,就差这几双鞋子补数。这个事感动了经理。

生活中,靠人性本身坚持做的事情,总会在不经意间的某个节点带来回报,这个看似只有发生在书本里的幸运,很快就降临到了隆全明头上。

隆全明(广东地中海卫浴科技有限公司董事长):第三天,经理就亲自开着车,到了我们公司下了40多万元订单给我,那我一个月内就完成了40多万元的订单,前面那么多业务员当中,没有一个是自己拿到订单的,他们都是台湾总部过来的订单,这个时候算扬眉吐气了!

就这样,隆全明靠积累和勤奋,不仅赢得了人生第一单生意,更收获了做市场的信心。一次诚信带来的成功,就此改变了隆全明的人生。

隆全明(广东地中海卫浴科技有限公司董事长):拿到订单之后,就扬眉吐气、大摇大摆从办公室走进走出,倒不是自己高傲,自己这种自信就出来了。从这过后,我业务就做得非常好,一发不可收,然后我在这个工厂里面就做到了厂长的位置,当时工厂里面厂长的位置是最高的。

走出国门的中国卫浴提供商

2001年,隆全明以员工的身份,收购了广东地中海卫浴,在实现了自己梦寐以求的老板梦的同时,他也发现自己身上的担子更重了!

隆全明(广东地中海卫浴科技有限公司董事长):我开句玩笑讲,老板的生活都不是人过的生活,但是在很多人的眼里,就觉得好像老板很简单,你看他一天好像又没事做,好像又没有跟大家一起去抬东西扛东西,但其实老板的心是挂着这个企业,在思考这个企业包括思考这个企业未来发展的战略,包括企业走向在哪里,这么多人跟着我们地中海一起走,跟着我们企业一起走,那他们的生活是不是越过越好与企业是怎么样(关系很大的),所以老板还是很辛苦的。

对市场有敏锐的感知力是隆全明最大的特点,随着企业的发展,他意识到国外更注重老年人的生活品质,这也就注定产品市场定位不能只在国内,出口走向国际成为隆全明下一个目标,但那个年代国外市场对中国商人、中国企业产品的固化看法,让隆全明也感到了不少压力。

隆全明(广东地中海卫浴科技有限公司董事长):刚开始那些意大利人,包括德国人、欧洲人,他是看不起我们中国人,为什么?他(们)认为我们中国人走到展位上去都是copy(复制),当我们走到展位上,他们就告诉我不让我们进去,拉着一条线站在路口里面,把你堵住不让你进去。

不过，市场的偏见阻挡不了隆全明前进的步伐，产品的准确定位让隆全明很快打开了海外市场。

隆全明（广东地中海卫浴科技有限公司董事长）：金融海啸过后，包括现在我们看着国家的强大，对我们做企业真的很重要，国家这个背景很重要，（我们）才真正领会到，这个时候我们走出去参展，他们就主动邀请我们进他们的展位，来到我们展位看一看有什么新的东西。那么通过这几年的发展，我们和这些老外的合作也非常好。

成功走出国门，让隆全明信心大增，一个新的蓝图正在他心中规划。

隆全明（广东地中海卫浴科技有限公司董事长）：我们把老年卫浴这块作为一个重点来打造。其实我们提的一个口号，我们未来的使命，就是打造全球老人卫浴的专业供应商。

静坐常思己过

在广东地中海卫浴科技有限公司的现场，隆全明正在与员工做早操。员工们精神抖擞地喊着口令"一二一"，一片生机盎然的气象。从接手企业到现在，隆全明每天都跟员工一起做早操，并且及时跟员工分享心得。

肖建聪（广东地中海卫浴科技有限公司车间班组长）：隆总待人是特别真诚，不管是对任何人，（他）经常都在说，人没有贵贱之分，只是职位的不同。

吕佩玲（广东地中海卫浴科技有限公司国际业务主管兼董事会秘书）：我们这边有很多外来务工的同事，很多（员工小孩）要在这边上学，或者家里的一些事情，（隆总）他知道了之后，能帮的他都会亲自去，帮这些员工去解决。

这段时间，隆全明正忙着企业搬迁新的厂房，也被他看作是企业发展的新起点。

隆全明（广东地中海卫浴科技有限公司董事长）：静坐常思己过，闲谈莫论人非，就（是）说我们坐下来就好好思考一下我们的过错。静坐常思己过，"己"是自己，"过"，我是两个意思理解它，（第一个是）过失过错，第二个是过去，再想想我们的过去怎么走过来的，事实上思考我们有什么过错，有什么过失。

隆全明曾入选"和谐中国·2009年度十大影响力人物"，他在接受媒体采访时表示，自己在深感荣幸的同时，也深感责任的重大。作为企业家，理应把为社会持久健康地创造财富作为己任。带领地中海从一个名不见经传的小企业发展成为知名卫浴品牌，隆全明靠的是诚实守信、"做事先做人"的经营理念。他以"百分之一的失误等于百分之百的损失"的警语要求员工不断学习，不断改进，不断创造优质产品，提升地中海公司的信誉度。正是这种坚守，让隆全明的人生变得丰盈、盛大。

编导手记

在没接触隆全明之前，对地中海这个卫浴企业早有耳闻。

初次见面，隆总与我想象中的形象有点出入，个子不高，憨憨厚厚，对谁都很亲切。操着浓重的四川口音，天南地北畅所欲言，聊起天来风趣幽默。接触几天下来，"新顺德人"对经商和为人处世都有着独到的见解。

说起为什么想到要做银发产品，起因是源于自己的父亲。对于隆总来说，孝顺并不是挂在嘴上，而是付之行动。只要聊起他的父亲，讲起他们之间的趣事，他就会眉飞色舞，像个孩子一样。怎样才能让生活不易的父亲在晚年舒舒服服享受沐浴？正是这份孝心，揭开了隆总银发事业的新篇章。

开发研究老人卫浴，可是让他伤透了脑筋。既想让老人洗澡能够更方便更舒适，又要克服各种技术上的难题。最让我为之感动的，是他那份执著的精神。一次拍摄到了老人生活体验馆，他几次叮嘱随行的员工要好好研究这些老人的产品，有哪些元素是值得学习的，要设身处地为老人着想。

在为期一周的拍摄时间里，也会跟他的员工们打交道。在他们心中，比起"企业家老板"这个称呼，大家更愿意叫他"大家长"。只要员工有任何经济方面的困难，隆全明都二话不说能帮多少帮多少。随着企业的发展，员工们也都在他的带领下成长，在顺德扎根。

在地中海这个企业，我收获到的是满心的温暖和感动。一个企业家的品行，也一定代表着这个企业的文化。这个善良、热心、敏锐的企业大家长，就是隆全明。

隆全明获"2009年度十大诚信企业家"称号

抱着感恩与孝义的心，隆全明走上研发银发产业之路

  1998年3月18日,地中海公司成立,5月4日首台产品问世。
  2001年10月1日,公司成功实现体制改革,新的地中海公司宣告成立。
  2002年2月20日,新厂房筹建,搬迁。
  2003年2月28日,同行业首家开通全国800免费服务热线。6月4日,同行业中率先获得企业自营进、出口权。
  2004年7月19日,地中海公司被认定为"广东省民营科技企业"。
  2005年5月,公司被顺德外经贸局推荐,成功注册为联合国采购供应商。7月23日,"顺德制造,中国骄傲地中海全国质量万里行活动"启动;同日,地中海大良办公楼开业暨"广东地中海卫浴科技有限公司"揭牌仪式在大良环市东路公司总部举行。11月,公司被佛山知识产权局评为"佛山知识产权示范企业"。同年,公司"地中海"商标已经成功在日本、英国等发达国家注册。
  2006年6月22日,公司成功组建了佛山地区行业首家"智能卫浴工程技术研究开发中心"。9月20日,"地中海"品牌荣获2006年度广东省名牌产品称号。10月17日,地中海公司荣获"高新技术产业"称号。12月31日,地中海成功收购佛山市阿诺玛卫浴有限公司为子公司。
  2008年1月1日,与中国扬子集团扬子卫浴有限公司签约,正式确立产品与技术合作伙伴关系。5月,与红星美凯龙强强联合签订合作协议。
  2009年7月,与居然之家实行合作联盟关系。8月8日,重庆阿诺玛工业园正式落成投产。
  2011年5月11日,大良旗舰店及全国各地30多家专卖店开业。
  2012年12月9日,习近平总书记参观广东工业设计城,对地中海公司专为老年人设计的门式浴缸给予高度的评价。
  2013年11月,荣获"3A诚信企业"、"信用建设贡献单位"称号。

麦子：有度生活
——大美无言阅木居

每一件精品的产生，都是需要历练的，走进阅木居的阅梨展厅，会让人萌生欣喜，每一件家居都在向人传达、诉说着它的不平凡。

麦子在阅梨之前，做得更多的是古船木的家具。1995年美术专业毕业后，麦子成为顺德最早的一批广告设计师，那会他对古船木并没有太多的关注。一次偶然的机会，麦子看见了一个古船木做的画案，那种古朴、灵性、残缺的沧桑当场就触动了他。后来，顺德有位朋友买了套别墅，邀请麦子去设计富有内涵又有个性的家具，麦子想起了古船木画案，同时想起了一名老水手曾对他说过的一句话："国外的木制海船，用料不老不用，不坚不使。"这让麦子豁然开朗。麦子随后立即搜集了一些古船木，并根据这些船木本身的形状与纹路，"因地制宜"设计出别具特色的家具。当朋友们进入麦子的设计室看到老船木家具的时候，大家都叹服得无以言表，这顿时让麦子想起一句话——大美无言，从此麦子对木制家具的设计一发不可收。

麦子说，之所以取名"阅木居"，是因为老船木承载了实在太多的东西，历经种种的艰难险阻与岁月蹉跎，方可练就今日的从容与大气；曾经的年代，遥远的气息，一晃而过，又连续不绝，恰如银丝飘逸的老先生，阅历极深而不动容。短短的几年时间里，在几位艺术家与设计师的共同努力下，阅木居艺术家居制作有限公司旗下就孕育了"阅木居"古船木家具、"阅梨"时尚红木家私、"木头记"古船木艺术马赛克三个个性家居品牌。

咖啡台上的会议

沧桑古船木衍生出家居品牌

对于很多认识麦子的人来说,麦子儒雅的谈吐,飘逸的长发,孩子般纯净的眼神,有时候难免让人忘记了他是中国家具行业赫赫有名的阅木居的老板,但麦子的勤奋在业界却是人所共知的。

赵小姐(深圳代理商):第一次见麦总的时候,觉得他像一个纯真的孩子。

麦卓玲(佛山市阅木居艺术家居制作有限公司运营总监):这个年轻人非常之执著,也是一个非常勤奋的人。

马先生(武汉代理商):我觉得他是一个性情中人,一点都不像我们认识的做家具企业的老板。

一个人的优秀与否,也许仁者见仁,智者见智,但是一个人的勤奋,大家有目共睹,麦子在顺德设计行业打拼多年,从服务于他人到开创自己的品牌,他走过了一条不短的路。

麦子(佛山市阅木居艺术家居制作有限公司设计总监):我服务科龙企业超过十年时间,企业主频繁地变动,有时候我觉得做关系更甚于做创意,那一刻觉得有点累,所以就觉得,应该从事自己喜欢的东西,因为成功的一切源于你自己的努力,源于你自己的才华,这样东西,我觉得更容易把持,所以我选择了创自己的品牌。

既然要开创自己的品牌和公司,打开市场的大门,凭着顽强的意志力和在设计行业闯荡多年的经验,麦子顶住了身体与精神上的双重压力,硬是以"杀出一条血路"的"硬汉"气魄来面对自己的选择。身体的辛苦是必需的,但是辛苦付出之外,如果企业无法生存下来,那所有的付出都会没有意义。

麦子从服务于他人到开创自己的品牌,走了一条不同寻常的路

麦子（佛山市闳木居艺术家居制作有限公司设计总监）：最辛苦的时候，应该是一个星期每晚只能睡两个小时，而且在晚上你不知道自己要做什么，我知道手头上有很多东西要做，但是时间永远不够，这个时候是最难熬的。

很多人说你搞企业赚不赚钱？我从来没想过赚钱的问题，因为我从来没想，所以企业经历了几年很痛苦的亏损期。我们顺德人说的"低下头，用心做事"，当你抬起头你会发现，原来你是赚了钱的，这种事在我身上真的印证了。

只能模仿，无法超越

突破了万事开头难的难关，麦子坚守了下来，成功开创了自己的品牌。但是在中国，一个原创品牌的生存，需要不断地注入新的生命力，只有这样，顾客才会长久地喜欢这个品牌。但是树大招风，麦子设计的新品，常常推出不到一年，市面上就会出现很多模仿品。

麦子（佛山市闳木居艺术家居制作有限公司设计总监）：有时候你会发觉抄袭像苍蝇一样赶不走，我突然发觉所有模仿你的人，从他模仿的一开始，他就已经输给你了，所以所有模仿的人，我们都不会惧怕。

得益于麦子长期从事文化活动的浸淫与历练，面对一般的跟风潮，足够的优秀练就了他的从容与自信。麦子设计出的产品总是走在潮流和市场的最前端，让跟风者"只能模仿，无法超越"。

麦子（佛山市闳木居艺术家居制作有限公司设计总监）：现在在中国对知识产权保护的那种状态之下，你很难做到百分百的防止，你只能够保持自己足够的优秀，只有一些企业，它不屑于模仿你，它一下子能够超越你，而模仿你的人永远不可能超越你。所以假如有一天真的被模仿了被超越了，证明我们还不够优秀。

面对产品被抄袭模仿的情况，与很多的企业家不同，麦子选择的方法不是一味地去进行保护，而是把自己的产品进行创新，因为他认为，只有创新，才能永远地超越。

麦子（佛山市闳木居艺术家居制作有限公司设计总监）：9月份我们推出大概70样的新品，新品都沿袭了以前的设计风格，甚至看到以前的影子，所以永远是否定昨日，肯定今日。目前我们的企业不断地调整，不断地去优化自己的东西，这是防止抄袭最好的办法，就是不断地进步，让别人无法追赶。

专注也是顺德精神

麦子的企业没有销售部门，直接对接客户的就是代理商，为了让代理商能够理解自己品牌的内涵，公司每年要举行四次培训。在培训中，麦子以他专业的知识与素养，让代理商对他设计的产品更了解。

阅木居旗下品牌"阅梨"

阅木居旗下子品牌"朗宋"

麦卓玲（佛山市阅木居艺术家居制作有限公司运营总监）：我们最核心的一个部位，就是思想工作上的统一，因为一个企业，如果没有一个在思想层面的高度统一，是没办法落实一些具体事务的。

当下的企业家很多都在跨行做生意，但是麦子做企业很专注，他一直兼做设计师，他们的家具百分之九十九都是他设计的，可想而知，他对这份事业要投入多少的专注。

麦子（佛山市阅木居艺术家居制作有限公司设计总监）：我们顺德人的创业精神，与其说以前的"顺德精神"，不如说是以前顺德的"专注"。为什么专注？因为知道坚持做下去，执著做下去，就会成功。越来越少人提起"顺德精神"，因为选择太多了，世界太平、太小了，有时候选择多了，专注就会受到诱惑，所以有时候我们看到有的企业很成功，但是一成功之后，就会分散投资，或者开始从事其他事情，往往事业的下坡路就由此而起。

专注于黄花梨木家具的设计，坚守自己的一方天地，麦子设计的产品越来越受欢迎。很多客商走进店内都会发现，麦子设计的家具产品在外形中总会体现出一种深藏于内的别致底蕴，让人看一眼就有怦然心动的感觉。

马先生（武汉代理商）：麦子的产品关键之处就在于从外形体现出来的底蕴，是一般家具难以做到的，这是让我们选择它的最关键原因。

赵小姐（深圳代理商）：这个家具店你转了一圈，至少它是特别的，它让你怦然心动，只能说是好像爱上某个男孩子的心动感觉一样。

麦子（佛山市阅木居艺术家居制作有限公司设计总监）：我们做得最好的那些细节，是源于我们的专注，我觉得做任何的事业，别说你有这样的才华，也不是说你与生俱来，其实一切的成功都源于你是否专注。我进入厂房，门卫很专注地跟我敬礼，我就觉得我今天必须专注。

适合就是最好的

在三人行展厅，麦子与他的朋友谈笑风生，家具的设计对他来说似乎信手拈来，非常简单。麦子在设计家具的过程中，始终都贯穿了这样一种理念：适合的就是最好的。这不仅仅是麦子的工作态度，也是他的生活理念。有了这种强大的理念支撑，麦子的阅木居每年都推出几百件新品，而麦子的团队也从最初的15人扩张到全国拥有40多家代理店。

麦子（佛山市阅木居艺术家居制作有限公司设计总监）：其实我觉得设计没有最好或者最差，只有适合和不适合的设计，因为有时候我们每一个人，看不同的家居作品，有些人会很喜欢，有些人喜欢买这种类型的或者买这种品牌的，其实他都是买适合他的。所以有时候我觉得设计师首先设计一样东西是他目标适合的就足够了。

适合的就是最好的，这不只是麦子的工作态度，也是他的生活理念。麦子说他每周要阅读十几本书，随时激发自己对生活的好奇心，创造设计灵感。

麦子（佛山市阅木居艺术家居制作有限公司设计总监）：学会观察生活，有好奇心，这是设计师必须要具备的基本素养，对一切都充满了好奇，以后获得的资讯就会越多，但是他看到一样漂亮的东西不心动，甚至看到一些美丽的东西也没有感觉，就意味着他不具备这样的素养。好奇心是我们创意的原动力。

给人生美感的生活艺术家

人生的发展方向最重要，麦子很幸运地做了自己最喜欢的工作，时刻都可以享受其中。他的作品让我们感受到的不只是舒适和美感，更多的是他对传统文化的热爱。秉承着对于传统文化一向的热爱，麦子吸收了大量的传统文化精华，他的设计融入了中国古典家具的古韵气质与迷人元素，设计出来的家具产品不仅舒适，而且在美感上既体现西方简约、明快的风格，又能表达东方文化内敛、典雅的气度。

罗姝娜（佛山市阅木居艺术家居制作有限公司客服部经理）：我觉得可以用两个词形容我们的品牌，一个是"时尚"，一个是"品位"。

麦卓玲（佛山市阅木居艺术家居制作有限公司运营总监）：用两个字来形容就是"简洁"。

麦子（佛山市阅木居艺术家居制作有限公司设计总监）：选择在古朗开厂，源于这地方很有小时候生活的感觉，有时候在厂累了，或者休息不好的时候，喜欢来这里走一走。因为就整个顺德来讲，这里原生态的居住群体还是保持得比较好的。

近年，我国的家具行业销售持续出现负增长，但是麦子的企业却实现了连续两年营业额翻一番，当我们称赞他是真正成功的艺术家和企业家时，他却有不同的看法。

麦子（佛山市阅木居艺术家居制作有限公司设计总监）：通常很多人叫麦子为艺术家，其实我并不觉得我是一位艺术家，我更加觉得我是希望让生活更有意义，只不过我从事的工作需要一点艺术的素养，需要一些文化的知识，所以你会觉得设计就是艺术家，其实不是。我觉得设计师，应该形容为生活家。

一颗花梨木心，一颗好奇心，一种简单的生活态度，一种有度的生活，麦子是最幸运

的人，麦子创造出来的一切，总是让人想去拥有，而他也乐于分享自己的收获。这么多年在商海里的沉浮打拼，麦子经历了创业的很多风风雨雨，也从中获得了自己对于经营企业的独到经验。

麦子（佛山市阅木居艺术家居制作有限公司设计总监）：一旦选择了自己喜欢做的事情，不要放弃，这个是我觉得我跟别人分享的最主要的东西。因为阅木居发展到今日，经历了很多东西，而最多的东西就是你转行的诱惑要你放弃，所以我觉得一旦你下定决心选择这样东西去做，最好坚持下去。

顺德作为全国有名的家具集散地，不乏各类家具。但像麦子这样的生活艺术家，真正把家具当作艺术品来打造的却不多。麦子走的这条路，与其说是在家具式样上的巧妙设计吸引了客户，不如说是他在材料上进行了革新和改造，从而体现了一种独特的个性和审美趣味，是个性化家具的魅力引来了大批消费者。其实艺术不是曲高和寡，如果找到了与实用技术的结合点，那就肯定有市场。麦子的船木家具恰恰迎合了现代人回归自然、崇尚自然的潮流，体现出浓浓的怀旧情愫，受到市场欢迎就一点也不奇怪了。

编导手记

拜访麦子之前，听说他以前是做古船木家具的，很有艺术家的气息，我们很期待与他的见面。真正到了见面的时候，他把我们吓了一跳，因为我们从未见过这样的企业家，飘逸的长发，雪白的衬衫，走路都是带风的。

带着刺激的心情，我们开始和他聊创业。在办公室坐了一会儿后，他似乎不满足于这个环境带给我们的冲击力，提出要到展厅里面去聊，说是在那里我们才能够切身体会到他说的一切。移步展厅后，的确如他所说，我们进入了一个清新、典雅的家具环境中。他的这个要求让我想起了中国时尚界的领军人物——苏芒。苏芒在一次访谈节目中，由于匆忙，上台前忘了换上自己搭配好的鞋子，中途要求下去换，她说，如果没有穿上那双鞋，她感觉今天的自己就不是自己了。麦子也许也是这样，如果我们不和他走进他设计出来的世界里面，就无法看到最真实的他，他也无法敞开胸怀聊叙往事。

麦子自信，有时候甚至带点张狂，虽然已过不惑，但是他心中对生活的激情，燃烧得让我这个刚过而立之年的人都感到灼热，感觉不是一个世界的人。他已经站在了一个修为很高的高度，俯瞰众生一般。但是他又是一个性情中人，充满阳光，一棵小草的美丽都可以让他心花怒放。

每周阅读十几本书，不断地创新设计，不断地撰写文章，不断地行走世界，他的步伐从未停止，而且时常是攀爬高山，再下山，走在乡间的小路上。他愿意用双手将他看到的世界设计出来，与世人分享。感谢上天，让我们身边有这样一个人，用心、用文化、用底蕴去创造家具的魅力。

印象企业

时尚·中国·阅梨

"阅梨"家私有其独特的设计理念
每件作品都能体味当代人文精神的生活态度
好的设计并不在于是否出身名木
非洲黄花梨的纹理已足够的美丽
不经意彰显的是主人的生活品位
木品、宅品、人品，互颐互养，相融相洽
这也是注释为何"阅梨"能屡获设计大奖的因由吧！

从东方审美哲学的视角来看
"阅梨"坚实地传承了明风的那份宁静与含蓄
从西方人性的工学原则来看
似乎从来不缺时尚的气息与人性的关爱。

"阅梨"被有品位的人士所喜爱
并不在于商业运营的成果
而是忠于生活的设计态度
没有多余而烦琐的雕花与浮夸矫情的造型
强调触手的温润、禅意的幽美。

设计时尚的中国的家具
为的不纯粹是视觉的欣赏
还有精神的屹立
让传统文化抽离"审美习俗"的约束
回归时代的土壤
生根、发芽……

传统美学，意念新发，枝抽芽绿
一如君阅圈椅，那么远，这么近
阅木花梨，温润如玉，香溢花开
怀古幽思，可闻，可融……

"朗宋"茶几

"朗宋"茶台

"阅梨"展厅

"阅梨"产品

"阅梨"座椅

叶建利：柔性管理的力量
——爱贝尔，给你一个温暖的家

叶建利，一个外表憨厚、谈吐斯文的男子，举止间流露着男子汉坚韧而睿智的风度。商海风起云涌，危机与冲击总是来得让人措手不及，但叶建利总是以冷静的态度去面对，以宽容与仁爱的心去对待每一件事情和每一个员工。也正是这种柔性管理方式，让员工们心服口服，在他的企业中找到了归属感和幸福感。

本来是生活电器门外汉的叶建利，因为顾客的欣赏与朋友的鼓励，怀着对家电行业的憧憬，一头扎进厨卫家电界，最终成为厨卫家电界的一颗明星。在家电工业重镇顺德，这样的故事一点都不稀奇，但其背后的艰辛，却足够让人感叹。

转行，源于客户赞赏

在广东爱贝尔智能电气有限公司的花园里，总经理叶建利仰望蓝天，回想起自己一路走过的艰辛与奋斗，情不自禁地感叹："我觉得现在年轻人比我们那个时候更幸福，当时我们都是很困难的，所以一边读书学习，一边会觉得自己将来的生活会有经济压力，大四的时候，觉得很快就要毕业了，总是担心将来怎样才能有自己的一番事业。"

1997年，来自福建的叶建利大学毕业，面对茫茫前路，他没有彷徨，没有迷惘，想着"少年不打拼，老来无名声"，也受到当地浓厚的创业氛围影响，决心自己创一番事业，可是现实远比理想残酷。

叶建利（广东爱贝尔智能电气有限公司总经理）：毕业那时候整个厦门经济环境不太好，我们就没办法在那边发展了，只有收起行囊往大城市走，金融危机经济不好的情况下要走出去，连车费都得考虑一下。当时我们来到深圳，还需要一个边防证，当地的派出所平时是不给开边防证的，要当地有工作单位，问我工作单位在哪里的时候，我就疑惑了。

广东爱贝尔智能电气有限公司总经理叶建利

创新篇

印度展会，领导关怀。右二为中国驻印度孟买总领事馆商务参赞，左一为广东国际商会会长，右一为佛山市政府秘书长

与MIYAKO集团合作

开拓南美市场

开发中东市场

在巴西展览会

　　为了能在深圳有一份事业，叶建利四处奔波，在同学的帮助下，他开始涉足礼品外贸行业，通过几年的辛苦打拼，在深圳有了稳固的事业，但是他不满足于这些业绩，于是开始在其他行业寻找施展拳脚的机会，直到有一天，终于让他找到目标。

　　叶建利（广东爱贝尔智能电气有限公司总经理）：我有个朋友做家电电磁这一类，我去帮忙。在商展会上，顾客都到我们这个展位上，我们整个摊位是很满的人，在接待顾客的时候，我始终保持良好的精神面貌。举个例子，就像我们做销售的时候，客户来多了你就不能厌烦，客户少的时候你也不能显得很无奈，要保持最好的心态去接待客人。然后有两三个顾客，看到我这个精神状态和事情处理得比较好，就向我买了许多产品。后来他就告诉我，之所以买我的产品，其实是看中我的人，而不是看中我的产品。

　　顾客的欣赏，朋友的鼓励，让他萌生了进军白色家电行业的念头。于是叶建利保持在深圳打下的基础，毅然来到顺德开创新天地。

　　叶建利（广东爱贝尔智能电气有限公司总经理）：我2009年6月份就拖家带口过来了，当时我们（抱着）很简单的一个想法，顺德作为制造业的重镇，做家电产品，在顺德肯定是个好地方。当时，我在顺德连基本的厂房或者住的地方都没有确定下来，但当时我们一来顺德的时候，就直接定位在这里了。

知耻近乎勇，细节处下功夫

　　厂子办起来后，很快就接到了一位马来西亚客户的订单，面对第一单生意，叶建利欣喜万分，很快安排了生产。然而当产品运到客户手里的时候，对方却很不满意。

　　叶建利（广东爱贝尔智能电气有限公司总经理）：出厂的时候，大家都认为这个产品没问题了，可是货发到顾客那里去的时候，问题就接二连三地出来了。面对顾客的指责与质疑，我只觉得天塌下来了，这个比什么都大的事情，一个货柜几百台的产品，发到顾客那里去，对顾客

119

来说是很大的灾难！虽然对我们来说货卖出去了，收了钱了顶多就不做，但是我觉得做人跟做企业一样，就必须负有一定的社会责任，做人也是要负责任的。于是，我带上一个业务员，带上一个工程师，用旅行箱把我们的产品用泡泡袋包好，大概是100个一袋，装了整整20袋，装进了旅行箱，三人一起赶往马来西亚。

带着装满配件的旅行箱，叶建利赶到马来西亚，希望弥补产品出现的问题，可是到了客户那里，带给他的却是更大的打击。

叶建利（广东爱贝尔智能电气有限公司总经理）：到了马来西亚，打开箱子看到产品的时候，真的就是心碎一地，因为我们的产品在这里就是完完整整打包好的，可是要到客户那里去，因为经过长途海运和陆运，到达的时候，产品已经很多属于破损状态！当时我看到自己的劳动成果在异国他乡变成这样一个场景，整个人就像蔫了一样！槟城是马来西亚和整个东南亚相对来说比较好的一个海滨城市，客户说带我们去游玩的时候，我没有这个心情。整个人就是沉默了，不想说话，不想去接触任何环境。

知耻近乎勇，这一次的挫折，让叶建利清楚地认识到，必须把产品的标准做好，才能得到客户认可。在指导属下员工时，叶建利常告诫他们跟外国人做生意的时候要讲道理，要讲细节，还要讲标准，然后把标准做到位，这样企业就可以做强做大。

叶建利（广东爱贝尔智能电气有限公司总经理）：中国和外国的标准还是有区别的，外国有很多种标准。所以做产品，我觉得我们还是执行一定的标准才能占领市场，才能真正走出国门。

一个人的内心是否真正强大，在于他在逆境中是否能坚持，能坚持多久。叶建利坚定了信心，一鼓作气要把产品的标准做好，他严格把关生产，甚至产品的细节都很重视。

叶建利（广东爱贝尔智能电气有限公司总经理）：我们产品出现这种情况，就是因为我们的五金件的问题，它有一个条纹，我们很多厂家认为这是没有问题的，我们在赶货，一定要把货赶出去，所以我带了几个业务员，到他厂里面去挑，挑一些五金的配件，还有玻璃。老板再三确认，因为他知道我们赶货，赶货就怕我们数量不够。我说没有问题的，数量已经足了。他说你这些确认是你们不要的，是不是？我们很准确地回答，这个东西没有达到我们的质量标准，我们肯定是不要的。可是话音还没落，人家货已经拿走了，因为这个产品是通用的零件，很多厂家并不在乎这个细节，他只要觉得把产品做出来了，利润能体现了，他细节就不管了。

柔性管理，给员工幸福感

除了重视产品的标准，叶建利还注重产品技术的研发，为了开拓国外市场，公司进行了多项产品国外认证，通过几年的努力，企业不断扩大。如今，叶建利的电器已经遍及

150多个国家，正当企业形势大好的时候，新的考验又出现了。

叶建利（广东爱贝尔智能电气有限公司总经理）：因为生意多、工作忙，自己也（面临）很大的压力，有时候心急了就没办法站在别人的处境去想，没办法做到换位思考。在2010年出现了我们的技术主管和生产经理同时离职的困难时刻，当时我觉得整个人都蔫了，不敢去多想，只觉得这个企业都开不下去了，但是作为员工他有退路，作为管理者、决策层就没有退路。很多普通的一线员工，他们有非常多的机会，也不再像我们（20世纪）70年代的人那样懂得感恩，说有一份工作我都觉得很开心了，就会感谢老板了。可是已经不一样了，现在经济的发展是个好事，可是对企业来说，很多老旧的思维已经跟不上这个时代的发展了，所以我们就经常会听到同行里面有人说，我做了十几年的厂长，说走就走了。

2010年公司周年庆

员工的出走暴露出管理上的不足，面对这种问题，是抱残守缺还是革故鼎新？叶建利选择了后者。为了让员工更有幸福感，对企业更有归属感，他开始花更多的时间研究管理，也经常和员工一起打羽毛球，不仅增进了感情，也让他更了解员工内心的想法。

叶建利（广东爱贝尔智能电气有限公司总经理）：现在90后、80后的人员，很多都很有个性了，我们如何用个性化方式去管理，一线员工的幸福感从哪里来，他们也是需要人家关心啊，所以我们现在在管理方面下了苦功夫。

现在，他和员工之间更像是朋友，对于产品他要求高、爱较真，但是对于员工，他更多的是关爱。

叶建利（广东爱贝尔智能电气有限公司总经理）：例如业务员把客户的货运错港口，运错国家了，你要较真，他无非两种选择，一种是他能够赔钱，一种是赔不了的话他只能走人，但是对于企业来说，辛辛苦苦带出来的人员啊，到了回报公司、为公司做些事情的时候，你让他走了那肯定是非常大的损失，所以责怪他也是无济于事，只能亡羊补牢，及时改过

来了,跟客户确认一下,看看这样改过来的单据或者重新运到这个码头可不可以,如果可以的话我们只能跟业务员打气:亲,没问题,加油!

这种柔性的方式,达到了个性化的管理目的,员工跟企业有了共同发展,现在他能分出更多的精力在客户身上。如何让客户享受到自己提供的便捷服务,自己又该如何适应国外的产品标准和文化差异,经过深思熟虑,叶建利准备带领企业迈出新的一步。

叶建利(广东爱贝尔智能电气有限公司总经理):海外投资对于企业来说,可以真正融入到当地的标准文化当中,就看我们能不能做一些标准的输出服务,上个月(我们)已经把我们的第一条流水线顺利卖出去了,已经漂洋过海了,我们接下来准备安排人员的培训,以及资金的到位。我们用我们的标准去叩开人家市场的大门,运用我们的海外投资去占领当地的市场。

温暖家庭是成功的动力

对未来的这些规划,正在一步步努力实现。工作累了的时候,叶建利喜欢独自一个人去散步,公司附近的容里中学是他常去的地方。因为小时候家庭条件的限制,没能享受到轻松的教育环境,为了不让自己的小孩有生活压力,他努力为子女创造优质的环境,培养孩子的兴趣爱好。

叶建利(广东爱贝尔智能电气有限公司总经理):有空的时候,我就教女儿学象棋,象棋子儿比较大、比较好玩,而且我女儿在学的过程中学得很快。我觉得可能有遗传吧,我满脸骄傲,她可能拿起一个兵或者一个卒,她就知道往前推一步。我觉得这是家庭生活挺好的一个方面。

家人给了他无限的温暖和不竭的动力,遭遇挫折的时候,妻子总会第一个站出来为他分忧解难。

叶建利(广东爱贝尔智能电气有限公司总经理):我们企业有困难的时候,就可以体现夫妻的患难相助,有困难的时候相互扶持,今天这一批货出不去了,怎么办?可能各自想出一些办法,一加一这时候就大于二了。

在运动场上、在棋艺室里,处处可看到叶建利与员工打球下棋的身影,处处可听到他与员工们谈天说地的话语声,他很少批评员工,说得最多的就是那句:"亲,加油!"
这是一个斯文而憨厚的男人的亲和力,也是一个睿智企业家的风度。
叶建利的创业故事,是家电制造业重镇顺德奋发进取的一个样板,一个缩影。众多顺商在这片土地上成就了自己的事业,实现了人生的梦想,每个人都有自己特别的成功模式,而叶建利的成功,跟他的柔性管理有关:给员工归属感、给客户无微不至的服务,给家人温暖关怀……

编导手记

厦门的经商气氛很浓，叶总就是在这种氛围下成长起来的，大学还没毕业，他就开始琢磨怎么做生意。来到顺德，要想在竞争白热化的市场占有一席之地，本来就是件不容易的事情，可是温和的外表之下埋藏的是一颗强大的心，他偏偏要在家电市场杀出一条血路，不光如此，他对未来有着很多宏伟蓝图，做一件事情，做一项事业，总是要有目标的。基于对未来形势的判断，他现在正着手做海外投资，能够有放眼全球的视野，这是企业家值得称道的地方。

让人印象比较深刻的还有叶总对学习的专注。一个人最不能丧失的是学习的能力，从对家电不了解，到现在成为研发设计的重要人物，这个过程他花了很多的时间去钻研，在他的办公室摆放的是各类书籍，以此弥补自己的不足。

生性温和的他，很善于和外国人打交道。很多外国人和中国人做生意很怕被骗，可是他诚信的品质和强大的涉外沟通能力让他在跟外国人做生意的时候备受欢迎。我们在广州拍摄他拜访外国客户的时候，他的人格魅力在外国客户那里就显现无遗。

在镜头面前，他总是能够很自然地呈现自己的状态。拍摄的过程中，我们也意外地发现他和员工之间几乎看不到距离感，大有称兄道弟的那种感觉。他会认真地去教员工很多做人做事的方法，对他们照顾得很周到，和有些粗线条的企业家不一样，他心思比较细腻。或许他的经历听起来没那么有趣，或许他的事业暂时没那么辉煌，但他经历过失败后大彻大悟，更懂得未来的路该怎么走。他的精神力量和内心的温度是能打动人心的。

2012年11月广东省燃气协会来访

印象企业

  2009年8月19日，佛山市美家生活电器有限公司在"家电王国"顺德成立。
  2010年4月，美家的欧式抽油烟机系列产品获得CB认证。
  2010年10月，参加第98届广交会，自动恒温热水器成功打入美国市场。
  2010年11月，美家炉具产品取得了沙特的SASO认证，美家抽油烟机产品首家取得了马来西亚的SIRIM产品认证。
  2011年4月，同FIMMA集团成功合作，成为厨房家电生产和出口供应的领先企业。
  2012年1月，美家的超薄抽油烟机系列产品获得CB认证。
  2012年4月，美家电器公司通过了ISO9001：2008质量体系认证，申请多项产品和设计的专利，美家的电烤箱系列产品获得CE认证。
  2012年6月，美家热水器系列产品获得检验燃气具认证，燃气炉具系列产品获得尼日利亚SONCAP认证，美家电器获得区重点扶持企业"星光工程"称号，申请多项发明专利。
  2012年6月，美家公司在巴西圣保罗参加巴西展览会。
  2012年11月，美家公司申请制造业信息化科技项目获批立项；省燃气协会访问美家公司。
  2013年5月，美家公司申请广东科技型中小企业技术创新项目。
  2013年9月，美家公司申请"两化融合"的项目。
  2014年5月，公司决定增资升级成广东爱贝尔智能电气有限公司。
  2014年7月，爱贝尔智能电气申请星光企业。
  2014年8月，美家电器申报"MES在智能制造过程的应用"科技项目。
  2014年10月，美家电器复评星光企业成功。

公司专利墙

孙建军：逆袭者的传奇
——贝奥电器的烘焙文化

当你漫步在巴黎大街小巷，前店后屋、自产自销的烘焙糕点房比比皆是。那些点缀在城市中的露天咖啡座，别有一番情趣。在都市美景陪衬下享用点心和饮料，更富有一种浪漫和温馨的情调。真正的巴黎风情，也许就氤氲在巴黎女人时尚的淡淡清香，街角浓浓的咖啡味香，更在这随时可买到的烘烤面包、蛋糕和点心的麦香之中……

在欧美等西方国家，烘焙不仅是烹饪的组成部分，更是一种文化的象征，时尚生活的姿态。

贝奥电器有限公司（BEOW）的建立，源于对消费者西式格调生活的向往。贝奥创建于2008年，是一家大型生产型电器企业，销售总部设于"中国家电之都"广东省顺德区，秉承"创新、品质、时尚、共赢"的企业理念，致力于向全中国范围供应优质、实用且高性价比的西式家电。

从做出口到电商，再到制造业，每个时代节点，孙建军如何成功转型？电商时代，他缘何要从成功的电商转向实体产业？打造全产业链的烘焙文化，他又如何让西式文化生根？让我们一起走进贝奥电器有限公司，回顾总经理孙建军的"逆袭"之路。

打造一站式家庭烘焙领导者

"裱花的时候，其实也是旋转的玫瑰花心，然后收的时候，不要往上抬……"

"一朵美丽的玫瑰花糕点，很快就可以从烤箱中新鲜出炉了，色香味俱全，馨香四溢……"

在贝奥电器有限公司烘烤制作现场，员工们正在享受烘焙的快乐。入职三个月内，小伙伴们都会受氛围的影响，在快乐分享的气氛中主动学会至少两款西点的制作。这是贝奥电器有限公司总经理孙建军在可能的条件下都会主动打造烘焙文化的结果。

孙建军（贝奥电器有限公司总经理）：烘焙文化，需要我们融入、感染。从我们的员工开始，我们自己的同事每天都在做，享受一种乐趣，大家一起制作的乐趣，同时也是一种学习，知道怎样去做（才）是西点。

小到模具大到烤箱，乃至烘焙所需的各种面粉，都在孙建军的经营范围之内。他要打造的，是烘焙文化全产业链。烘焙是一种很时尚的生活姿态。

孙建军（贝奥电器有限公司总经理）：我们打造一站式家庭烘焙领导者。如果号称领

谈起烘焙，孙建军兴奋之情总是溢于言表

导者，应该你是属于第一，就是说（这个领域）是没人做的。确实是，以我现在对周边、对这个产业的认识，去观察家庭烘焙，完全全系列去打造的，应该只有我们一家。

在大大小小的企业中，专做电烤箱，专做打蛋器，专做模具类品牌的不在少数，但像孙建军这样，把它们整合、串联在一起，打造自主品牌，再去加上自己全新的创意，还没有第二家。

孙建军（贝奥电器有限公司总经理）：一定要去整合、联合，现在这种单打独斗的年代已经过去了。我们需要的是这种产业链整合、行业整合，甚至是合作伙伴的整合。但是这种讲法大家都会问："怎么去整合？"这就需要一个全新的模式，其实我们现在就需要去创一个全新的商业模式。

创造烘焙文化全新产业链模式

之所以创造新的全产业链模式，是因为孙建军看到了传统产业模式遇到的瓶颈。

孙建军（贝奥电器有限公司总经理）：竞争到最后，一台水壶可能赚3毛钱，一台电饭煲赚5毛钱，一台电磁炉可能赚1块钱。（对）做产品而言，是没有利润空间了。所以，如果一个企业、一个公司，你卖的(是)产品，如果没有利润空间去支撑这个企业发展的时候，其实有很大的压力，最终是做不下去的。

不仅实体企业竞争激烈，对于2008年电商起家的孙建军而言，在电商平台，也同样感受到前所未有的压力。

线下烘焙体验,小伙伴们热情满满

孙建军(贝奥电器有限公司总经理):包括目前我们在互联网上做的电烤箱,在电子商务的网络渠道,同样竞争也是很激烈。大家就是毛利很低,甚至在亏钱做。

看到近两年珠三角的企业面临倒闭、转型升级的压力,感受到电商竞争前所未有的白热化,孙建军这个一入社会就接触烘焙行业的80后,开始思考未来的出路。

孙建军(贝奥电器有限公司总经理):带着这个压力,我也在思考,我们应该(怎么做),不能把我们的产品当产品去卖,而是要打造一种文化。但是如果说去卖电饭煲,把它做成一种文化就挺难的,那刚好我们做的(是)这个西式家电就符合(适合)我们去打造这个烘焙文化。

为了实现突围,孙建军开始打造烘焙文化的全产业链,选择一条与众不同的路。开始行走,难免杂草丛生。

孙建军(贝奥电器有限公司总经理):在我们整合烘焙产业链的过程中,产品需要整合过来。电器、模具工具,包括食材类。比如有些做食材的,它做得很大,比如说像安琪酵母、新粮面粉等等。一些专门去做烘焙类的原料食材。其实当我们去跟他们谈整合的时候,或者大家谈合作的时候,有很多企业,像这种企业存在,早期也是做传统的卖场。比如说进卖场,或者进出粮油批发市场,也不是说跟我们这种合作,当我们带着全新的商业(模式),这种烘焙产业链,这个营销方式,去跟他们谈的时候,他们不一定接受,所以这个是一个最大的困难。产业链在整合的过程中,对供应链的需求,人家不能理解。

除了不理解这种模式，孙建军打造烘焙全产业链所需的创新产品，从设计到生产的过程，也是困难重重。做专业的事，需要匹配具备专业素质的人。对于这个新的烘焙产业来说，人才的空缺是孙建军最大的困惑。

孙建军（贝奥电器有限公司总经理）：在打造这个烘焙产业链过程中，我们需要人才，一个核心竞争力就是人，人是本身。因为我们这方面可以说是一个新的产业，一个行业，人才是很稀缺的。所以说在这块的话，也是我们遇到（的）一个最大的困难，就是人才的稀缺。就是专业对口的，烘焙产业链的人才太少了。

二次创业转型成电商

缺少专业的人才，缺少生产产品的渠道，同行的认可度也不足，烘焙文化全产业链这条路，孙建军应该如何继续？

孙建军（贝奥电器有限公司总经理）：大家都知道"双十一"是电子商务的狂欢节。也就是我们购物的狂欢节。去年天猫的总销售额，大家还记得吗？当天"双十一"，就是2013年的11月11日，销售额是多少？350亿。350亿！其实350亿大家应该都很清楚，是在整个中国，没有哪一个连锁超市，或者任何的卖场，一天时间可以实现350亿的营业额、销售额。这意味着什么？数据的背后告诉我们，"双十一"是一个创造奇迹的日子。

身为电商，这几天孙建军正在为一年一度的狂欢节"双十一"紧张部署。之所以备这么足的货，是因为孙建军要避免在这个重大节日可能出现的问题。

孙建军（贝奥电器有限公司总经理）：今年距"双十一"还有一些时间，往年我们"双十一"的货要用几间仓库，几千平方米的仓库，我们都是备满了货的。因为"双十一"是一个狂欢节，每年都会备很多货。去年像我们仓库（就）都堆满了货。

我们（有）一个爆款，打造一个爆款，前面投了很多的人力、物力、财力，我们把这个打造成一个爆款，但是守不住，守不住的原因就是断货。其他因素我们可以克服的，可以去改变的，但是断货，"巧妇难为无米之炊"，没有货，我们也就没有办法去卖，所以这是非常痛苦的事情，这个没办法解决。

做品牌代理，通过网络销售，是孙建军二次创业走的路。2008年金融危机，珠三角很多工厂都倒闭，原本

顺德家电展，客户络绎不绝

做实体企业的孙建军快速转型。他抓住了电商发展最好的时机,成功突破了自己。

孙建军:2008年到2012年之间,这段时间,做电商还感觉挺神秘,做的人不多然后做成功的人也不多。这个时候很多品牌商厂家需要电商去关注他们,打通电商的渠道去卖货,我个人就转到做电子商务。

从单一品种到全产业链的自主品牌,在电子商务的平台上,孙建军一直在把烘焙文化做专、做精、做深。

孙建军(贝奥电器有限公司总经理):粉丝有11万多。我们在做活动的收藏量是多少?

员工:旗舰店那款产品的收藏量最多。

孙建军(贝奥电器有限公司总经理):达人烘焙这一块,达人烘焙分享这里,我们的食谱,目前有多少人在收藏分享?

员工:大概有1万多的收藏。

短短几年时间,孙建军公司的微博粉丝就达到十几万。2013年公司的销售额已达1.1亿元。孙建军也因此获得"顺德电商飞跃大奖"。就在这个时候,孙建军意识到,做电商的人越来越多,运营能力,销售技巧,已被越来越多的人掌握。转型的时候又到了。

孙建军(贝奥电器有限公司总经理):(从事)电商这个行业的,(经营)电商运营公司的,也要符合电商的两点特性。一个是要"变",另外要"快"。我们有很多东西经常要变,如果不变就跟不上电商的发展,另外,变还要变得快。

三次转型"逆袭"制造业

之所以转做品牌,是因为孙建军意识到,电商传统的代理模式,存在诸多弊端。

孙建军(贝奥电器有限公司总经理):比如说我们代理某品牌,不是说只有我们自己做代理,因为每一个品牌都有很多个代理商。而且在做代理的时候,很多时候对品质不可控,对交期不可控,可能我们的毛利空间低。所以这个时候,逼着我们要转型,去做自己的自主品牌。

在传统制造业纷纷"触网"之际,孙建军却正在酝酿"逆袭"。他要为自己的全产业链模式进军制造业。

孙建军(贝奥电器有限公司总经理):因为我们去做代工业OEM这一块的话,一个是品质不可控,很多工厂对品质的要求,(我)觉得应该没那么高,网络市场应该不需要那么高。但是对我们来讲,因为我们是做品牌,而且我们确实要对消费者负责任,对品质的要求是

非常高的。我们自主去生产的话，这个领悟性是高很多，所以交期方面能确保。从成本的角度来讲，因为自主去生产的话，在这个环节，生产制造这个环节，成本也会降低。

就在电商把实体店挤得无处生存之际，除了"逆袭"制造业，孙建军也开始向线下体验店进军。

孙建军（贝奥电器有限公司总经理）：这边就是我们新的办公大楼。我们大概有2000多平方（米）。一楼有三百多平方（米）。做这个烘焙体验店，是实体店。

从卖产品到卖文化

烘焙文化，就是家庭分享文化、美食文化。这是孙建军最为看重的，也是他认为在下一个健康产业唱主角的十年值得做的事业。

孙建军（贝奥电器有限公司总经理）：现在我们提倡的就是讲家庭烘焙。因为我们现在也面对一些食品安全的问题。比如说健康问题，我们的家庭烘焙就是你回去做一个蛋糕，或者做一个披萨，做一个蛋挞，给家里人去享用，给小孩子、老人家，是非常健康的，另外它也是比较有乐趣的，有分享性的，大家可以交流。因为这个制作的过程非常好，有美味、健康，对家庭是安全的，所以我们才来做这个事情。

为了完善产业链，孙建军正打算成立烘焙学院，培养专门的烘焙师派驻。他已经在全国布局了1000多个体验店，教烘焙爱好者各种烘焙技能。

孙建军（贝奥电器有限公司总经理）：互联网思维，就是可能很多人去卖东西。你不能用传统的、旧的模式去卖产品，而是要用一种新的思维、新的创意去卖产品。

或许大家都开始玩烘焙的时候，孙建军的目标也就实现了。

孙建军（贝奥电器有限公司总经理）：踏入这行，事情很大，也需要走很长的路。一个是我们看到了，我们其实不是在单纯地做产品，我们也需要营造一种烘焙文化，烘焙文化也就是一种美食文化，也是一种有情感的，精神方面的需求与追求。

任何文化的发展必然会带来观念的变革。而观念的变革必然会改变消费方式，也使经济发展模式产生变化，这就是文化的力量！

天道酬勤。回顾孙建军的创业路，铺就的不仅仅是鲜花，更多的是辛勤的汗水和咬定青山不放松的奋斗精神。祝愿年轻的孙建军引领贝奥电器有限公司风鹏正举，策马扬鞭，转型跨越再出发！

编导手记

从做出口到电商，从电商再到制造业，每个时代节点，他都可以看清大势，抓紧机遇，成功转型。这个人就是80后的贝奥电器有限公司总经理孙建军。

采访孙总之际，他们的团队正在为网购狂欢节"双十一"做准备。看到孙总充满活力、精力充沛地带领着85后、90后为主的团队正积极充分备战这个重大节日，我不由感慨道：这真是个年轻的团队啊！孙总随即回答我：是啊，我是年龄最大的一个！

虽然在这个团队里年龄最大，出生于1982年，但在常人眼里，他也只是刚刚三十出头的而立之人。就是这个年轻人，最初做出口贸易，2008年金融危机后，珠三角工厂面临着订单量减少、人力成本增加、原材料涨价，导致很多工厂倒闭，孙建军寻求突破之际，电子商务悄然兴起，就在很多人都觉得电商很神秘的2008~2012年，孙建军抓住很多品牌商、厂家需要电商去关注他们和打开电商的渠道去卖货的机遇，做电商代理。当看到品牌代理品质不可控、交期不可控、毛利空间低的弊端，孙建军又着力转型，做自己的品牌。就在传统商家都"触网"之际，孙建军又根据自己致力打造的"烘焙"全产业链，开始向制造业、向实体体验店进军。

审时度势，依势而动，无疑这是作为企业掌舵人最为重要的。在经济发展的各个转型点，孙建军看到了大势，更抓住了机遇，这是这位80后最让人敬佩的地方。

印象企业

2010年，菱之菱公司创建成立，凭借电子商务的高速发展开始在网上售卖家电尾货，并代理品牌小家电。

2012年，淘宝商城"双十一"活动菱之菱公司位居西式家电类销售业绩前列，其中菱之菱长帝店单店业绩第一，并荣获广东省佛山市顺德区政府的"星光企业"称号。

2013年，荣获广东省佛山市顺德区电子商务电商"飞跃大奖"。开始大力扩展线下业务，向线下烘焙实体店进军，并自建工厂，专注品牌发展。

2014年荣获"广东省电子商务100强企业"等多项殊荣。

孙建军在公司歌唱比赛上和员工热情互动

孙建军的团队是一群斗志激昂不服输的战士

黄苏凤：40岁之后的灿烂人生
——星艺装饰的榜样团队

2011年5月1日，顺德大良新桂中路大街两旁彩旗飘扬，海悦新城星艺装饰顺德体验馆门前广场上锣鼓震天，精彩的舞狮表演吸引了不少路人驻足观看，成为一道独特的风景。

上午10点钟，广东星艺装饰集团顺德首家国际精装体验馆举行盛大开业庆典仪式。

看着星艺装饰顺德国际精装体验馆的成立，总经理黄苏凤感慨良多，想起当年放弃村主任职务南下做家具装饰，40岁转行从头起步，身负重任独自开辟顺德市场的几经艰辛；想起了当年刚入行时面临着对装修行业一无所知的尴尬局面，但却勇敢面对的坚持；想起了当年当监理时因严格有序的管理而得到广大客户对他的信任与认可……创业守业的往事一幕一幕地涌现，让黄苏凤感到自豪与幸福。

一路走来的成功都是一步一个脚印的努力，直至如今，黄苏凤依然每天参与员工们的晨跑，从清晨锻炼的那一刻开始，就告诉员工们要成功就必须付出汗水，必须要每天保持最佳的状态。

无惧40岁转行重新做起

晨曦初现，在顺德明日华府对开的人行道上，广东星艺装饰集团的一群穿红衣的年轻员工正在晨跑，虽然汗流浃背却更显朝气蓬勃，那咬牙坚持的样子让他们的领头人黄苏凤总经理想到了16年前从江西初到广东的自己。

黄苏凤（广东星艺装饰集团顺德区域总经理）：晨练时锻炼人的意志，广州的白云山我们都翻过去几次了，我刚进公司的那个时候，公司在天河体育馆，跑白云山跑到山顶再到山底，再返回来必须要到山底，70多公里，所以很多人会（半路）打的，但我是绝对不会偷懒，到现在我脚指甲（因当时）打了止血针，这个脚指甲都没了，就得了灰指甲。

训练虽苦，却是无数和他一样的江西人分外珍惜的机会。1991年，江西武宁人余静赣在广州创立广东星艺装饰有限公司，专门从事家居设计、住宅装饰装修，先后带了5万多名江西子弟走出穷山沟。

广东星艺装饰集团顺德区域总经理黄苏凤

顺德星艺业务部

　　黄苏凤（广东星艺装饰集团顺德区域总经理）：我们那个时候，乡下一年的收入可能就是两千块左右，（余静赣）带出来第一批人，一年能赚一两万，那个时候年收入一两万就是"万元户"，好厉害，很震撼的，非常吸引人，我感觉自己不比人家差，他们可以赚一两万，我也可以，于是我就去试试。

　　1998年，带着改善生活的简单目的，黄苏凤毅然辞去了在江西老家村主任的职位，背上行囊就来到了陌生的大都市广州，那一年，他刚好40岁。面对举目无亲的陌生城市，黄苏凤却没有半点后悔与担忧，内心更多的是斗志与决心。

　　黄苏凤（广东星艺装饰集团顺德区域总经理）：我做事很专一的，没有事情我做不成功的，要么我就不去做，做了就一定成功！比如我做这个行业，当时公司要招收一批项目监理，但只收五十个人，我来晚了三天，到达时我是第五十二个人，那批人已经招满了。我不甘心这样就离开，主动去找老板。第一次找（余静赣）的时候，他说满了没位置了，你可不可以先做做工人？当时我就觉得委屈我了，因为我在家乡是做村主任的，在这里做工人，简直是大材小用。当时我不答应做工人，离开了。但第二天我又去找余静赣，告诉他我的管理能力与工作能力，结果通过两三次自荐以后，他答应让我参加项目监理的培训班了。

　　因为有做村主任的管理经验，黄苏凤最终还是进入了项目监理培训班，这培训一来就是三个月，除了要面对体力意志上的考验，更面临着对装修行业一无所知的尴尬局面。

　　黄苏凤（广东星艺装饰集团顺德区域总经理）：因为我们刚刚来的时候，带我们去看工地，就进到装修工地，就很豪华的，天花造型、墙面造型，看都看不懂，哇，真的是，这个这么烦琐，我们搞不懂。

　　虽然遇到这样的尴尬，但黄苏凤一点也没有慌张，他比同班的年轻人更加勤奋，全身心投入到学习中。

黄苏凤（广东星艺装饰集团顺德区域总经理）：因为我是很有信心出来，一点遗憾都没有，我出来两个月了，村（支部）书记还打电话来说，你还是回来算了，村里没有你不行，我说不，既然我出来了，就不回去了。在培训班结束考核时，我考了第二名。

成绩优异的黄苏凤，顺理成章地成为了三个工地的项目监理。

真诚与负责赢得客户认可

稳重的"老黄"没有辜负客户的期望，每天早出晚归，时时盯在工地上。在工地现场，黄苏凤常常提醒员工："下次不要穿拖鞋来，要注意，因为工地上有钉子，弄伤了就不好。"

黄苏凤（广东星艺装饰集团顺德区域总经理）：同样一个工人，到不同工地去做，会产生不同的效果，那就在于你这个监理的引领与指导。工人在铺砖，我就一块块看着他铺，因为是按件计算的，每个人都想铺快一点。只是他铺得快一点效果也就差一点。所以关键要看你管理严不严，看你责任心长不长，如果你顾着在外面玩不去工地，人家在那里做成怎么样你都不知道，等到都铺下去了你才对工人说这里不行那里不行，那就晚了！

在黄苏凤看来，顾客把家交给了自己，就是对自己的信任，如何回报这份信任，他觉得就只有实实在在地工作，严格有序地管理，这种态度也很快得到了客户的认可。

黄苏凤（广东星艺装饰集团顺德区域总经理）：那个时候公司要求很严格的，你做三个工地，必须有一个回头客，幸好我做三个工地就有两个回头客。如果做三个工地都没有一个回头客，那么你就要停岗，而且必须把这个回头客找来，才能再让你上岗。

重压之下，更能彰显一个人的能力，因为黄苏凤出色的表现，他得到了公司的重视，一年后，他被调到总部做预借算，很快，他又被派到顺德开拓市场。

在顺德开辟了新天地

2000年，黄苏凤来到了传说中的富庶之地顺德，现实却和他的想象大不一样。

黄苏凤（广东星艺装饰集团顺德区域总经理）：当时顺德很破的，只有一个顺德装修总公司，我就记得只有一个，但是外来的装修公司，一家都没有，我是第一家。

尽管当时的星艺已经在广州打出了名声，但是不少人的装修观念仍停留在施工队的阶段，店铺虽然开起来了，却是看热闹的人多。

黄苏凤（广东星艺装饰集团顺德区域总经理）：那时候，客户让我们的设计师出设计图，也有很多客户拿设计图去咨询设计师，这个怎么做，这个床怎么改，听设计师介绍完以后，他第二次、第三次就不来了。原来客户知道了设计意图后就在外面找个路边施工队，告诉他们按照设计图的样子去做。为什么会是这样呢？一个是因为这里的楼盘少，另外一个原因是我的人力资源问题，设计师力量也跟不上。我当时来带三个学生，都是刚刚毕业的，没见过客户的。于是，谈客户，谈报价，跟客户联系打电话，全部都是我一个人，然后看工地也是我一个人。

即使万事开头难，遇到种种障碍，黄苏凤也依然坚强地挺着。

2013年星艺文化节活动

黄苏凤（广东星艺装饰集团顺德区域总经理）：在2000年和2001年，每次到工地，我都是走路的，打的我都不打，因为舍不得花钱。我早上起来比较早，就走路，那时候刚刚创业，总想省一点省一点。本来我应该买一个车，那么就快一点，效率高一点，但条件不允许，即使那个时候走路很辛苦，但我依然挺住了。然后到2002年买了个摩托车，我就一个人骑摩托车到工地去。

2014年星艺15周年庆宴会现场

随着时间的见证，装修公司新颖的设计和全方位的服务，打动了不少有条件享受生活的业主，以至于2003年至2006年，顺德一下子涌入了近40家装修公司，在强大的竞争下黄苏凤还是坚持踏踏实实地为客户服务，任何事情都为业主想得周到。

2014年星艺15周年庆活动现场

黄苏凤（广东星艺装饰集团顺德区域总经理）：给客户设计家装时，凡是客户铺了地板，我们都要求员工穿鞋套，要不就把鞋脱掉再进去，因为有些业主看到我们穿鞋进去，会不开心不高兴的。有些业主可以让你穿着鞋子进去，但是我们要求员工要按规定。家装做好的干净程度是这样的，我们自己先检查，如果觉得不行我们继续改，搞到干净为止，好像这个柜子上面有些渍，就得用砂纸打一下。

有人说做装修一定是不完美的，一定会有争执，但在星艺公司里，随处可见客户送来的锦旗。有时工作累了，黄苏凤就走到锦旗前站一会，又仿佛有了无穷的动力。

黄苏凤（广东星艺装饰集团顺德区域总经理）：你想收那面锦旗不容易的，不是业主很满意，他都不会给你送锦旗的，这就是口碑。在服务时，越是好说话的客户，我说越要注意，他平时对你很好，很好说话，是他相信你，所以就要做得更好。但有些装修队就会觉得你好说话，那我做工随便点，算账的时候也可以算多一点，多捞一点。我们的团队绝对不允

许这样,所以我们投诉率很低。因为我们抓得比较紧,员工在这样的氛围里,大家都有比较好的品质,对待客户很真诚,如果有个别人不诚实,那他在这里就混不下去了。

尽心尽力做好员工的榜样

打拼到今天,顺德公司早已顺利运作,分店也不断增多,黄苏凤本人在业界也颇有威望,但在他内心,始终保持着对余静赣的尊敬。

黄苏凤(广东星艺装饰集团顺德区域总经理):我很崇拜余静赣,他从我们县都带了几万人出来,而且我们都做得比较成功。他那个人也不太为他自己,他乐于助人,所有江西出来开装修公司的,都是仿星艺,都是仿他的。

也正是这份感情,让本来想松一口气的他,又接下了广州子公司总经理的担子,一共要管理30家分店,每周都要在广州、顺德来回奔波多次,很多事情都尽心尽力亲力亲为。

黄苏凤(广东星艺装饰集团顺德区域总经理):我做事情一如既往,一年365天,我天天都保持一样,从2001年到2004年每天都打卡,必须打卡,而且没有迟到过一次,该在规定场所出现的从没迟到过,没早退,我哪怕(凌晨)5点睡觉,该是7点起床我必须准时起床。

黄苏凤的敬业乐业,赢得了所有员工的尊重与爱戴,因为"老大"的示范作用,所有员工士气高涨,事半功倍。

舒巧(广东星艺装饰集团顺德公司总经理助理):我们私底下都叫黄总"老大",内训跑步第一天的时候,因为我们是7点集合,黄总6点半就到了,给我们的感觉,就是觉得有老大陪着,心里会有种安慰。然后第二天、第三天,其实他每天早上都会比我们早到,我们觉得既然黄总都可以坚持,为什么我们自己不能坚持?

黄苏凤(广东星艺装饰集团顺德区域总经理):员工是看得非常清楚的,你就是他的榜样。别的公司有个经理,他就怪人家迟到,他说:"你干吗要迟到?"那个员工马上就说:"你也迟到。"因为这个经理老睡懒觉,经常都是迟到,所以大家不服他。因此在公司创业阶段,自己是要很能吃苦,人家是跟在你后面,火车也要头带,什么都要带头,一个团队也要有人组织,团结努力,世界是属于我们的。

对于黄苏凤来说,工作就像一场接一场的长跑,没有松懈,没有放弃。黄苏凤早在十年前就说过,他要做装修,做一辈子,像余静赣所说:要做成百年企业。一个公司团队成员的工作心态,各方面都需要经理或老板来转变,如果这个老板是飘的,大家都跟他飘;如果这个老板是实的,大家都跟他实。谁不踏实,谁不做实事,那谁就待不下去,就要被淘汰。所以,团队的发展跟团队的老大很有关系。正是这种以身作则的榜样力量,让黄苏凤能够一直走下去,就像他所说的,还有很多的事可做,远没到退休的时候。

编导手记

黄总是我至今采访的第三位生于20世纪50年代的企业家,他们无一例外都有一些时代的烙印,比如喜欢《团结就是力量》这首歌,也更具备坚韧的意志。40岁离乡背井,这本身就需要特别大的勇气;而他在转行之后能做到行内领先,更能说明他有一股钻研精神。

他说他是个"要面子的人",在村里的时候他就是第一个买手表的,第一个给家里盖房子的。在出来闯荡之前,他还牵头将村子里的马路修通了,到现在那条路也没变过。不希望自己被淘汰,不愿意自己的公司被其他人超越,就是这种不服输的劲头,让他时刻保持着战斗的状态。从不迟到,不早退,不偷懒,下午的活动,上午就和负责跟进的同事一起去现场督导。能做到这样自律,自然是让员工心服口服。我们去拍摄的时候,黄总时不时还要看一下手机,原来每天监理都要把正在施工的单位拍照上传,他都要了解进度。

当年和他一起进入高级监理学习班的五十多个学员,很多都中途放弃,做到他这样高位的,也只有两三个。还是那句话:"人生在勤,不索何获。"

星艺团队

星艺装饰业务部

印象企业

1991年，余静赣先生在广州创立星艺雏体——三星服务部，属全国最早在工商部门注册的民营家装机构。

1993年，注销三星服务部，并同时设立广州市天河三星建筑设计艺术中心，继续承接原三星服务部所有业务，创始人余静赣先生担任总设计师。

1997年9月28日，第一家分支机构——深圳公司开业，开始实施"棋行天下"的品牌扩张战略。

1998年，在广东省工商行政管理局注资500万元，设立广东星艺装饰有限公司。

2000年，购珠江花园物业——星艺大厦作为公司总部基地和内训中心。同年，星艺设计岛在珠江花园正式创立。

2002年8月，星艺装饰取得"建筑装修装饰工程专业承包贰级"资质。通过ISO9001国际质量体系认证。

2006年，中国建筑装饰协会为星艺装饰颁发"知名品牌企业"、"全国住宅装饰装修行业AAAA级诚信企业"、"全国住宅装饰装修行业企业创新奖"、"全国住宅装饰装修行业特别贡献奖"等多项大奖。

2008年，星艺装饰荣获"广东省著名商标"。"5·12"汶川大地震后，星艺装饰分别在都江堰、德阳、安县捐建三所爱心学校。

2009年9月，广东星艺装饰有限公司首届董事会、监事会由全体股东选举产生，周晓霖任董事长，冷忠任监事长，首届董事会第一次会议聘任了经营班子，余敏任总裁。

2010年3月，星艺装饰取得"建筑装饰工程设计专项乙级"资质。4月广东星艺装饰集团正式成立，母公司名称变更为广东星艺装饰集团有限公司。10月广东星艺装饰集团设计研究院成立，钱际宏任院长。

2011年，广东星艺装饰集团有限公司新网站正式上线。9月取得中华人民共和国住房和城乡建设部广东省住房和城乡建设厅颁发的"建筑装修装饰工程专业承包壹级"资质证书。

2012年11月，荣获"最佳设计企业"称号。12月，广东星艺装饰集团股份有限公司正式成立。

2014年3月，"星艺装饰"荣获"中国驰名商标"。

05

商贸物流，风生水起

张锦标：多重角色，快意人生
——宏兴物资的塑料贸易

他是个受员工喜爱的老板，被员工亲切地称作"标哥"；他是个乐于助人的企业家，让受资助学生留下了深刻印象；他努力去做个好儿子、好爸爸……

张锦标是顺德区宏兴物资有限公司的总经理，公司成立于1993年，专业从事塑料贸易。公司内部培养了一批专业的技术人才，专门为客户解决塑胶产品的选料问题及加工工艺上遇到的问题。除了企业经营者这个身份，张锦标还担任塑料商会会长，塑料商会是一个年轻的商会，有很多事情需要处理，张锦标在企业和商会间忙得团团转。此外，他还是区人大代表。公司老板、塑料商会会长、人大代表，张锦标在这些不同的身份之间频繁切换。

张锦标说，以前只要够胆去搏去闯，一下子就能赚大钱。而现在，社会整体的经济格局发生很大变化，企业面临前所未有的压力，推动产业升级转型势在必行，当下做企业，最重要的还是思维模式的升级。

追求完美的大忙人

作为公司的老板，张锦标每天上班去的第一个地方，不是二楼的办公室，而是在一楼的公司饭堂。

张锦标（顺德区宏兴物资有限公司总经理）：农庄其实都做了十一二年了，以种菜、养猪和养鱼（为主），作为我们自己厨房食物的提供。这样一来，可以提供一些比较健康的食物给我们自己公司的同事吃。

阿龙（顺德区宏兴物资有限公司农庄菜农）：一般早上5点半钟就起床，就搞那个菜。搞好拿到公司，一般要8点钟。这个基地关键就是我们公司（员工）或工人吃。一般不用农药，而且各方面要按程序走，这样对人体好一点。

张锦标（顺德区宏兴物资有限公司总经理）：最近老是吃豆角？

厨房阿姨：是啊，豆角炒猪肉。

张锦标（顺德区宏兴物资有限公司总经理）：没有（叶）菜吗？是不是天气下雨多？

顺德区宏兴物资有限公司总经理张锦标

2011年公司团年饭

厨房阿姨：是啊，天气不好，一点菜都没有，少一点。但有煲汤的。

张锦标的员工当中，工龄超过10年的占了四分之一以上。这不但说明了员工对公司的信任，也体现出员工对老板的信赖。

张锦标（顺德区宏兴物资有限公司总经理）：我希望公司可以成为像家庭一样。（选择）员工来说，最重要的就是对工作的热忱，等于对自己所在的位置，以及对公司的忠诚度。我觉得聪明与不聪明，这个不是最重要的。

巡过饭堂之后，身兼多职的张锦标真正忙碌的一天正式开始。2010年，顺德区塑料商会由张锦标牵头成立。2013年，张锦标连任会长。对于塑料商会的工作，张锦标认为：商会的最大作用就是大企业帮扶小企业，让顺德的整个塑料行业可以健康发展。这个稳重的男人将《真心英雄》选定为商会会歌。在商场上一起拼搏，在慈善上共同出力，塑料商会在业内屡受认可。

张锦标（顺德区宏兴物资有限公司总经理）：我最近听说很多工厂（需要）加班，但是工人不愿意加班。现在晚上来说，基本上（工人）都要住宿。（加班的话）要给到很高的价钱，才有人加班。所以市场（的情况）就是这样了。感谢谭律师，刚才介绍你们的一些情况。我们也希望通过这个平台，令合作的话不只是和商会单纯的合作，而是更广泛地和我们会员企业进行一个更深度的合作。（塑料商会有）超过200家的企业。本来今年我们也是想全面地发展更多（会员企业）。我的目标是至少要500家。

张锦标事务繁忙，做事又追求完美，对自己的要求非常严格。工作加班到凌晨，这是最正常不过的事情。

顺德区宏兴物资有限公司员工甲：在我们心目中，他是一个超人。他除了出差和办事之外，基本上每日一早就已经回来工作了。甚至很多时候是我们员工都已经下班了，他还在里面加班。所以在这一方面，（他）很值得我们每一个员工去学习的。

顺德区宏兴物资有限公司员工乙：我们在这里跟他共事这么多年，有时候我都会说一下他，"你注意一下自己才行，整天那么忙，身体才是革命的本钱"。

张锦标认为，企业的不断发展有赖员工的付出。

张锦标（顺德区宏兴物资有限公司总经理）：我们也会跟企业员工分享，公司今年会抽出30%的利润分给员工。我们希望把公司营造成员工的家。

作为商会会长，张锦标坦言，因为要兼顾企业和商会的工作，自己要忙的事情更多了。

张锦标（顺德区宏兴物资有限公司总经理）：塑料商会又是一个年轻的商会，所花的力气肯定要更多。做会长就要"出心、出力、出钱、出席"，多多少少会牺牲对自身企业的关注。不过在这过程中无形地会令我在思想上得到创新，使得处于瓶颈期的企业能得到更多最新的思维信息，对企业未来的改革会有更多正面的信息。

不会再选做老板

这两年，国内的经济开始转型，塑料行业也到了需要转变思维的时候。转型的压力从老板到员工，大家各有体会。

顺德区宏兴物资有限公司员工丙：像现在这样的环境，（希望张总对）大家多些体谅一下，我们真的很努力地在工作了。

张锦标（顺德区宏兴物资有限公司总经理）：事实上，很多老百姓认为塑料就是日常家居的塑料袋、塑料瓶、塑料桶，觉得很日常的用品而已。其实从塑料行业来说，是一个基础的配套行业，假如我们的家电是产量过剩的话，我们可能会转去投资其他行业，去服务其他行业，比如有些新兴的IT行业、汽车行业，甚至是军工行业。我们如何去减少这些塑料的二次污染，我们肯定希望国家做多些政策，特别是我们的生活垃圾，用完之后就扔的生活垃圾，是怎样处理。另一个就是应该加强我们的生物材料（利用），就是生物材料和降解材料的应用。我们希望用了再用，重新循环再用，去减少对我们环境的污染。对于成本来说，肯定是短时间的，至少研发成本是高的。就算成本怎么高，都不够我们污染了环境、污染了地球，日后再去处理的成本更加高。

42岁的张锦标，从二十几岁开始创业，奋斗了十九年，公司的年营业额从当年不到

1000万元上升到现在超过10亿元。这个巨额的迈进,张锦标如何看待成功?

张锦标(顺德区宏兴物资有限公司总经理):我觉得(就)成功来说,你一定要有执著和认真。

做了十几年的老板,张锦标却并没有享受到当老板的优越感。

张锦标(顺德区宏兴物资有限公司总经理):(当老板心情)很矛盾。

2013年阳春助学行

我觉得做老板来说,特别是在中国做中小企业,或者做什么来说,其实压力很大,特别是随着经济的发展,压力会越来越大。我觉得让我选择的话,我真的不会再选做老板。

谈到这些,严肃的张锦标第一次露出笑容。他现在说出这样的一番话,与他在2008年生的那场大病有着密切的关系。驰骋商场,没有人会一帆风顺。张锦标的人生态度,因为一场大病发生了改变。

张锦标(顺德区宏兴物资有限公司总经理):经过那次出院之后,包括自己的作息、生活习惯和工作都改变了很多。因为后来出院了才知道,原来自己的病是很严重的。甚至退一万步来说,有机会(可能)是回不来的这样的状况。但是在整个过程里,我很感谢那些员工能够在公司没有主心骨的情况下,能够很正常地去运作。

顺德区宏兴物资有限公司员工丁:最主要(的一点是)我觉得他对员工关心得比较到位。就比如这次我们前几天有个同事结婚,在贺州(结婚),广西的。公司还专门安排了一辆车,就是几个同事代表把祝福带过去。我们平时的话,就是对内的,我们都直接叫他"标哥"。

把老板当作自己的老大哥,这并不是容易的事情。

张锦标(顺德区宏兴物资有限公司总经理):这些年,公司利用更多机会组织各种活动,让员工充分可以感受到企业"家"文化……去年去了哪里?菲律宾、老挝。今年来说,我就不想安排在暑假了,因为暑假人太多了。那你们想想看要去哪里,然后再(慢慢落实)。

愧对家人的好老板

很多企业家在事业成功的同时,往往就缺少陪伴家人的时间,对于"不会再选做老板"的张锦标来说,他对事业与家庭的平衡,又有什么样的感悟呢?

张锦标（顺德区宏兴物资有限公司总经理）：自己工作的时间都不够，家庭更加（照顾不到），事实上是少了很多时间。但是由于自己经历了2008年自己的身体状况——不好的话（可能会回不来），我都已经尽量抽时间，星期六、星期日，尽量多些时间陪家人。我们放假的时候会和家人一起出外。但是事实上是对家庭来说都（还是）很对不起家人，因为太少时间了。

张海明（张锦标父亲）：（100分你给他打几分？）分数不能打得太高，不然他会骄傲，68到70分吧。（希望他）多点（时间）陪下家人，特别是自己的子女，这点很重要。这是亲情来的，多陪陪老婆。一家人欢欢喜喜的，现在最重要。

张锦标（顺德区宏兴物资有限公司总经理）：我老婆是一个比较女强人的角色。我自己也是比较大男人主义。相对来说，如果说做生意方面，她是一个做生意的料。所以在事业方面，她帮了我很大的忙。

一个受员工喜爱的老板，一个负责任的商会会长，对家人却心存愧疚。也许就是因为这样，妻子不愿意接受这次的采访。但是对于需要帮助的人，妻子却坚持和张锦标一起出钱出力。

梁润雄（受资助的阳春学生）：张总我记得，他邀请我来过公司一次。他说过一句话我印象最深刻，他说要做事首先要做人。那时候我对这句话确实记得很清楚。如果以后我有能力了，我也会很乐意地帮助别人。

张锦标（顺德区宏兴物资有限公司总经理）：我觉得这样资助小朋友来说，第一个是我们比较直接，首先我们看到他的成长。再加上有一个持续的（过程），因为我们现在资助的小朋友，有的都已经大学毕业了，有些刚刚读小学，有些读中学，我们每一年都资助他，看着他成长，自己也比较开心。

痛并快乐着

今年以来，顺德对商事登记改革，出台了许多细则，开办公司的成本越来越小。面对想要通过创业急切达到成功的年轻人，张锦标不太认同。

张锦标（顺德区宏兴物资有限公司总经理）：我觉得成功来说，你一定要有执著和认真。你不认真处理一件事的话，你很难完满地成功。负责就是你一定要有一个责任心。如果你对一家企业没有一个责任心的话，对这个社会没有责任心的话，我觉得你能够成功只是你运气好而已……

张锦标认为：要想把企业经营好，对员工负责的同时，还要坚持学习。喜欢做简报的张锦标，不知不觉就已经积累了几摞简报集。

张锦标（顺德区宏兴物资有限公司总经理）：我总是觉得时间真的不够充分。有时候去平静下来，都觉得很后悔。自己企业就要自己去负责任，这个是肯定的。其他的一些职位，

诚信篇

接下来的时候，我这个人会比较认真并有责任心，既然接了下来，就要认真去做，变成了是在公司、商会忙个不停。其他包括政府人大这一方面，自己必须要用心用力去做。可能用一句话形容叫做：痛苦并快乐着。

经历了人生坎坷的张锦标对于成功有着自己的理解。就像张锦标说的，每一种成功都需要执著和认真，特别是在创业中，急切的心态反而会令你欲速则不达。对于张锦标来说，其实成功已经显得没那么重要，经历过一场大病的他，对于家庭更加地看重，对于员工体贴得更到位，而对于社会责任，依然要出心、出力、出钱、出席。这个稳重的男人，每日就这么痛并快乐着。这也是一种执著吧。

编导手记

　　一年多前，我与张锦标有过一面之缘。我采访过那么多人，他是第一个说"我上班路过你们电视台，我就到你们那里接受你们采访吧，免得你们跑来跑去的"。听他说完这话，我心里的感动一下子就涌了上来。

　　到了做《顺商传奇》的时候，我自然就想起他来了。带着惴惴不安的心情，我给他打了电话。爽快如他，很快就让我去拜访了。他说他是第一次拍这么长的节目，没有经验，也会紧张。但是到了拍摄当天，他淡定自如，一点也不会让人觉得局促。也许，有些人的气魄，天生就会在那里，他的气质已经在岁月中成长到了那样的高度。

　　张锦标社会职务很多，每个他都竭力去做。其中塑料商会会长的身份，我感觉他是尤为重视的，我甚至有一种感觉，如果有一天他要选择卸掉几个社会职务，这个职务他是不会放弃的。因为他就像平日里的真心英雄，真心地为塑料行业在努力，希望这个行业的发展能够越来越好。

　　张锦标的做事风格，敢做敢当，敢想敢言，有时让我联想到刚出道社会的学子，不是说他不老练，而是他能够保持住自己的那一点点棱角，让我们更觉得他有人情味。

　　我们常说"有其父才有其子"。张锦标的父亲是个乐天的老头，他疼爱自己的儿子，却又非常的严格，批评的言辞居多。但是回忆起儿子生病的那段经历，老人家激动不已，就像猛兽来袭时会张开翅膀保护自己孩子的大鸟，即使一切已经过去，即使只是回忆，他也想保护好自己的儿子。真心地祝福这对父子，幸福，健康。

印象企业

  1995年10月，佛山市顺德区宏兴物资有限公司注册成立。

  1999年4月，公司成为韩国LG公司的华南地区指定经销商，代理LG各型号ABS、AS树脂。9月，容桂分公司正式成立并对外营业。

  2003年4月，公司购入自有商铺房产，并将公司搬迁到现在的办公地址（大良广珠公路新松路段顺兴商业大厦13-14号铺）。

  2006年12月，公司办公面积由原来的260多平方米扩充到1000多平方米。

  2007年5月，公司投资成立美聚克化工科技有限公司，着重对塑料新材料的生产与研发。

  2008年12月，公司荣获"纳税超百万元企业"荣誉称号。

  2009年10月，公司主要负责人张锦标同志成为大良北区福利会副会长。同年12月，公司荣获"纳税超百万元企业"荣誉称号。

  2010年9月，公司成为佛山市顺德区塑料商会第一届理事会会长单位，同时公司主要负责人张锦标同志成为佛山市顺德区塑料商会第一届理事会会长。12月，公司成为中国塑料加工工业协会第五届理事会副会长单位。荣获"纳税超百万元企业"荣誉称号。

  2011年9月，公司荣获广东志高空调有限公司颁发的"优秀供应商"称号。12月，公司荣获"纳税超百万元企业"荣誉称号。

  2012年7月，公司注资入股由顺德区塑料商会推动成立的塑料物流商贸中心——广东联合创展仓储有限公司。12月，公司荣获"纳税超百万元企业"荣誉称号。

  2013年6月，公司注资入股渤海商品交易中心的ABS树脂上市项目，开始涉足大宗商品电子商务。10月，公司投资成立的美聚克化工科技有限公司成为"星光企业"。12月，公司荣获"纳税超百万元企业"荣誉称号。

  2014年2月，公司成为顺德大良总商会副会长单位。9月，公司入股某电子商务公司，成立电子商务团队。

2011年宁波旅游合照

2013年宏兴公司菲律宾旅游合照

劳伟雄：80后创业者的风范
——易创的钢铁贸易之路

在顺德10个镇街中，基本上以一镇一业的制造业起家，经过长时间的积累，慢慢形成产、供、销一条龙的完善产业链。但乐从却颠覆了这一模式，异军突起发展商贸经济，人们喜欢用"乐从现象"来概括这一发展过程。

20世纪80年代初，乐从商人梁志坚在腾冲村租下了两亩二分地，办起了乐从的第一家钢铁公司。"骑着单车跑生意，扛着杆秤称钢铁，拉着板车送货物"，这是乐从人"不产铁矿，没有炼钢厂，却开创了全国最大钢铁交易中心"的神话。

乐从钢铁产业发展于20世纪80年代，刚起步的钢铁行业规模甚小，类似小集市的地摊式经营，商铺多是小型零售当铺，产品材料单一，销售模式也很单一，大部分的商户都是以赚取差价为利。

20世纪90年代至2000年左右10年间，是乐从钢铁市场发展的一个高速时期，这也是乐从钢铁市场发展壮大的10年，被称为"乐从钢铁市场的第一次革命"。

21世纪初是乐从钢铁的又一次革命性的突破发展。电子商务深加工开始进入钢铁交易，这两种新方式的引入，让钢铁交易不再是简单的模式。

在乐从，从事钢铁贸易的企业数不胜数，劳伟雄与钢铁的缘分，也是从乐从开始的。

社会大课堂的历练

劳伟雄，一位从事钢铁贸易的年轻企业家，当初是怎么看上这个枯燥的行业，又是如何年纪轻轻就坚守一个行业长达10年的呢？

劳伟雄（广东易创贸易有限公司总经理）：我们有亲戚是做钢材行业的。在我读大学之前，他已经建议我"你考虑下，不要读大学"，让我过去帮手，当时钢材行业是比较景气的一个行业。当时家里我爸妈知识水平不高，他们说"你考到大学就坚持读完，读完之后再考虑"，然后顺理成章，我读完大学回家，从事钢材行业。

广东易创贸易有限公司总经理劳伟雄

2004年，劳伟雄从西安的大学毕业之后，农民家庭出身的他，没有选择毕业旅游，慢慢适应社会，而是马上赶回顺德，跟着亲戚做钢材生意。凭着一股热情与冲劲，劳伟雄投入到这个行业当中。

劳伟雄（广东易创贸易有限公司总经理）：我们都不坐飞机。家里经济条件不是那么好，我都是坐火车，当时学生的票价是120元。我是7月7号坐火车，7月8号回到家，29个小时。7月9号就上班了。（钢材）属于大众商品，当时对人的要求不会太高。我们也刚刚本科毕业，刚出来的时候，在人与人之间的接触等等，各方面都不是很适应。印象最深的就是一开工就连续三天三夜去码头发货。

虽然劳伟雄如今已经成为一个企业家，但是当年他也和普通的大学生一样，刚刚走出校园时青涩、单纯，对社会抱有美好的幻想。渐渐地，他却发现校园与现实社会的落差如此之大。

劳伟雄（广东易创贸易有限公司总经理）：我们读书的时候，很多时候都会比较文明，讲话各方面都会比较文明一点。当我们出来接触社会之后，社会上的一些规则和我们学校的规则是两个完全不同的版本。因为做商业这行，很多时候我们很重视诚信，但是不一定对方很注重诚信，还有就是人与人之间的接触，需要调整下的心态。

十年奋斗不忘初心

装货、卸货、装货、卸货……
枯燥的一切，伴随33岁的劳伟雄已经快十年了。
劳伟雄创建的广东易创贸易有限公司，员工的数量从最开始只有两个人，慢慢发展到十几个人，再慢慢变成现在的四十多人的钢铁贸易公司。那么，是什么原因促使劳伟雄走向创业这条路的呢？
原来，初入社会的种种不适应并没有使劳伟雄放弃，他选择了坚持。他认为时间一长自己一定可以适应生意场的生活。但是商场上的各种生活让这个年轻人一次又一次地感到了失望，终于他作出了自己创业的决定。
年轻人要创业，最困难的就是筹集创业资金。幸运的是，劳伟雄创业的想法得到了发小的支持，二人一拍即合，决定合伙创业。两人各自从家里借了17万元一起注册了一个公司。正当公司经过近一年的成长慢慢走上正轨时，他的拍档却提出了离开。

劳伟雄（广东易创贸易有限公司总经理）：对于我来说，公司需要更进一步发展、进一步扩大，我的拍档只需要做好（当前的）差不多就可以了，而且可能（他）想往家族式方向发展，这方面的想法多一些。（我们）在价值观上不是太一致的时候，我们的选择就是分开。

单飞之后的劳伟雄，按照自己的方向让企业迅速成长了起来。每当自己重回当年起步的地方，回想起这段经历，劳伟雄很庆幸自己能够坚持走自己的路。80后的创业者，一个枯燥的行业，十年就达到了一个高峰。24岁创业，劳伟雄并没有因为自己现在的成绩而忘记自己的初心。

劳伟雄（广东易创贸易有限公司总经理）：我的梦想不是做钢铁行业，我的梦想是做一个美食家，到处去旅游，吃尽天下的美食，环游世界，这个是我最初的梦想。包括我当时创业，最开始的时候，我的想法很简单，我想买一套房子、我想买一辆车，这样就完成我的创业了。

简单的梦想可以让人轻装上路。也许就是这个初心造就了今天的劳伟雄。在创业的道路上，其实，他并不孤单。

找来妻子当帮手

随着事业规模越来越大，公司不断扩大，劳伟雄却无法完全理顺公司内部人事关系。人才匮乏成了公司发展的瓶颈。正当劳伟雄一筹莫展，渴望招贤纳才时，他想到了自己的妻子，他的妻子是北师大的研究生，也许正是自己所需要的人才。他开始游说妻子放弃原来的工作，跳槽过来帮助他。

何燕珊（劳伟雄妻子）：我之前是做中学的老师，主要都是我先生强烈的邀请，或者说强烈的要求。他的事业慢慢做大了之后，尤其人事管理方面，可能需要其他协助。我自己以前在学校，都有做过管理方面的工作，（他说）不如你过来帮我。（我）很舍不得（原来的工作），因为我自己都很喜欢教师这个工作、这个职业、这个事业。而且做老师一直是我从小到大的梦想。

一边是丈夫的求助，一边是自己从小向往的事业。犹豫了三年后，何燕珊放弃了自己的教师职业，正式进入公司帮助丈夫管理公司财务和行政事务。

何燕珊（劳伟雄妻子）：我以前没有接触过这个行业，钢铁行业完全没有接触过，然

公司外景

公司培训　　　　　　　　　　　　　　　　　公司总结会

后我负责的工作，是财务这个工作。但财务这一方面等于是从零开始，我完全不清楚这个工作，所以我要从头接触去学习，都比较困难。

劳伟雄（广东易创贸易有限公司总经理）：很多时候我属于对公司要求比较严格（的人），我太太其实她做事已经很好了，可能我要求会苛刻一些，经常会有些矛盾，没有是假的。

夫妻两人变成了上下级，工作上的不断磨合，几年下来，公司和家庭一样，男主外，女主内，不能不说这是一对让人羡慕的夫妻。

学习是创业成功的加速器

今天请劳伟雄同学带唱"白云山高——预备起！"

劳伟雄（广东易创贸易有限公司总经理）：每个星期的星期六、日，我都要来到中大（中山大学）这里进行EMBA的学习，进一步整理和梳理一下自己管理方面的知识。

劳伟雄的妻子和他是同龄人，在妻子何燕珊眼中，劳伟雄总是在不断学习，他的学习热情，还常常从公司带回到家里。

何燕珊（劳伟雄妻子）：虽然他本身是做钢材的，但是他去考会计证。然后考驾驶证，一般人考小车牌而已，他去考了大货车B牌。

和老一辈的企业家不同，劳伟雄对团队的培养更注重素质，而不是盈利。

劳伟雄（广东易创贸易有限公司总经理）：我们希望将公司整个团队形成学习型的团队，这个就是我们对团队（的）一个终极目标。

曾国彬（广东易创贸易有限公司经理）：公司会组织一些不同的培训，还有外出的一些活动，各种各类的培训，还有各种的活动，就会让大家有一种团结的精神，也都会令大家提升自我的能力，所以大家都比较喜欢。

易创公司总结表彰暨新春晚会

两年前，劳伟雄发觉中国经济的转变，于是提出了"专业的钢材服务商"口号，成为指引公司向前发展的理念。

劳伟雄（广东易创贸易有限公司总经理）：以前好多人都会这么想，我进一批货一万吨，我在低位入，它升一百元可以赚一百万，升五百元可以赚五百万，这个就是以前叫做囤货式的钢贸商的做法。但是随着现在信息的对称，可能服务才是钢贸商一个转型核心的价值所在。你要对你的客人、你的客户做好全方位的服务，让他对你有个信任，有个信赖，那么这个企业就会有它核心的价值。如果还是简简单单做低买、高卖或者囤积，这样做钢贸的生意，在我的理念里面，经历波幅行情后，可能会画一个句号。

不同年代的企业家有着不同的特点。与老一辈企业家们不同，劳伟雄这批年轻的企业家，活跃，主动接受新鲜事物，时刻都想走在时代之前。

劳伟雄（广东易创贸易有限公司总经理）：对我们年轻一辈的创业者来讲，在创新方面会比较充足一些。而且现在这个时代，信息化可能会更加快些，商业模式也好，各方面也好，都会比较快速转变。

越来越多的80后青年成为这个时代创业的主力，他们与其他时代企业家的不同之处在于他们创业的目的不纯粹是为了赚钱，而是包含了更多实现自我价值的成分。

劳伟雄（广东易创贸易有限公司总经理）：天道会酬勤，你只要做好，都会出结果。第二个词就是应该要节俭，如果你不节俭的话，财富很难会累积。第三个词我觉得就是慎重，如果你自己做好风险防范，做好慎重的抉择，这样的话会相对好一些。

"因为哭过笑过所以更清楚／那流着泪的辛苦／灌溉多少刻骨的领悟／才值得真心的祝福／那些关于美好的心愿／我全心全意为你实现／不忘初心 相知相守在身边／在一起我的世界慢慢变得温暖又新鲜……"

2013年，位于佛山一环乐从大罗路段的广东乐从钢铁世界开业。随着旧钢铁市场的整体搬迁，乐从钢铁市场揭开了发展新篇章！劳伟雄和乐从的广大钢铁经营商户，迎来了更为广阔的平台和机遇。

2014年，80后年轻人已经陆续迈入30岁，80后的创业者已渐成气候，成为中国社会的一股中坚力量，开始创造属于自己的时代。他们意气风发、年轻气盛；他们有知识，有境界，很多人是大学毕业生；他们还善于学习，不断给自己的人生注入动力……他们，是不可小觑的未来，是日渐成功的当下。年轻创业者与神奇的乐从，可以说是一种"天作之合"，在乐从，只要你有梦想、有干劲，就能找到自己的方法成功。对于劳伟雄这位80后的创业者来说，乐从正是他的福地。不忘初心，方得始终。幸福永远属于有理想、有担当的人，属于自信、乐观，敢于追求的生活强者！不安于现状的劳伟雄依旧奔忙在扩展事业的路上。年轻的劳伟雄必然在新的平台上大展宏图，一朝羽翼丰满，便如大鹏展翅，在乐从这片神奇的土地上飞得更高更远！

易创公司足球队

参加植树公益活动

2014年公司拓展活动

公司新址全体员工合影

编导手记

　　劳伟雄是我们拍摄过的企业家中，极少的会把家庭放在第一的人。他对家庭的呵护，对家庭的付出与兼顾，都是很多企业家所不能相比的。接受专访的那天，我们把地点选在了他家里。进到他家里，我们就知道，这是一个特别实在的家庭，家里没有什么多余的摆设，摆得最多的就是一家人大大小小的各种照片。

　　劳伟雄和妻子是同龄人，两人感情很好。即使没有在我们面前表现得很亲密，但是我们仍能感受到他们之间的那种互相信任。我们做专访分了两个场景，第一个采访场景在书房，刚开始，劳伟雄特别紧张，几个问题下来，衣服都汗湿了。我估摸这样下去不行，考虑着是不是应该让他太太陪在旁边。果然，他太太进来后，只是安静地坐在一边看书听歌，劳伟雄的采访一下子就很顺畅了，他的紧张感完全消除了。可见，太太在他身边足以让他安心。

　　劳伟雄是坚持学习的人，每个周末都要去大学上课，学习EMBA的各种课程。我很佩服经过努力成就了一番事业的人，但是我更佩服那些得到了一定成功后，仍然愿意去学习，去面对自己的不足的人。以前我们常听老师说，学无止境。知识的确是学不完的，但是能够像劳伟雄那样拥有坚持学习的动力和心态，那才是更难得的。

印象企业

　　2005年，佛山市顺德区易创贸易有限公司成立。
　　2008年，随着业务发展，开始开拓门市业务。
　　2010年，业务发展壮大，开始经营仓库业务。
　　2011年，评为乐从钢铁贸易协会诚信单位。
　　2012年，成为顺德电子商务协会理事单位。
　　2013年，成为乐从钢铁贸易协会理事单位。
　　2013年，更名为广东易创贸易有限公司，乔迁至广东乐从钢铁世界，努力发展为专业的钢材服务商。
　　2013年，总经理劳伟雄荣获"佛山市2013年创业先进个人"荣誉称号。
　　2014年，荣获"中国优秀金属板材供应商百强"称号。

曹峰：运的是货，靠的是心
——鸿程物流的顺德心

物流业在中国发展壮大是在改革开放之后。它是制造业风起云涌、零售业遍地开花的伴生产物。在制造业重镇顺德，物流也从改革开放之日起迅速发展起来。

曹峰和他的鸿程物流有限公司正是抓住了这个发展机遇，在顺德这片制造业蓬勃发展的热土上写下了属于自己的创业故事。

今年是东北人曹峰来到顺德的第十二个年头。每天，通过他的物流公司，都有近200吨的货物被一车一车运往浙江。而曾经，能装满一个货车就是他的努力方向。

在顺德找到家的感觉

1998年，曹峰完成大专学业，被分配在黑龙江省复合肥厂做技术员时，他对物流业基本没有概念，更没有想到自己会出来创业，毕竟，他拥有了一个让农民身份的父母为之骄傲的"铁饭碗"。

一个偶然的机会，曹峰来到广州，南国的开放让他大开眼界，他毅然决然地放弃了"身份"，为这事他没少挨父亲骂。人地两生的他找到了一家物流公司打工，只干了几个月，又辗转去了温州打工，也是物流行业。

曹峰（鸿程物流有限公司总经理）：那段时间，觉得物流行业挺抽象的，当时只想解决温饱问题，很多事情很少考虑，老板叫我们做什么，我们就去做些什么，干了三个月觉得没成绩，就跟老板说：我要换个地方。后来老板只给了五百块钱，算是路费了。

鸿程物流有限公司总经理曹峰

随着经济的发展，越来越多的企业用到物流。媒体称物流会成为"21世纪最大的行业"。懵懂入行的曹峰虽然感受到物流的远大前景，却一直在广州、温州等地兜兜转转，直到有一天，一个顺德的朋友向他发出了邀请。

那时是2002年春节期间，这位在顺德做物流的同学约他到顺德过年。

曹峰（鸿程物流有限公司总经理）：我们看广告，格兰仕、美的这些大厂都在顺德，有这么多大厂的地方，肯定货源是很足的。

2002年，再次来到一个陌生的地方，满耳是听不懂的顺德话。看着这个当时并不光鲜的南方小城，一直觉得自己在流浪的曹峰突然就有了一种难以形容的亲切感。

曹峰（鸿程物流有限公司总经理）：我都到处去过，走到哪里都觉得顺德好，就是觉得顺德人厚道，不排外，我就觉得心定在这里了。成为顺德人也比较骄傲。

后来，曹峰一直说："来到顺德以后，一种久违的感觉走进我的脑海，'安定'！这两个字对于一直漂泊的我是莫大的安慰，我喜欢顺德，这里的人，环境，饮食，这里的一切！"

曹峰（鸿程物流有限公司总经理）：语言方面也是我选择在顺德的一个原因。在温州和你说话，当地人说话用温州话，不管你听不听得明白。听不明白，自己想办法。但是在顺德，假如你听不明白，虽然他用蹩脚的普通话和你说，但我们还是能听得懂。所以这一方面，顺德比较容纳人，不排外。这一点我们是最喜欢的。为什么？我们作为外地人，身无分文的人来到这里，能有这种感觉，没有被人看扁，信心比较（受）鼓励。尊重比什么都重要！

时间验证了诚信

带着满满的信心，曹峰在容桂细滘物流市场扎下了根。初来乍到，人家尊重你是礼貌，但想要得到大家的信任，却是大大的难题。

曹峰（鸿程物流有限公司总经理）："大叔，你好！你们这里的负责人在不在？"那时拿着一个包，里面装着资料、托运单，去十家有一家能让你进去那还是碰到一个好心的，但进去后几乎都找不到负责人。你就拿出一张名片（给他们）一看，都没听说过你的公司，（他们想）是不是进来卖保险，会不会偷东西，对你防备得很紧，（我感觉）像做贼一样。那时候本来年轻气盛，那种感觉很差。我当时就想，总得有一天我把车（开）到门前，你自己把门给我打开，因为那时候你认识我了。确实是心里不舒服，但是没办法，生活就是这样。你没有资历、没有实力叫人家（怎么）去相信你？

用实力说话。曹峰向亲戚借了三万块钱，买了一辆二手货车，踏踏实实地跟朋友去厂里送货运货，先解决自己的温饱问题，同时也希望能借此多认识些客户，慢慢拓展自己的业务。他面对每个客户都耐心细致，了解每个客户的需求。

曹峰（鸿程物流有限公司总经理）：他们厂的发货是有那种地区性的标签（的），有些司机不太懂，刚刚接到生意后也很怕弄砸了。前几次我就跟着司机一起去，把司机教熟了，下次就不用去了。如果再来个司机，我还要去一次。可以说是专人跟踪，专人是谁呢？就是我自己。就这么一点点生意，我们一定要跟好。今天货到哪里啦？有的时候给司机打电话，

把司机都打烦了。在哪里？就在路上呗，等到地方自然就送过去了！因为那个时候货也少，我们相对于司机基本上是处于弱势，我觉得司机都比我牛，我都不敢惹他，别到时候把我的货拉走了。别人家装车会喊你，那时候年纪小，人又勤快，经常帮这家干点活，帮那家拉点货，人家吃宵夜也会叫上我们，就跟我们讲：这一车赚了多少钱。那时候听起来确实热血沸腾，我说原来钱这么好赚。

钱到底好不好赚，只有落到自己身上才清楚。物流这个行业除了百分百的投入，还需要经过时间来验证诚信。没有人比曹峰更能体会那种努力中等待的心情。

曹峰（鸿程物流有限公司总经理）：下雨天最害怕，又有货损又不安全。不下雨的时候就把车装好。（那时下雨就会手忙脚乱吗？）对啊。有时人手不够，就自己去盖篷布了，反正所有人都出来，文员、自己都出来，有时候做饭的也出来帮忙。

当时这里有个二层，就这么大，旁边有个小楼梯可以上去，下面办公上面住人。感慨挺多的，因为那时没有钱，再说，混得不好也没有脸回家。三天发一个车，或者两天发一个，如果赶到星期六、星期天就四天发一个车。当时每个月亏一万块左右。我不是有个货车嘛，那段时间货车拉货可以赚七八千、八九千，就把它补充一下，但总体是亏钱的。第一年下来，连做三方的，还有做（货车）出租的，亏了一千块。因为专线是我们的梦想，特别羡慕他们的名字能在上面。因为当时广告费也挺多的，自己也没有能力，我说：假如有一天我公司的名字也能出现在上面，那个时候就可以了。

追上别人的脚步

能够赚上钱，过稳定的生活，这个朴实的愿望坚定着他做专线的决心。在羡慕别人的同时，他也不断在思考：如何追上别人的脚步？

曹峰（鸿程物流有限公司总经理）：你想生存、想竞争，就得想办法。一个偶然的机会，也是听一个厂的朋友说，现在货款很难收，物流公司把客户的货款收到手里后就挪用了，再去拿货款的时候，他会给，但可能十天、一个月、两个月地往后推，厂方肯定想及时收回货款。我想这方面有得做，但是后来我想既然你不相信我，那我先把钱给你，你总相信我了吧。厂里和客户同时把压力交给我了，交压力的同时，货源也来了。

凭着这个领先同行一步的大胆做法，曹峰的生意很快有了好转，但风险也大大地增加，给了钱之后找不到客户，或者货物出现损坏需要赔付的情况也常常出现。

曹峰（鸿程物流有限公司总经理）：一个朋友给了我支票，大概有20万，给了他现金，他破产走了以后，他的支票账户里没有钱，但是我把我的支票已经给了我的供应商了，供应商拿不到钱，肯定是来找我的。20万是我整个资产的四倍。当时我估计连我那台破车，大概有5万块钱。没有钱怎么办？那就找亲戚朋友借，要不就还，要不就走人。但是我们年纪轻轻的，不能因为那十几万跑路，以后路还长着呢。我当时只想：我赶快把这事情解决了，不要在外面留下不好的名声。那别人想，你这么个小档口，你敢承担这么多东西，无形之中就给别人增加了信任。信任的价值是不可估量的。

在细节上赢人心

时间让这份信任更有重量。垫付货款的服务依然广受好评，不少曾经将曹峰拒之门外的企业如今已经成为他的伙伴。

李振波（顺德迪邦涂料实业有限公司总经理）：他做事每个细节都比较认真负责，而且我觉得比有些运输公司程序更清晰，比较完善。合作之后越做越开心，我觉得曹总从做人、做事（方面看）是一个值得认可的朋友。

局面向好，业务多了起来，但曹峰却放慢了脚步，在仓库里安装监控，为企业和员工购买各种保险。在不少同行还在手写单的时候，他就安装了物流软件系统。

曹峰（鸿程物流有限公司总经理）：别人说我是傻瓜。当时就是一个打印机都调试不好，别人家写完单后，车都走了，宵夜回来我还在弄这个。但是我现在叫他查五年前的东西，他查不到，我一下子就可以查到。都在进步，第一步是很难的。

北方人常常给人粗犷的感觉，物流业更是常常和汗水打交道。但曹峰这个北方汉子在十几年的打拼中却越来越注重细节。看上去他总是在做多此一举的事情，但事实上别人没想到的细节，就是他想要树立的规则。

曹峰（鸿程物流有限公司总经理）：因为说实话，我们是后来者，我们想去做事情，可能在这不断的过程中也会超越很多人。但是以后呢，别人也会超越你。我们行业的规则比较松散，很多规则国家只有个大方向，每一家都有自己的东西，就是说没有明确的规则。很多人加油也要跟着去，然后把油箱盖锁着。因为我们，说实话，做这个行业，我觉得人性化还好一点。我可以锁，他们也没什么异议。但是我也打过工，我也做过司机，就包括当时我被人看不起一样，锁的话会把人心锁住。你要是想偷油的话，我锁油箱盖也没用，对吧？要是不想偷的话，把盖子打开也可以。

胡威（鸿程物流有限公司员工）：曹总这个人很注重感情，他说每周你们可以轮着休息。这个在物流行业可以说是一个突破，以前是没有休息的，基本上每一天都是按班到点。

近几年，因为业务的发展，曹峰将公司搬到了和容桂一桥之隔的中山。不少搬过来的同行都在中山置办了房产，但曹峰毫不心动。一直以来，顺德给他的归属感从没减弱。这里见证了他最初的彷徨和奋斗，也见证了他事业的腾飞。一个注重感情的北方人，在南方一样得到了热烈的支持。对他来说，这份信任是无比宝贵的财富。

曹峰（鸿程物流有限公司总经理）：因为来的时候，很多人帮过我，现在很多时候我

也会帮助别人。现在就资助了一家汽车美容店,这个就是他们的,没有人知道我是老板,他们做得也很开心。先让他们把温饱、孩子上学问题解决。怎么说呢?这个行业也是一个靠时间的行业,第一也要耐得住寂寞,第二对诚信也是一个考验,确实没有捷径。什么事都有自然规律,走捷径也要付出代价的,一定要踏踏实实。

近几年,随着电子商务的狂飙突进,物流业的发展进入到一个爆发期。

经过十年创业的磨砺,曹峰觉得自己这把剑已经有几分锋利,可以模仿他最喜爱的人物李云龙说一番豪气干云的话,做一个物流业的上山猛虎、入海蛟龙。他信那句话:狭路相逢勇者胜!

这份自信和拼搏精神,正是顺商精神的一个代表。顺德给了创业者一个极好的平台,而从全国各地涌过来的各式人才,也汇聚起了一股让人惊叹的顺商力量。顺德和创业者,正是互相成就的绝佳之合。

编导手记

正如曹总自己所言,他是一个非常重感情的人。在拍摄过程中,他常常提到他的朋友们,也常有朋友过来为他捧场,甚至客串一把嘉宾,足见他的好人缘。

他从来不避讳自己在创业过程中的经历,失败也好,被人看不起也好,都特别坦然,就算请他模拟一些当年的窘况,他也毫不扭捏,并且能让周围的人都配合。

"君子坦荡荡",没有高起点,从低做起更见真章。他说在创业的阶段过年都没回家,因为路费花钱,于是白天工作晚上窝在小房间里,因为经历所以懂得照顾别人的感受,所以在生活稳定后马上就将父母接到顺德同住;为员工提供安定的住宿和较高的工资。他善于学习,在货运的路上车总有超载,但他从不冒险,甚至从别人那里学习经验加以改进,运用小秤严格控制每一车的重量,既不超载又能合理规划货物的摆放。他说,罚款的钱省下来给员工多发点工资不好吗?

北方人的爽快和南方人的细腻很自然地在他身上体现。

采访的过程非常愉快,曹总主动说要给我们推荐顺商,不只是给一个电话,而是亲自带我们去到企业家的公司面谈,还会帮我们解释一下需要怎么配合,然后再去忙自己的事,这种诚意和实在足以打动每一个人。

2002年2月,曹峰从温州来顺德做物流中介。
2004年,成立鸿程物流有限公司,专门经营浙江专线。
2004~2008年,做顺德细滘物流市场。
2008年至今,专注中山市天润物流市场。

06
做行业的领跑者

拼搏篇

左伯良：椅业世家，椅统天下
——虹桥家具领跑全球五金转椅

虹桥只做椅，就像浙江有的企业只做钳子一样。这个年轻的椅业霸主始创于1999年，在顺德众多业内前辈的眼里，它可是晚辈了，还只有15岁。但如今，在顺德，在中国，在海外，说到做椅，无人不知虹桥，它已成为广东最大的金属椅出口企业之一。

佛山市虹桥家具有限公司总经理左伯良最初从做装修工做起，后来转做椅子，凭着一张办公椅走天下。作为中国知名的办公家具品牌，虹桥一直高度重视产品的质量与产品的国际认证。在虹桥的展厅里，有超过1000款不同材料、不同设计、不同风格的各款座椅。从只是"两个老板三个工人"的小企业，直到今日营业面积20多万平方米，拥有1300多名员工的大企业，左伯良创业成功的秘诀是什么呢？

设计，椅子的生命力

虹桥家具开始的时候只是做些休闲椅，那时还没确定方向和目标做些什么产品，直到2001年，才定位在办公家具里。中国加入WTO之时，正是虹桥入道的机遇。当时左伯杨、左伯良兄弟客观地分析了企业与市场的机会，定位在办公家具的金属办公椅市场，并以出口为突破口，迅速扩大企业的规模，提高生产能力与品质水平。

左伯良（佛山市虹桥家具有限公司总经理）：这种椅子有什么特点呢？就是客人回去一粒螺丝都不用装，一拉起来立即可以用。可以这样说，凭眼光做这种（椅子）的开发，两年多的时间，全部检测才都过了。

从左伯良为他人介绍椅子的过程中，我们发现，对于公司生产的每一把椅子，不论是投入的成本，还是安装的细节，他都非常熟悉。

左伯良（佛山市虹桥家具有限公司总经理）我除了业务不负责以外，其他东西我都负责。

和顺德大多数的企业家一样，左伯良是一个奋战在第一线的老板。但是他没有事必躬亲，而是发挥着把关的作用。

左伯良（佛山市虹桥家具有限公司总经理）：每个部门都有每个部门的负责人。但是我重点花最多时间的是在公司的一个设备方面。这方面我觉得先进的设备就是先进的武器。如果人家已经用核武，你还是拿枪就不够别人打，所以我们自己就研发，研发设备，很多年前就部署这样东西。

SGS与虹桥家具结成战略合作伙伴

设备先行解决了技术的问题。产品的设计，成了接下来核心的环节。

左伯良（佛山市虹桥家具有限公司总经理）：产品设计也是我主导抓的一样东西。因为整个公司，我觉得产品设计的方向和定位对公司的发展是非常大的一个关系，所以这个是两个重点；第三个重点就是一些供应链，整条供应链，就是公司发展能不能够稳定，质量能不能够稳定，其实很大的影响都是在供应链那里。

一把小小的椅子，原来包含着这么多的元素。从生产的设备，到设计的款式，再到原材料的供应，每一个环节都决定着这把椅子的生命力到底有多长。

左伯良（佛山市虹桥家具有限公司总经理）：里面的产品全部都超过10年的。那种从开厂到现在有十四五年了；这一款很经典，而且这些款式都是我们厂原创的产品，十几年前算是比较好的产品；这个款式我记得有一两位客人一订就是几千张几千张那样订。

不说我们还真不知道，平时在各种公众场所，例如医院、银行等地方的椅子，很多都有可能是左伯良的团队设计出来的，而且这都是他们在十几年前就设计出来的专利产品。

左伯良（佛山市虹桥家具有限公司总经理）：我们是1999年开始开厂，1999年的时候是叫"金星"的，那时候都没有什么品牌意识，没有注册，后期想要注册的时候，市场

已经有同类的（品牌）注册了。后来我们就注册了"虹桥"这个品牌。（第一个厂是）300多平方米的厂，设备都是买二手的，不说多，钱肯定是算少的。

第一批订单遭遇损失

正所谓万事开头难，企业的发展也是如此。左伯良就清楚地记得自己做的第一批订单。

左伯良（佛山市虹桥家具有限公司总经理）：很记得，因为是第一批大的订单。其实第一批比起现在完全不算大。当时拿着几万做五六万的订单，已经算大，而且那批订单还是做失败的，所以是非常记得。初期是客户的需求和我们自己的了解可能是（不同）。有一半是客户问题，有一半是我们自己的问题，自己没有搞清楚就去做，后来要重新做过给他（客户）。

第一批订单就返工重做。这让当时刚刚开始创业的左伯良损失很大。虽然有损失，但是左伯良更加庆幸自己能够在年轻的时候得到这样的经验教训。因为这样的失败才能帮助他在以后得到成功。

左伯良（佛山市虹桥家具有限公司总经理）：更坚定了客户对我们的信心，就算大部分的责任应该是客户的需求没有说清楚，但我们都将这部分的责任自己承担。我觉得信用方面给客户，有一个很好的印象。

虹桥产品

虹桥的展厅里面，每天都会迎来外国客人。为什么客人们更愿意选择虹桥的家具？其实除了他们的专业水平之外，虹桥还很细心地把自己的服务做到了装修设计的环节，这和左伯良之前曾经做过的装修工作有密切的关系。

左伯良（佛山市虹桥家具有限公司总经理）：现在一般采购者是装修好了才去选家具。其实我们做过装修，还做过家具，综合了两方面，我觉得应该是先去选了家具的风格，甚至是日后比方床有多大，或者是办公桌有多大，都应该先选好。甚至连尺寸都有一个记录，那装修了以后，放家具进去，就真的可以把装修跟家具融为一体。很多时候（遇到的）问题是什么？当装修好了以后，再买一套沙发或者茶几放进去，那些插座位可能就被沙发遮住了，或者被办公桌遮住了，是用不了的。

尊重人才，善待员工

让顾客先选好家具再装修，就不会造成后顾之忧。左伯良这个细心的服务，让他赢得了非常大的市场。公司的发展需要大量的人才，如何做才能成功留住员工？

左伯良（佛山市虹桥家具有限公司总经理）：希望能够解决他们的后顾之忧，他们（的家人）也都过来这里发展、落根。

左伯良生性淡泊，生活也非常的简单。别说喝酒，就连茶、咖啡他都不沾。公司员工近千人，左伯良不能和他们把酒言欢，他做得最多的，就是和员工一起打乒乓球。说到对员工的关心，左伯良的做法让我们想不佩服都难。

左伯良（佛山市虹桥家具有限公司总经理）：我们现在计划是在施工的，准备建造的有900套房，每个员工一间。有厅有厨房有独立洗手间，是希望在这方面留住人才。

留住人才是每一个企业都想要做好的一件事情。方式有很多，不过左伯良的出发点让不少员工都很触动。

左伯良（佛山市虹桥家具有限公司总经理）：为什么说一个员工可以领一间（宿舍）？因为我们希望他们能够一家人过来，解决他们对小孩，还有对留宿老人的问题。他们回到老家，在家乡一段时间，未必能够习惯，想回来住。希望会打造到这种感觉出来，有一个家的文化，觉得这边才是家。

成功留住人才就等于成功留住了发展的潜力。这几年，各行各业都感受到了经济调整带来的影响，左伯良也不例外。但是今年，他却投入一个多亿，盖起了新厂房和宿舍楼。

左伯良（佛山市虹桥家具有限公司总经理）：我们自己都觉得很乐观，觉得市场是短暂性（调整）。一年两年时间，中国发展了十几年，指标是一直往上走的，我们觉得总有调整的时间的。

一个品牌,受用一生

左伯良现在的从容自信,其实来之不易。几年前,他还是专注生产椅子,当他敏锐地发现市场出现了变化的端倪时,各行各业的发展已越来越透明化。如果只生产椅子,以后的发展会不会越来越慢?他开始考虑自己是否要作出改变,是坚持只做一把办公椅,还是另谋出路?

虹桥——广东省名牌产品　　广东省著名商标证书

左伯良(佛山市虹桥家具有限公司总经理):其实,我们发觉,整个办公室里面,原来椅只是占了十分之一。那我们应该可以往这个方向去发展。所以从2008年开始,我们就一个个车间去建立。到了2012年,我们已经可以做到整体的(办公家具)解决方案,一站式的采购,同一家厂里面可以全部买到。

既然开始做全套的办公家具,那就要让客户能够充分体会到他们的优势。这个时候,左伯良又快人一步地想到了办法。

左伯良(佛山市虹桥家具有限公司总经理):我们开发了这种软件,换一张桌子以后,可以选不同的颜色。现在大家可以看到桌子是变了颜色的。除了桌子以外,沙发、椅子颜色都可以换,是很多配搭的。所有软件里面有的东西,都是我们现成有的家具。

那现在市场有些什么问题?就是说一般的设计师,基本上设计公司帮你设计的时候,其实是设计装修的时候,是顺便在网上下载一些他觉得好看的家具组合在一起,甚至有很多是他们自己渲染出来的,在市场上根本是找不到的。

这个花费上百万设计出来的软件,使左伯良的企业的服务成功从一张办公椅提升到了一间办公室。大家都以为这个时候左伯良会暂时停下脚步,没想到,2014年他不但准备推出新的系列,还准备打进电商市场。

左伯良(佛山市虹桥家具有限公司总经理):2013年的时候,其实是在2012年的时候开始筹备,就是做儿童的学习台。办公椅走入每个家庭,家庭的办公都是一个很大的市场。我们也希望小朋友们从小接触我们这个品牌,到他们出来工作还会认定"虹桥"这个品牌。易事麦这个电商家具平台到底有什么优势?现在电商欠缺几样东西,因为家具始终包括颜色、坐感,各方面都是要摸、看、试一下才可以。

让客户从小就对一个品牌产生感情,这可能是一种超前的想法。一个品牌能够贯穿客户一生的需求,如果这都不算成功,那我们不知道应该用哪个词来形容左伯良的成绩。

左伯良（佛山市虹桥家具有限公司总经理）：企业做到现在，只能说是有一点成绩。人家经常说我是企业家，我就说我们还没到"家"那种。反正觉得还有很大的发展空间。

都说顺德人可怕，但是我们更愿意说，顺德人可爱。因为他们懂得忆苦思甜。

左伯良（佛山市虹桥家具有限公司总经理）：其实在我们的年代，在我们村子里，大部分人都是这样的。就算是到了我们读初中的时候也好，家庭环境都不是很好。可以说我们吃得最多的就是大头菜，因为容易下饭。吃得多，说到肉食就比较少，真的是肉薄得苍蝇都能叼起肉。尤其是我们这代人，经历过真正的穷，所以更加珍惜现在。

虹桥的很多做法都引导了椅业的发展。因为他们专注于产品的质量，专注于可以为消费者带来价值。不论在产品的安全性、舒适性，还是在性价比、人性化方面，虹桥都充当了全球五金转椅领跑者的角色。"椅业世家，椅统天下"不是梦，时至今日，虹桥正逆风飞扬地扩建新厂，斥巨资引入现代化生产线，更引入目前还在汽车等高科技行业里应用的机械手、机械人设备，用到金属椅的生产流水线上，为虹桥产品实现高品质、难追赶的更高价值。

编导手记

左伯良愿意接受栏目组的邀请，进行《顺商传奇》的拍摄，非常的不容易。一来是企业的对外宣传等事情，都是他哥哥在做，他一般都是只埋头苦干，极少对外。二来是他性格低调，不喜应酬，能避免的他就避免。这次的拍摄，龙江青年企业家协会出了很大的力，让我们不胜感激。

节目正式拍摄那天，正好赶上左伯良感冒了。看着他连打喷嚏的样子，我们都不忍心让他太疲劳。可是他说："既然跟你们定好了时间，改来改去的，也很影响你们栏目组的工作。我就多喝点热水，你们也多包涵一下，表现不好，多谅解。"他这样敬业，我们很佩服。但是由于企业正好在搬迁厂房，所以很多场景后来都无法进行拍摄，非常可惜。

左伯良是一个特别简单的人，生活可以说是单一，没有什么特殊的爱好。为了企业发展，自己多年都没有办法出去好好放松一下。在他看来，自己还没有成为真正的企业家，真正的企业家应该是自己可以放心地出去旅游几个月，而公司可以完全正常地运转。他的公司不能做到这样，所以自己还不算一个企业家。

我们的摄像师傅看到他喝水的杯子是一个大玻璃杯时，突然冒出一句话："左总，你知道你用的杯子就能体现出你的性格吗？"左总一愣，微笑回答道："这你看出来了，真的是这样的。"一个透明的玻璃杯，天天只喝白开水，这就是左伯良。

印象企业

　　1999年，金星家具厂（虹桥前身）在龙江东海成立，同年更名为虹桥家具有限公司。

　　2001年，虹桥引进弯管机等全套意大利生产设备，也从此由原始的手工操作步入模具化的机械时代。

　　2002年，通过ISO9001国际质量体系认证。

　　2003年，虹桥扩建厂房，总占地面积达到50000平方米，同时耗资400多万元引进国外先进的产品检测仪器。

　　2006年，成立"虹桥爱心基金会"。

　　2008年1月，中国国际品牌协会、中国时尚品牌协会、新浪家居主办的"中国十大办公家具""2007中国家具行业年度总评榜"，授予虹桥"中国十大最具成长性品牌"称号；同年5月，虹桥家具董事长左伯杨、总经理左伯良双双荣任佛山市家具行业协会荣誉会长。

　　2009年1月8日，虹桥迎来辉煌的十周年厂庆。同年"第二届中国家具行业年度总评榜"授予虹桥"2008中国十大办公家具品牌"和"2008中国家具十大畅销品牌"称号。

　　2010年6月28日，经国家标准化管理委员会通过获国际标准产品标志证书。

　　2011年6月27日，经中环联合（北京）认证中心通过获"中国环境标志产品论证书"。

　　2012年12月，获得由广东省名牌产品评价中心评选的"广东省名牌产品"称号。

　　2014年，推出"俊美"儿童学习配套家具系列。同年获得由广东省著名商标评审委员会评审的"广东省著名商标"称号。

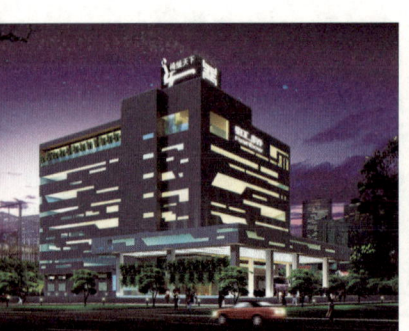
虹桥家具总部大楼

虹桥家具展厅

检测中心

黎镜波：内向的"外交家"
——日美光电的"总部时代"

2009年，黎镜波力主建设的怡和大楼在北滘新城区奠基，并已投入使用，开启了顺德中小企业的"总部时代"。黎镜波驰骋商场多年，性格却与别人大不同，他说自己比较刻意地在改变自身的性格。因为外国客户越来越多，语言不通成了事业发展的障碍，将近不惑之年时，他甚至还因为要充实与提升自我从头学起了英语。黎镜波的人生因学习而变得丰富多彩，他的事业也因不断学习走向成功。学习，在黎镜波的人生词典上是个关键词。

一直在学习的路上

1987年，黎镜波参加高考，成绩并不理想。刚刚走出校园的他站在人生十字路口，那时，他选择了继续"充电"学习，报读了广东广播电视大学。平日里，学校采用电视教学授课的方式，周六、周日则需要到大良钟楼公园人民礼堂上面授课。

黎镜波最初的想法是半工半读，当时改革开放的浪潮正在席卷珠三角，乡镇工业红红火火，黎镜波很快就进入工厂上班，上了两天班后考虑到要更好地学习与发展，他辞职下海，

就此踏上了自主创业的征程。多年来,黎镜波一直专注于卖场POP展示用品的创新与研发制作,营销网络代理遍布全球。

读千卷书,行万里路,这是中国人追求的品格修养境界。黎镜波对此的理解是,"视野的宽广决定思维的宽广,思维的宽广决定行动的宽广"。由于营销项目遍布全球,他的客户越来越多,语言不通成了事业发展的障碍,为了事业更好地发展,他选择了重新学习英语。

在黎镜波的日美办公室,他用流利的英语与美国职业篮球明星文斯·卡特对话。

黎镜波(广东日美光电科技有限公司董事长):这个日美办公室就是我自己公司的办公室。

卡特(美国职业篮球明星):这是你的办公室?

黎镜波(广东日美光电科技有限公司董事长):是的,是的。

看到黎镜波的英语表达这么流利,很多人都以为他是篮球明星的翻译,其实黎镜波是这次卡特中国行的活动主办方负责人,而他主要的事业则与大家的生活息息相关:制作产品的展示架。在当今的市场中,产品展示架的需求非常大,但是其实在黎镜波创业的时候,他并没有想过要做到今天的规模。

黎镜波(广东日美光电科技有限公司董事长):在1987年开始做这间(家)公司,当时没想太多远大的理想,只是为了生活,因为刚刚读完高中,我又想读大专,我考上了电大,电大上课是在晚上和周六、日,当时我去美的上了两天班,觉得它不能让我请假去读书,那我就没有去工厂工作,自己开始想办法找点事做。

不经意的创业

为了挣学费,黎镜波开始创业,这份事业的开端与他善于观察生活的性格有着密切的关系。读中学时候,黎镜波常常跑到广州摩托车零配件批发市场,帮助从事摩托车修理的哥哥采购零配件。创业伊始,黎镜波自然选择了涉足摩托车行业,主要销售摩托车头盔的挡风板和坐垫皮革套。他出众的销售能力也开始体现出来,甚至开始兼顾销售一些小作坊生产的产品。在销售的同时,他也开始思考如何把销售产品变成自创产品。

产品货架　　　　幻影系统　　　　灯箱　　　　电子媒体广告机

拼搏篇

黎镜波受美国商务部副部长颁发的促进中美贸易关系大奖

万达文华芝加哥大楼

美国商务部副部长 Francisco.J.Sanchez 参观日美

怡和中心开幕

黎镜波（广东日美光电科技有限公司董事长）：摩托车的头盔有块挡风板，在冬天和春天其实很有作用，有了它就不会很冷，而且雨不会打到脸上，但是这块挡风板很容易因为头盔掉在地上而摔裂摔烂。我觉得它很贵，在批发市场上被卖到十几元一张，我和我哥哥商量过，他觉得是要尝试去找一个工厂去生产这一样东西，然后拿到批发市场上卖。那我们就开始了这个生意。

从这块小小的挡风板开始，黎镜波创业至今已经27年了。这是一个驰骋商场多年的非常放得开的企业家，但在面对媒体的时候黎镜波却是个非常安静的人。

黎镜波（广东日美光电科技有限公司董事长）：还是内向了点，我会比较刻意地去改变自己的性格。

内向、完全不喝酒，这一度让黎镜波的生意很难开展，他不断尝试改变，慢慢收获，随着生意客户增多，黎镜波的生意做到了国外，可是黎镜波的零英语基础却成了他拓展事业的障碍。

黎镜波（广东日美光电科技有限公司董事长）：我的英文是比较差的，我记得一个比较痛苦的记忆，就是我初三考高一的时候，差一分才能进到一中，但是我那一年考英语只考了19分，在9月1日开学的时候，被校长点名批评，当时觉得很没面子。

成功迈过英语门槛

2005年，已近不惑之年的黎镜波决定开始重新学习英语。大多数人学英语开始的时候满腔热情，但往往很难坚持，导致半途而废。黎镜波也深谙这一点，他专门飞往美国报读了一个语言学校。因为是商务签证，不能整天上学，黎镜波就选择早上去语言学校学习，下午再找补习老师补习。学习所在的城市没有一个中国人，这也是黎镜波有意为之，这样平时生活、购物都需要英语。在那一个月内，黎镜波没有说过一句中文。

黎镜波（广东日美光电科技有限公司董事长）：在学习英文方面，我和大部分人一样，参加英文的培训班学习，但最终也没有学有所成。直到2005年那一年，觉得没办法了，一

定要到外国去学，于是，我去美国出差时，顺便在那边留了一个月去学英语。我在一个月里面，没有说过中文，突破了其中一个障碍，就是开口去讲英语。

"人的能力都是无限的，借口都是自己给的。"黎镜波总结说道。回国后，他继续自学。这个当年中考英语仅19分的企业老板，如今已能讲一口流利的英文。突破了英语的难关后，黎镜波的发展之路豁然开朗，这段大约十年前的经历所带来的影响，直到今天都仍在延续。

黎镜波（广东日美光电科技有限公司董事长）：一个人在某一方面突破了一个障碍，可以将这一种模式放在其他事情上面，遇到其他困难的时候，觉得只要去做，就一定会有进步，这是其中一个。第二个就是学了英文以后，多认识了朋友，这些朋友包括外国的朋友，很多是有层次有内涵的人，能令到自己的视野开拓，社交的圈子也随之开阔。而且这些收获不仅让生意得到拓展，其他方面的素质都可以在他们身上学到很多。

开启"总部时代"

事业更上一层楼，又拥有了各种国际资源，黎镜波的社会责任似乎一夜之间重了起来，作为地地道道的北滘人，应该如何回馈家乡、回馈社会成了黎镜波最苦恼的问题。与美的总部大楼只有一街之隔的怡和中心，就是黎镜波这几年来完成的最大项目，其实早在十几年前，黎镜波就在北滘碧江买下了土地，建设了建筑面积达到两万多平方米的工厂，工厂不但设有办公楼、宿舍楼，还有各种生产车间位置，又紧邻现在的城轨站。既然已经在黄金地段拥有了这么好的工厂，为什么又兴建了这个怡和中心？这让不少人百思不得其解。

黎镜波（广东日美光电科技有限公司董事长）：顺德北滘是一个比较难请人的地方，在广州等其他地方一说是去顺德工作，那些人就不愿意来了。我们的（镇）领导说，如果你的办公环境能够从工厂里面搬出来，就好像（搬到）北滘新城，和美的一起建个总部大楼，有一个很国际化的办公环境，那你去哪里招人来都会变容易了，于是当时就有了这一个最初的想法。

不断的"充电"学习和长期的国际考察，让黎镜波敏锐地把握到产业发展的新趋势。藏身村级的工业区企业越来越难吸引和留住优秀的营销、管理人员。而分离之后，企业需要更高端的办公和生活配套环境。创造更好的办公环境，不但可以帮助企业吸引人才，还可以为家乡北滘带来更多的商机。

建设总部大楼的想法，让黎镜波很感兴趣，但是在商界打拼了快30年，理智还是要胜于情感，自己的企业能够支撑起这样的一个项目吗？毕竟中国只有一个美的，他能走上和美的相似的道路吗？这让黎镜波进退两难。

黎镜波（广东日美光电科技有限公司董事长）：我最记得我们的书记对我们说，一个企业家要有三个人生的目标：第一个要有幸福和谐的家庭，然后要做一家上市的企业，再建一栋属于自己的总部大楼。这就是说，有了这样一个方向。

这一番话让黎镜波下定了决心，怡和中心项目投入建成之后，成了和美的总部毗邻的标志性建筑。

黎镜波（广东日美光电科技有限公司董事长）：建了这栋楼，自己可以用一部分，同时也可以为北滘、为顺德提供一个很国际化的办公环境，不仅是为自己而且为这个地方能够去凝聚更多的人才，将人才聚在一起，资金流、信息流等各种元素聚集在一起。

排忧解难的"外交家"

如果说建设怡和中心是黎镜波对家乡的回馈，那么他对圆方社企的支持，则体现出了他对整个顺德企业的默默支持，以圆方社企为纽带，顺德政企与美国商团的联系日益频繁，如黎镜波协助顺德政府成功引入华南美国商会进驻顺德；美国商务部副部长 Francisco. J.Sanchez 受黎镜波邀请三度来访顺德；经黎镜波介绍，万达集团在美国芝加哥投资 9 亿美元与芝加哥麦哲伦开发公司(Magellan Development Group)合作建设万达全球旗舰酒店——万达文华芝加哥大楼 (The Wanda Vista) 等等。

黎镜波（广东日美光电科技有限公司董事长）：其实顺德的国际化很好，因为我们有几百亿的国际销售，而且是美金，但是现在的交流是我们一个品牌对采购商很单一的沟通，其实如果（有）更多的国际资源融合，对顺德的整体国际化来说，是很有帮助的。圆方是一个非谋利的社会企业，它的使命是推动顺德这个地区的国际化，去做一些有帮助的事情，我们希望顺德的企业在国际化的进程里面，首先会想到圆方能够帮到他们。

黎镜波虽然内向，但是现在在顺德居住的外国人很多都认识他，他俨然一个外交家。其实，一是因为他帮助了很多企业处理国际事务，二是因为他很关心外国人在顺德的生活。顺德没有英文电视节目，也没有英文报纸，很多外国人的生活其实很单调，黎镜波让圆方社企每个月都为这些生活在异乡的人创造相聚的机会。

家人的骄傲之源

都说夫妻是互补的，黎镜波和太太就是这样，他安静低调，太太活泼外向。提到对丈夫的看法，胡小萍虽然有点小意见，但是更多的是为丈夫的成就与贡献而自豪。

胡小萍（黎镜波太太）：从是否好老板的角度来看，我觉得他已经做得很好了，因为他很尽力去做；从是否好丈夫来说，也不错了，反正我要求不是很高；从好爸爸这个角度来看，我最期待的就是他能多陪孩子，因为小朋友在成长的过程中，需要父母更多时间一起陪伴，所以，我对他的意见最主要是比较少和儿子说话。

虽然太太对他有些意见，但是当我们提起太太时，黎镜波露出了少有的笑容。

黎镜波（广东日美光电科技有限公司董事长）：我的太太也是和我一起工作，可能她

做的事比我还多，她管理的思维更清晰，太太是老板，孩子就住在老师家，所以老师教他学习上的事多一些，我和他妈妈就是教他做人的道理多一点。

胡小萍（黎镜波太太）：我对他其实挺满意了，我们今年结婚已经20周年了，形式的东西我不追求，我追求一些比较实在的东西，例如节假日一家人能够一起出去走走活动一下，旅行一下，我已经很满足了。

企业经营并不容易，"充电"和学习成为企业家不断提升掌舵和运营能力最重要的方式。黎镜波显然明白这样朴素的道理，才会在创业道路上一路与学习相伴。正是黎镜波的勤奋好学，为日美今后走向国际化奠定了良好的开端。黎镜波说过："成功应该是没有秘诀的，其实每一个人都可以成功，关键是你想不想上进和能否坚持下去。任何一个人都可以成功，但是任何一个人想要成功，都必须付出相应的努力。只要做了足够的努力，时间足够长的话一定会成功。"

编导手记

"我是一个内向的人，你们这样两个人过来，对着我一直问问题，我心里其实不舒服。"这是黎镜波在我们初次拜访他时说过的话。他的经历很有意思，我们很幸运地拍摄到了他很多活动场景，画面是很丰富的。但是我们在进行画面剪辑和文稿撰写的时候，遇到了不小的困难。黎镜波的性格是内向的，但是他刻意地让自己做很多事情，希望改变自己的性格。这种有意识地自我改变是很不容易的，可是我们要想通过电视画面体现出他的这个性格特点，表现出他的气质，难度其实不小。

后来，我们在镜头的运用上，有意识地选择对比式的编排画面。例如，在打高尔夫球上，他的细节动作有别于篮球明星的大大咧咧。篮球活动上，他的安静与环境的嘈杂交叉出现。即使是别人都很兴奋地打咏春拳的场景，他也是带着淡淡的微笑，默默地看着。这样的剪辑后，我们才觉得把他的气质表现出来了。

几天的拍摄，黎镜波主动和我们搭话的情况很少，有事情也是小声地慢慢讲。整个采访过程，只有说到他太太，他才会不断地露出笑容，这种笑容有时候甚至是略带害羞的。都说再厉害的强者，内心总有一片柔软的地方，也许黎镜波的这块地方就是属于他妻子的。真心地祝福这对夫妻，未来更加幸福。

 印象企业

1987年，公司成立。
1996年，成立广州分公司。
1999年，成立上海分公司。
2000年，获得 ISO 认证。
2000年，成立北京分公司。
2004年，公司产品获得国际 UL 认证。
2006年，公司被评为"中国专利十佳企业"。
2007年，正式成立日美科技传媒股份有限公司。
2008年，通过评审，成为国家级"高新技术企业"。
2009年，被评为"青年就业创业见习基地"。
2009年，日美总部大楼奠基。
2010年，公司评为"名牌产品企业"。
2011年，再次通过国家级"高新技术企业认定"。
2012年，公司总部大楼落成，喜封金顶。
2013年4月，建成日美总部大楼怡和中心，并正式投入使用。
2014年，公司获得广东省"著名商标"称号。
2014年，公司产品被认定为"广东省高新技术产品"。
2014年，通过国家级"高新技术企业认定"复审。

怡和中心大楼

怡和中心室内图

卢焯权：小人类的大世界
——穗花成就梦想

草地上，一位气质儒雅、不温不火的顺德男子，正在一位颇有仙风道骨的太极师傅指导下打太极拳。他一边演练，一边揣摩师傅的讲解："这是最基本的站桩，这个动作是调节呼吸，调节各个关节，疏通各个经络，血液循环，动作做好了，自然会找到意念，要找到虚实的感觉……"这个顺德男子就是闻名遐迩的顺德濠绅集团年轻的CEO卢焯权。只要有时间，卢焯权就会远离嘈杂，选择安静的地方边打太极，边领悟太极文化的阴阳平衡的内涵。他相信静能生慧，太极文化博大的内涵，足以运用到企业管理和生活当中。

濠绅集团旗下公司——广东穗花玩具有限公司已有近三十年的传奇历史，作为当地同行数一数二的优秀民营企业，作为珍贵的驰名品牌，穗花的发展命运一直牵引着政府领导和媒介的关注，也牵动着所有濠绅人的心。卢焯权2010年开始正式接手公司管理，独立掌舵。这种中国式的子承父业，也是顺德在近十年的时间里企业家交班潮的一个缩影。

发掘自身无形价值

卢焯权接手穗花后即意识到，老企业发展了近三十年，积淀了许多经验，却也积累了太多陈旧保守的固有模式，如果不转型，这将是今后发展的最大束缚。相比与父代的低调，接班人卢焯权更愿意走向品牌包装之路，走向公共舞台，宣传企业的品牌战略，寻求共赢。

卢焯权（广东穗花玩具有限公司董事长）：最近遇到李连杰，邀请我们关于太极方面（合作），太极就是人生，太极包含很多我们人生方面的哲理，所以我觉得这个是比较有意义的需要推广的活动，也和我自己的价值观、我的意愿比较接近。

参加全球CEO发展大会、绿公司——也就是中国企业家年会，这些年卢焯权经常奔走于北上广去寻求和顶尖级企业家的思想碰撞。他每年投入学习的费用都上百万，每次回来，卢焯权都会及时把心得分享给合作伙伴。

卢焯权（广东穗花玩具有限公司董事长）：（跟）马云、柳传志、王石他们分享我们的（近）三十年，

卢焯权荣获亚太国际世纪企业家精英奖

卢焊权应邀至中国绿公司年会交流中国文化,与国际影视巨星、武术家、企业家、壹基金创始人、太极禅公司创始人李连杰先生合影留念

讲给他们听(近)三十年是怎么经历过来的,(近)三十年面对任何的困难。我发现了一件事,就是他们共同的东西是什么?他们成功不是真正他们个人的成功,是背后他们有一班兄弟,背后有一个很强大的团队在支撑他,才成就他们有今天的成功。

企业很多都比较重视有形方面的东西,对于无形的资本和无形的价值就忽略了。有形就是专门关注这方面东西。就用这个杯子打比喻,一个普通的杯子,可能就十几二十元,但是不同的人用过,或者习近平主席用过的杯子可能价格就不止十几二十块钱了,它变成了无形的价值,是不断增加的。所以说有形是有限的,无形等于是无限的。

自觉利用团队,善于借力团队,包括中国式的"家族团队",这自然是卢焊权的高明之处。但他的过人之处还在于,他又能不为团队而团队,比如家族团队,兄弟姐妹的联合,甚至子承父业,卢焊权都有自己独到的理解和取舍。"发掘自身无形的价值",这是卢焊权常常和朋友分享的话题。早年前从父辈手中接手这家玩具企业,卢焊权就和姐姐、姐夫合力经营,后来因观念上的差异,转变为互补发展。

卢焊权(广东穗花玩具有限公司董事长):他们的观念,现在市场难做。他们比较保守一点,怎样去开源节流,或者减人或者是注重日常的费用开支,但是我的思维是不断地去创新,去突破,去超越自己。我们考虑的是,大家经常为这些事吵,不如大家分开各自发展,都是一件好事。

"富二代"独立撑起"小人类"

1987年,卢焊权的父亲就开办了现在的穗花玩具厂。1993年,卢焊权放弃了高一学业到父亲的企业打工。他不仅能吃苦,渐渐地还展露出了非凡的商业头脑和眼光。2001年,当时20岁出头的卢焊权就做了一个在父亲看来十分冒险的决定,开始凸显其"自身的价值",即一个现代企业人的魄力。

　　卢焯权（广东穗花玩具有限公司董事长）：我到公司里，只是由基层开始做起，好像打包、搬运、杂工，甚至是做司机，那时慢慢由基层开始做起来。那一年，中国开始准备加入WTO的时候，我就开始慢慢对出口市场去认识去了解。我当时在想，我们内销继续做，但如果是想发展，增加更大的销售额，只有靠走出口的市场来发展。一开始做的时候我爸爸都有反对，他也比较担心，因为那个年代比较多的皮包公司，很多诈骗公司。我慢慢一边做，一边让他感受到其实做出口市场不是没得做，或者不是所有人都不诚信、做诈骗。后来做开了之后，我们就往出口市场不断增加销售额。

　　卢焯权土生土长于顺德勒流的富裕村，所谓树高千丈也忘不了根，对父辈的理解和感念，对亲情的珍视，对乡里乡亲的热情与关照，充分体现出年轻的卢焯权其实是个很接地气的质朴之人。

　　卢焯权（广东穗花玩具有限公司董事长）：这是我从小长大的地方，这里的树、河涌，都没什么变化。我小时候放假就在这里的河边玩，和大班朋友、同学在这里玩，一放假就在这里游泳。其实这个企业是我爸开始做起来的，因为我爸也是农民，在那个阶段，他们都是白手创业，也不简单。因为他们都是农民出身，也都吃过不少苦，挨过不少苦，现在（把企业）交给我们接手，其实我有好大的压力。现在好多人都说"富二代"是守业的，其实压力是最大的，所以我现在接手，我一直在想，我爸（把企业）交给我之后，我应该有什么办法，把（企业）做得更好，怎样发展得更大。

　　三十而立，独立接手企业，卢焯权被贴上了"创二代"的标签。与此同时，他也着手给产品贴了一个统一的名称——"小人类"，那么这个"创二代"能否撑得起"小人类"里的大世界呢？

　　卢焯权（广东穗花玩具有限公司董事长）：从我爸到我这里，我们有一样大家共同的价值观，是什么？就是我们怎样把产品做好。这几天我看新闻的时候，有一些不好的（品牌）产品（把）小孩不小心从楼梯翻到地上，这个小孩有可能以后他未来的人生会变成植物人。

我当时看（新闻）的时候，心里很不舒服，如果这个小孩是我的小孩，那怎么办？如果我们所做的产品给我们自己的小孩（使用）……你们认为该怎么去做产品？

产品质量一直都是卢焯权最为看重的。如今他们的产品一直稳居国内同行业前三，在欧美和亚洲市场都广受欢迎。但2008年金融风暴来袭时，国内每天都有玩具企业倒闭，这给卢焯权带来了第一次真正的考验。

卢焯权（广东穗花玩具有限公司董事长）：其实有人跟我说我们该怎么去做，甚至有人建议我们开发一些便宜的产品、低端产品。我知道，那些是短暂性的。企业其实要抓住自己真正的核心价值，就是质量安全方面。我相信做好自己，一定不会影响企业的发展。

出口加内销销路稳定，再加上企业已经过近三十年的积淀，按理说卢焯权"守业"应该没多大困难，但独掌大权后，他很快发现了企业的瓶颈。

卢焯权（广东穗花玩具有限公司董事长）：他们解脱不了过去的固有模式与固有思维。举个例子，过去的话，我们下半年是淡季，他们慢慢形成了这个（观念），觉得下半年淡季是正常的，变得固化了。后来我引导他们，我说淡季又怎么样？什么叫做淡季呢？没有订单就是淡季，那没订单就要找订单。找订单，他们说市场很难做，我说为什么难做呢？他说现在的人没有货，那我问，现在我们占有市场的份额有多少？只占了很少一部分！我们的客户不拿货，我们可不可以主动去开发其他的客户呢？可不可以呢？不断地引导。引导可以创造更多的可能性。他们之前很多（观念）固化了，好多人觉得这是正常的，没想过哪方面突破，哪方面可以做得更好，我应该怎样做，做些什么，没去想过。

作为一位敢于革新的企业家，卢焯权意识到发展了近三十年的企业，既是他的本钱，也是他的负担，就看他怎么利用，怎么趋利避害。

卢焯权（广东穗花玩具有限公司董事长）：我父亲那一代的企业家，他们的思维模式

还是保持在六七十年代，或者是五六十年代，但是现在电子商务发展也很快，整个市场大环境也变化得很快。老板是一家企业的最高领导，如果他的思维模式转变得不够快，跟不上市场的步伐去变型，慢慢地就会被市场淘汰。现在市场不是大鱼吃小鱼，而是快鱼吃慢鱼，最重要就是走得快，也要变得快，就算错也好，都要用最快的速度来调整。

打造一支有梦想的团队

改变团队，首先改变自己。"我是一切的根源"，这是卢焯权先生常挂嘴边的一句座右铭，意思是"卖物先造物，造物先造人，造人先造场，造场先造势，造势先造模式和系统，造模式和系统先造己"。清楚认识到公司要发展先要自己强大这一观点后，他致力于企业愿景的建设与推动，不断周游学习，寻求和顶尖级企业家思想的碰撞去提升自己。卢焯权这几年的积极奔走，着实让自己发生了不小的变化。

卢焯权的朋友：可能外围的人看不明白，因为我自小就认识卢总，特别是在这几年间，他是完全变成另外一个人，好像脱胎换骨一样。

然而，仅自己改变还远远不够。在卢焯权眼中，有一个有梦想的团队，企业才有充足的动力。给集体充电，把梦想传给大家，组建梦想团队，这也是卢焯权不遗余力的日常工作。

卢焯权的员工：卢总在面试的时候问过我一句话，他说你三到五年的规划是什么？我跟他讲了以后，他问了我一个问题，你期望自己五年之后，你的收入能达到什么程度？我给了他一个有所保留的答案。卢总他就问我，你为什么不想三百万呢？

卢焯权（广东穗花玩具有限公司董事长）：每个人和我在一起，我都会问"你有没有梦想"？

卢焯权的员工：在去见其他老板的时候，当他们想听我的规划的时候，他们可能会说怕达不到我的要求，卢总他跟我讲了很多，我觉得这一点很难得，他能说出，也是有这种自信，他愿意提供这样一个平台。他很赏识人才，也很愿意给机会让我们尝试。由卢总带领的团队，是有一种灵魂存在，有一种深层次的灵魂，有一种推动力。

团队核心的内核是人，意识到这些，卢焯权没有像常人那样把突破点放在管理上，他有自己的独门招数——打造团队。

卢焯权（广东穗花玩具有限公司董事长）：其实我在外面不是学很多东西，我不是学管理，其实我更多学的是人生的智慧。你做任何事，你只要围绕一个核心就是人，你读懂人，首先要读懂自己，然后读懂消费者，读懂团队，读懂兄弟，他们想要什么，就自然会有很多方法去学到。

眼下，八面威水的卢焯权正拓展和儿童相关的文化产业，包括动漫、太极禅等。

卢焯权（广东穗花玩具有限公司董事长）：太极也好，八卦也好，最在乎的是什么呢？是平衡，人也是，企业都需要平衡。人的成功，不是你拥有多少财富物质和金钱，最重要人的成功就是你能够成就多少东西，能够帮助多少人，这个才是真正的成功。

在市场竞争的浪潮中，卢焯权先生今天的成功是社会有目共睹的，在他身上上演着一代顺德人敢想敢做敢创新敢拼搏敢为人先的弄潮精神。对积淀近三十年的传统作业方式进行革新，卢焯权成功地将守业变为再创业，蜕变成一位以成就无数人梦想为个人愿景的企业家，一位与父辈有着全新迥异思维的"创二代"，一位把公益当作事业的慈善家，一位中国太极大文化的传承者，一位拿得起又放得低的人生行者，一位从哲学道术看待企业发展、讲究人性禅道的智者。他做大事的心一百年不变，度人之心一百年不变。

编导手记

"万物都需阴阳平衡！"这是采访完企业家卢焯权至今仍在我心头回响的一句话。卢总也是至今我采访的企业家中，唯一一位不谈企业产品，不谈营商理念，不谈经营之道，而只谈中国传统文化内核——阴阳平衡的商人。在这位接近80后的"创二代"意识里，太极也好，八卦也罢，都讲究平衡，企业同样是这样，做人更是如此！在卢总看来，掌握好平衡，一切都将自然而然地到来。围绕平衡，卢总在不断体悟人性、把脉市场、部署企业，在他的企业里，他最为注重的就是人性化的管理，他认为读懂了人性，也就读懂了了企业，读懂了市场，更读懂了自己！

因为子从父业，不了解卢焯权的人，会直观地称他为"富二代"，然而只要稍作了解，就会完全颠覆一般意义上"富二代"带给人们的直观印象。在顺德，"富二代"为数不少，然而能够主动经常外出学习，甚至经常走到国际的平台去不断充实自己的也为数不多，然而卢总，可以称得上是这为数不多中的领袖级人物，获得"第13届亚太国际世纪企业家精英"称号这一亚太商界诺贝尔大奖，就是最有力的诠释。

顺德商人，多数只顾埋头苦干，然而，这种低调也往往会带来负面的制约：故步自封、目光短浅。身处这样的氛围，卢总并没有被同化，而是突破藩篱，经常奔走于北上广，参加全球CEO发展大会、中国企业家年会，去寻求和顶尖级的企业家思想的碰撞。他也主张新一代顺德企业家要"高调"走出去，开拓视野和思维，放眼全球。每年投入上百万的经费去外出学习，或许我们可以从另一个角度理解：企业产品做到近六成份额，不断壮大，卢总走出顺德，走向国际，正是为了寻求和企业日益壮大相匹配的那份平衡！

  1987年，广东穗花玩具有限公司在顺德区勒流镇成立，注册资本为人民币550万。经过近30年的不懈努力，公司在配套规模、人员储备、市场份额、业务领域等方面都有了跨越式的发展，是广东省民营科技企业的标志，"穗花"牌童车产销已位居全国首位。目前以"小人类"主打品牌为核心，产品畅销全国各大省市；海外已热销于欧美、中东、东南亚、日本等多地区国家。

  穗花荣誉：

  汇聚国际教育集团战略合作金盟单位——中国总裁实战培训第一品牌；

  顺德区促进小型微型企业发展（星光工程）重点扶持企业；

  顺德中小企业促进会（第二届理事会）副会长单位；

  中国国际专利与名牌博览会金奖企业单位；

  "全国质量、服务、信誉AAA级品牌"企业单位；

  "中国童车市场十佳知名品牌"企业单位；

  广东省玩具协会会员单位；

  广东玩具文化经济发展研究会会员单位；

  佛山市质量监督检验合格产品；

  广东出入境检验检疫协会团体会员单位；

  顺德区重点扶持小型微型企业（星光企业）绿色通行证示范单位；

  顺德中小企业促进会（第二届理事会）理事单位；

  顺德区企业联合会、顺德区企业家协会常务副会长单位；

  中国产品质量认证CQC企业单位；

  阿里巴巴番顺网商会副会长企业单位；

  第13届"亚太国际世纪企业家精英奖之卓越品牌大奖"获奖单位。

2014年第13届亚太国际世纪企业家精英大奖峰会及颁奖典礼现场

与世界第一商业领袖杰克·韦尔奇（左）交流于顶级商业论坛峰会

巫宗权：以水为师的商业人生
——碧丽好水的健康时代

中国著名的儿童教育家陈鹤琴，为了自己孩子健康成长，于1923年创办了我国最早的幼儿教育实验中心——南京钟鼓楼幼儿园，现已发展成为南京最好的幼儿园之一。而现在最新的校园温开水机，也是一个技术工程师因为爱自己的女儿而发明的。这就是中国的客家人巫宗权。

巫宗权是一个从普通业务员做起的工程师，他放弃稳定的工作出来创业，最终开创了学生课间能喝到温开水的新时代。如今作为广东碧丽饮水设备有限公司的董事长，巫宗权是"全球最受尊敬的华人企业家"之一。都说"可怕的顺德人"，别具一格的"顺商精神"在巫宗权的身上体现得淋漓尽致，无比典型。从业务员到全球最受尊敬的华人企业家，巫宗权经历了怎样的人生历练？

发明源于爱女之心

1999年，巫宗权工程师的女儿在顺德西山小学读书。每天，他都要送女儿上学。女儿瘦小的身躯要背两个包，一个是沉甸甸的书包，另一个是装水的包，因为广东天气很热，需要更多的饮用水，其他同学也一样。

有一天，巫先生下班后去接女儿，看到女儿在喝自来水，而且汗水湿透了衣衫。一问，才知道带的水不够喝，当天上体育课，天气炎热，汗出多了，口渴了，就喝自来水了。这时，巫宗权心里好像吃了五味丸，很不是滋味。他找到校长，校长也说没办法，"市面上买不到学生用的饮水机啊，今后多带一些水就是啦！"

巫宗权（广东碧丽饮水设备有限公司董事长）：（当年我）每天送小孩去上学，看到小孩要背两个包，一个是沉淀的书包，另外一个是水包，我的小孩比较瘦小，两个包把我的小孩压得有点驼（背），所以我想学校如果有这样的饮水设备就好了。老师说没有这样的设备。这样我就萌发了要设计和制造出这样一种饮水设备的念头。

当时，校园饮水设备是一片空白，这是一个责任，也是一个商机。于是，巫宗权萌发了要造校园饮水设备，为全国的中小学生减负，把学生的两个包变成一个包的想法。就这样，巫宗权孤注一掷，放下所有，呕心沥血，执著研发。十多年后，他的想法变成了有几十亿市场需求的产业。

为了将学生的两个背包变成一个背包，

广东碧丽饮水设备有限公司董事长巫宗权先生

巫宗权到学校观察发现，学生课间只有10分钟，饮水的人多并且很集中，很多学生喜欢喝凉水，此外热开水容易烫伤他们。了解到这些实际情况，当时还是万家乐工程师的巫宗权决定舍弃稳定的生活，投入另一种未知结果的状态。

巫宗权（广东碧丽饮水设备有限公司董事长）：在万家乐的时候，每个月工资都有五六千，还有些奖金。那么出来研发产品，意味着固定收入就没有了，而且还要承担风险。当时我老婆就说你为什么要这么辛苦，安安稳稳在万家乐上班多好。

陈小萍（巫宗权妻子）：（当时）不是那么支持，因为投入那么多，将自己的所有积蓄都投入去搞研发，甚至可能要将自己的房子拿去卖掉，真的是（令人）非常担心的事情。

巫宗权（广东碧丽饮水设备有限公司董事长）：我说不怕，我是搞技术的，就算失败了，大不了将原来的积蓄全部花完了，但我还可以有技术，我还可以到其他厂上班，失败了不要紧。

创业艰难百战多

巫宗权义无反顾辞掉了工作，开始一心一意搞研发，但是一个具有开创时代意义产品的问世绝非易事。

巫宗权（广东碧丽饮水设备有限公司董事长）：怎么样把这个开水由100摄氏度降到30摄氏度左右，这里面我们就做了大量的、长达半年到一年的实验，选择用什么材质，管径多大，然后就是怎么样绕，这里面确实是经过了很多失败。

把开水用热交换器强制降温，这是前无古人的做法，更是一个大胆的创新。

广东碧丽的"步进式加热及双聚能技术研究在开水器上的应用"项目被确认为佛山市技术成果

巫宗权（广东碧丽饮水设备有限公司董事长）：通过很多次失败后，我们就总结出一种方案，优选的方案，（就是）把热交换器移放到和开水器组装，（这样）就马上可以出来温开水！这个结果出来以后我们都很高兴，可以说是欢欣鼓舞。（当时）我女儿（还）在学校，（起码）饮水问题就可以解决了。

正所谓好事多磨，样品一问世，巫宗权就陷入了新的困境。

巫宗权（广东碧丽饮水设备有限公司董事长）：产品做出来以后，就扩大生产，那扩大生产，当时也需要一个投入。

而呕心沥血研发出来的校园饮水机能否受到欢迎？这些都还是未知数。

陈小萍（巫宗权妻子）：虽然对他那技术很有信心，但是不知道市场能不能够接受这个产品。

为了敲开市场的大门，巫宗权不得不采取了特殊的方法。他显得无比慷慨，同时信心满满，向客户明确保证——"我的产品，用后觉得好我们再收钱！"牛皮不是吹的！正是因为产品很好地解决了校园饮水问题，所以只要学校肯试用，很快就会购买，巫宗权也成功打开了市场。

巫宗权（广东碧丽饮水设备有限公司董事长）：后来我又向亲戚借了些钱过来，就投入到生产里面。现在可好了，现在有小车开，想当年真不容易，我们当时是开着摩托车去跑业务，吃了很多闭门羹，有时候到客户那里，客户的门卫不让进，当时确实有很大落差。有一些工厂，门进不去，（即使）进了门，然后就被一个前台文员挡住了，那我们只好把一些资料放下，放下以后我们再给他们打电话。当时做业务也挺辛苦的，经常吃闭门羹，也不知道路在何方，很迷茫。

品质历练与诚信考验

为了安全起见，2011年的上海世博会参观者不允许带饮用水和饮料入场，组委会设置了102个公共饮水台，其中有44台是巫宗权团队的产品。荣登这个世界的舞台，品质无疑是核心，但是品质的历练也让巫宗权付出过代价。

陈培华（广东碧丽饮水设备有限公司品质部部长）：我们有一批大概一千支的活性炭，

因为在我们对炭的处理当中发现有一股味道，喝出来口感不太好，当时我们就跟营销这边沟通，跟客户那边沟通，（客户）也让步，同意将（产品）放出去，让客户先用着，因为钱已经付了，客户也很急着用。

巫宗权（广东碧丽饮水设备有限公司董事长）：产品品质是企业的生命。因为我们品质不好，或者给用户造成企业品质低劣的这样一个印象，那就损失更大。所以我就把这个货拦下来，不要发货。所以当时我们就召开全厂员工大会，现场让我们的员工把这批（有问题的饮水台）砸掉。

广东碧丽饮水设备有限公司员工：但是（我们）当时真的是不理解，（觉得）浪费物料，也浪费了员工（人工成本），对公司造成了损失，而且客户也催得很急。

巫宗权（广东碧丽饮水设备有限公司董事长）：后来我们重新做了一批（发）给客户，当时这个客户知道我们这件事以后，原来说要罚我们款的，后来客户也认为算了，不用罚了，因为他们也知道我们的品质在把关。

巫宗权团队的产品最初还曾因所谓的"虚假"宣传受到过质疑。

巫宗权（广东碧丽饮水设备有限公司董事长）：2003年之前我们就做了一些画册，我们就写明我们的节电率是70%，这是我们自己检测的，有人去工商局告我们，说我们是虚假宣传。然后工商局，那个大良工商局就到我们企业来，他说你们省电70%，有没有检验报告。我说还没有，然后他就把我们的资料封存，要我们把产品封存，不让我们卖，说我们是虚假宣传。后来，我们就马上把产品拿去那个广东省产品质量监督检验中心去检验，又把产品拿去国家日用电器质量监督检验中心去检验，这个检验结果出来以后我们就放心了，因为检验结果，广东省的（结果）是节能80.5%，然后国家日用电器（质量监督检验中心）检验结果是81.3%。我们就把这个报告给了工商局，工商局一看，就没话可说，马上把那些封条去掉。然后我们有了这个检验报告之后，我们心里面就更加有底了。

上善若水，实至名归

一个企业的壮大往往不是看它有多雄厚的资金，多庞大的员工队伍，而是看一个企业要拥有生命力，要懂得珍爱与回报。而碧丽公司正是一个拥有强烈社会责任感的企业。

汶川地震的发生，牵动着全国人民的心，碧丽公司为灾后重建献出了自己的一份力量。2009年5月6号，碧丽为汶川县六所学校赠送一批节能王数码高背板饮水机，为灾后的学生提供健康无污染的水。

2014年，碧丽公司再次为慈善贡献出一份微薄之力，在2014年上海展会，碧丽携手由国际巨星李连杰先生创办的壹基金，在展会上现场举行捐赠仪式。首批为贵州、甘肃、云南等省会的16所学校捐赠价值25万元的校园饮水设备。

此次碧丽携手壹基金捐赠仪式不仅荣登了央视广告，还吸引了各界媒体的争相采访，也获得了社会的一致认可和赞许。

碧丽公司为爱的力量的扩大，作出了自己的努力，召唤更多的企业如碧丽公司一样加入到慈善中来，在企业壮大的同时不忘回报社会。

碧丽幼儿园饮水机为幼儿提供最安全健康的饮用水

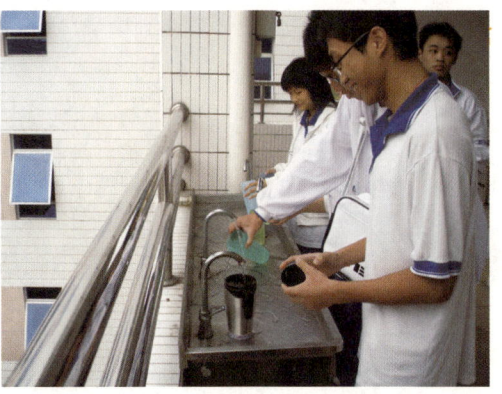
碧丽饮水机为中学生解决下课10分钟饮水问题

巫宗权（广东碧丽饮水设备有限公司董事长）：今天我们碧丽公司在这里和壹基金一起举行净水设备的捐赠仪式，我们感到十分地高兴。我们的产品，都是一些经济比较发达的地区，大城市的学校、工厂来使用我们的产品，那么一些边远地区，经济比较落后的地区，甚至比较差的，我看他们很多还喝苦咸水、地表水、地沟水，像我们看过一些资料，他们能够饮用上那个甘甜水对他们都是一种享受，所以我觉得我们做企业的，我们除了把产品提供给一些大城市和经济发达地区的学校以外，我们还要关注一些贫困的边远山区，水质较差的一些地区的孩子的饮水。所以，我觉得我们企业有这样的一个责任，我们就跟壹基金合作。因为壹基金有一个净水计划，儿童关怀计划，又专门有为一些灾区，还有水质较差地区、贫困区的学校解决饮水问题。那我们是做这个产品的，我们也有这样的愿望，让这些地区的学校同样能够喝到甘甜可口的饮用水，卫生的水，所以我们两家一谈起来就一拍即合。

碧丽，碧生好水，丽出健康。碧丽人的目标是：要做世界级的饮水设备制造厂，做世界名牌。桃李不言，下自成蹊。巫宗权和他的广东碧丽饮食设备有限公司经历了十三个年头的风雨锤炼，毅然地坚持着公司的三个理念：一是代表饮水健康的发展要求；二是代表高效的节能产品；三是代表用户的根本利益。

巫宗权的杰出贡献和无私奉献为他赢得了无数荣誉，诸如"中国温开水节能饮水机第一人"或"节能饮水机大王"，"中国双聚能开水器发明者"或"双聚能开水器大王"等等。2011年1月，巫宗权在人民大会堂接受颁奖——"全球最受尊敬的华人企业家"。

巫宗权（广东碧丽饮水设备有限公司董事长）：我觉得水是生命之源，能够滋润万物，滋润生命。水滋润万物，但它不会张扬。水为生命提供液体粮食，水能够奋不顾身，善者，水也！那我们企业，我们做水的同样也要有水的这样一个品德，我们也要为社会做一些我们企业能够做到的这样的一些事情。

以水为师。充满了"水性"的巫宗权，是一个土生土长、功德圆满的顺商。他对待事情既拿得起也放得下。水性往低处流，被巫宗权别致地理解为"放得下"的美德。他说："能够放下，就很重要，若能放得下，就可以没有包袱，无所畏惧，反正做不好，我还得重来……能够有这种心态往往就可以把事情做好，像背水一战一样，只有往前冲，没有后顾之忧，那就可以把事情做好。"巫宗权的实践向我们证明，他确实"把事情做好"了。上善若水，也许我们能从中得到启发。

编导手记

这是一个缘于父女之爱而成长起来的爱心企业。

任何的发明,都以需要为前提。采访碧丽公司董事长巫宗权时,说起校园饮水设备诞生的动因,巫总侃侃而谈,向我们讲述起因:为了解决自己的女儿在学校能喝到干净卫生的凉白开水。就是这样一个原因,让巫总舍弃了稳定的大企业里工程师的工作,一心一意搞起了研发。爱为动力,可以创造无数奇迹。产品研发出来了,这个完全不懂市场、不懂营销、不懂战略的工程师,在短短几年时间里,不仅建立了企业,还让自己的爱心发明走进了学校、工厂,乃至各种公共场所,创造了中国节能饮水机第一品牌、中国校园饮水机第一品牌、中国公共饮水设备第一品牌的奇迹。

在采访中,巫总说得最多的,就是踏踏实实做企业,做一个有良心的企业。他们的产品,省电80%。巫总给我估算了一下,一台公共饮水设备一年可以省1万度电,就相当于可以节省3.6吨煤,可以减少11吨二氧化碳的排放。一年3万台饮水设备的销量,为"清碧蓝"工程作出的贡献不言而喻。

在采访中,我们还了解到,巫总他们还经常为偏远山区的学校捐赠饮水设备。不仅捐赠,还专门派出工作人员,跋山涉水,不远万里,去山区里面为孩子们调试安装。这又让我对这个企业家多了份敬佩!

源于爱心,拓于责任!爱心,成就了巫总;巫总也把爱心融入了产品。有爱为动力,企业能走多远,自不必问!

清华大学博士生导师王占生教授与广东碧丽研发人员对中国公共饮水相关问题进行研讨

中国疾控中心主任鄂学礼先生、清华大学博导王占生教授、中国净水专家网总编白鸥先生莅临碧丽公司参观指导

1999年，工程师巫宗权发明了第一台节能饮水机。

2001年11月5日，佛山市顺德区碧丽饮水设备制造有限公司（广东碧丽饮水设备有限公司前身）成立。

2006年6月，碧丽公司发明了零压式节能饮水机，并荣获国家知识产权专利，开创了节能饮水机的新时代。

2009年，碧丽公司研发了三年的双聚能步进式开水器腾空出世，比传统开水器能耗减少60%，并于2013年7月获得了专利证书，开创了中国开水器省电的新篇章。

2009年5月，碧丽公司为四川汶川灾区捐赠节能饮水机，解决灾区学子的饮水问题。

2010年4月，碧丽饮水机成功中标上海世博会，为世博会提供健康的饮用水。

2011年1月，碧丽公司被评为"中国节能减排优秀企业"。

2013年11月，碧丽公司项目"步进式加热及双聚能技术研究在开水器上的应用"通过佛山市科技局的技术会议鉴定，该项目达到国内先进水平，获得佛山市科学技术成果鉴定证书。

2014年6月，碧丽公司与国际巨星李连杰创办的壹基金携手合作赞助净水计划，为山区孩子带去健康饮用水。

2014年7月25日，中国净水行业专家网三位专家——中国疾控中心主任鄂学礼，清华大学环境科学与工程系教授、博士生导师王占生以及中国净水专家网总编白鸥莅临碧丽公司参观指导，对碧丽饮水机的技术成果表示肯定。

广东碧丽为汶川灾区学生捐赠36台饮水机

广东碧丽携手壹基金，首批为16所学校捐赠饮水机

刘崇方：时代的思考者
——必达电器的时代触觉

你可能想象不到，驰骋在南极冰原上的特种雪地车、国家力推的光伏发电产业重要组件逆变器，都与"伦教制造"有关。可以不用电源的路灯，柔和的白色灯光十分明亮却不耀眼，它们装饰着顺峰山公园、伦教大桥、乐从等路段。这些，也是"伦教制造"。

顺德一个先后在国际和国家级比赛中获得奖励的少儿合唱团，是伦教一个企业赞助的。广东省首座小型光伏发电站，在一座办公楼的楼顶。国内首创的数字化控制的光伏并网逆变器，产生于一个小厂内。这些看似不相关的事，都与一个人有关：一个时代思考者，一个追求科学进步、爱好读书的顺德商人刘崇方。

刘崇方1982年毕业于合肥工业大学电气工程系，1991年创立必达电器有限公司，现任广东必达电器有限公司董事长。可以不用电源的路灯是刘崇方公司致博电气自主创新设计的太阳能LED路灯，少儿合唱团是2008年该公司组建的"顺德必达少儿合唱团"。刘崇方还创建了"伦教书画创作基地"，每年出资赞助三洲社区文化建设。2004年，刘崇方成立了致博电气自动化有限公司，每年有三种新产品投产，现有五种产品被列为广东省重点

20周年厂庆

时任佛山市委书记林元和（右二）来公司视察　　时任佛山市委副书记、市长陈云贤（左三）来公司参观

新产品，两种产品获得顺德科技进步三等奖；拥有一项发明专利和四项实用型专利。现在，刘崇方将公司转注为佛山市多维新能源科技有限公司，全力主攻光伏市场。

创业艰辛靠坚持

在一座破旧的房子里，刘崇方和他的搭档一起回忆20多年的创业史。斑驳陆离的墙壁，拥挤不堪的住宿地，都勾起他们的无限回忆。

刘崇方（广东必达电器有限公司董事长）：屋顶变得不是瓦顶了，以前我们（在这里的时候是）空的，这里也没有支撑，可能现在变成危房嘛，要撑住的吧……不可想象呢，（当初我们）怎么做出（企业）来（的）呢，怎么经过这个阶段（的）呢，怎么弄出来（的）呢？

谢永康（广东必达电器有限公司车间主任）：是呀，怎么弄出（企业）来的呢？

1991年，刘崇方在简陋的厂房里创办了广东必达电器有限公司，当时主要生产的是发电设备和开关柜，那个年代国家发展工业，对发电设备的需求很大，刘崇方和同伴们就在破旧的厂房日夜劳作。靠的是坚定的信念，靠的是工友们的坚持，靠的是刘崇方以及合作伙伴的认真负责。

刘崇方（广东必达电器有限公司董事长）：那个时候又要搞设计又要搞施工，天天晚上搞到一两点，所以累得不回家，三个月我们都不回家的，吃饭工作都在这里，然后来这里就住在这里。两三点钟……三个人，那时候就在下面那个铺位啊，我们三个人睡在一起。那时候互相之间呢，也非常友好，搞什么活动大家都很热情参加，家里有什么事情呢，都互相支持。

如今的老厂房屋，早已是人去楼空，再次回到熟悉的创业地，那20多年前的日日夜夜，难忘的人和事，都随着记忆留在了这片看似简陋的地方。这地方，也是事业的起点。

思考产生蜕变

刘崇方1958年出生于阳江，1978年考上了合肥工业大学电气工程系，毕业后他被分配到了国有企业。1980年代正处于改革开放的初期，中国的工业还很薄弱，装备业也处于落后状态，能在国有企业工作，是很多人羡慕的"铁饭碗"，满怀梦想走出校门的刘崇方，却觉得当时国有企业改革的步伐还很缓慢，便毅然从国企走了出来下海经商。

刘崇方（广东必达电器有限公司董事长）：应该说，我们过去呢，因为也是受了这种教育啊，基本上想做一种有理想的、有志气的（人），你要搞的某些科技创新上的产品或者竞争啊，最重要还是你（要用）最短的时间，最高的效率，把自己的这种想法能够实现，那么这个实现呢，我们就觉得有时候，（应该）出来自己搞搞。

放弃稳定的国企工作下海办厂，并且还以技术报国为理由，这种"伟大"的理想在很多人看来却很不好理解，甚至让人觉得可笑。但是刘崇方显得很坦然。坦然来自最低的生活要求，有饭吃就行；坦然来自于他的质朴，大不了像没上大学之前，做个工人；坦然来自于教育，要做有理想的、有志气的人。

刘崇方（广东必达电器有限公司董事长）：我为什么说有些人也理解不了呢，因为一说呢，很多人说你出来为些什么，挣大钱啊？那个（时候）确实没有这种想法……饭肯定有得吃，因为我们毕竟当时考上大学之前，也做过工人嘛，那最不行当个工人嘛，那当工人也是能有饭吃啊，所以就是这种心理，就是说出来了。

刘崇方从体制内走了出来，和同伴们在顺德准备大干一场，因为有过硬的技术，企业发展很快，当年的小作坊已经变成了拥有现代化厂区和几百名工人的高新技术企业，刘崇方也已经向光伏行业进军，在伦教街三洲厂房的办公楼上，数十块太阳能面板正在吸收太阳光能，并将光能转换成直流电，直流电通过汇流箱输往光伏并网逆变器，转换成交流电。光伏设备也已经成为企业的重要项目，为此他每年会花五六百万元的资金用于产品的研发。

刘崇方（广东必达电器有限公司董事长）：因为我们国家，还有很多家庭没有用到（太阳能光伏）啊，家庭要是发展起来，每一户发展起来，大家装三千瓦五千瓦，这个市场非常大的。

企业生存靠人才

2009年至2010年是经济的转型期，很多企业为全面升级而寻找出路，刘崇方固有的产品没有得到提升，新的光伏产品风险又高，商场风云变幻。因为光伏产业不景气，有些光伏企业甚至因此破产，再加上同行之间的竞争越来越激烈，种种困难都在考验着他。

刘崇方（广东必达电器有限公司董事长）：这个时期是我们社会转型，人心最浮躁的时候，资金、人才、机器厂房等等，整个成本等等，带来很多困难，销售也在转型，当时也在转型，大量要参加电网的，高科（技）类的强大的公司，大的公司或者外国公司参与，大家竞争招投标，所以压力非常大。

夕阳的余晖洒在水面上，美丽的景色渐渐被暮霭吞噬，这时候伦教桥的路灯亮了起来，来来往往的行人和车辆从桥上经过，很少会有人注意到桥上的那些LED路灯正是刘崇方的企业研发生产的。这些路灯造型优雅，耗电不多，亮度大，与大桥一起，形成了一道美丽的风景。

刘崇方（广东必达电器有限公司董事长）：路灯是一个投资小、见效快、风险低的一个光伏发电项目，你让它亏（能）亏掉多少钱呢，它不会大亏，你亏个几百万，你企业承担得起。

除了生产LED路灯，他发现光伏企业做控制系统的不多。因为做的人少，市场空间大，于是他很快投入到这一类产品研发，这种稳扎稳打的生产策略既降低了企业风险，又产生了盈利。与此同时，他也在不断更新思路，本来是技术研发的企业，也推出了上门定制服务。

慰问老员工，必达送温暖

刘崇方（广东必达电器有限公司董事长）：现在这个搞最小型的，要靠我们的力量来做。我们有一定的研究成果之后，你怎么让客户来认可你，那么现在我们也发现，很多客户也觉得，对我们的产品，有些在实用过程中，他认为存在些问题，那么存在问题，要提出解决方案嘛，这个是我们一个基

2014年"三八"大夫山烧烤

本；第二个你做得好，他很容易认可；第三个为了品牌效应。另外为了将来，我们未来在千家万户。装光伏设备的时候，我们自己也需要主要技术团队，那么这个技术团队，要让他和人家来解释，怎么装怎么用等等，这也是为了将来自己技术储备。

如今，和刘崇方同一时期开办的工厂所剩无几。而他开创的公司由小做大，由大到强，大浪淘沙，成了屹立不倒的灯塔，靠的就是优质的服务和技术创新。刘崇方特别重视人才，留住人才就是留住了企业的活力，留住了竞争力。

刘崇方（广东必达电器有限公司董事长）：我们这个行业，像你们办得这么早的，现在剩下多少家，他问我。我说现在剩下多少家，你也知道啊，确实不是那么多家，所以他就觉得我们（厉害），你怎么做到的，我们告诉他这是人才的问题。

文化带来灵性

多年的商海沉浮，刘崇方始终没有忘记当年创业时的兄弟情谊，为了让员工有归属感，他提高员工的食住水平，在宿舍安装空调、电视、网络，员工免费入住；食堂免费为员工提供菜式丰富的午餐晚餐。刘崇方也经常和员工一起在食堂吃饭，一起聊天。看到他和员工在一起吃饭的情境，你就会有一种感觉，他不是老板，他也只不过是公司的一名普通员工。

刘崇方（广东必达电器有限公司董事长）：人基本上能够做到的东西，就应该去做，哪怕他是我的员工，大家要平等对待，能做到的事情，大家要做好。

正是这种人性化的关爱，换来了员工的信任和依赖。在年年闹"开工荒"的广东，刘崇方公司的员工流动率每年都在5%以下，是全省模范和谐劳动关系企业。刘崇方和员工的共同努力使企业处于上升期，后备团队也培养起来了，他有了更多的时间去看他满柜子的书。读书在于联想，数据在于准确，理科生有了文科情怀，使刘崇方和蔼而又缜密严肃。

刘崇方（广东必达电器有限公司董事长）：当年我们考大学，也是说"学好数理化，走遍天下都不怕"，但是我们学理工科出身的学生，他什么都讲数字和逻辑，都不会和你讲其他的，缺乏一种对生活、对其他更广阔的观察。在文学这方面兼顾下，有时候看看这些，它会给人产生更大的联想，我们说有句成语叫"浮想联翩"，那么你在产品过程中，设计就会做得更好。

在刘崇方的办公室里摆满了瓷器和茶壶，他常常会把玩很久，也许在其他人看来，这是一种闲情，但是刘崇方却从茶壶中找到了很多灵感。大师的作品实用而又不失美感，这给了他无穷无尽的想象。他也想让自己的工业产品实用而又美观，这些艺术品常常给他带来无穷的联想，给他的发明带来灵感。

刘崇方（广东必达电器有限公司董事长）：实际上精神享受最大的是美感，除了做出的产品性能被人接受之外，达到使用的要求之外，那你最高档次，要给人看到你的产品也很舒服，它（文学）增大了想象力……在工作过程中，带来一种愉快的心情，人家拿这个产品一看，这个产品美观实用，很好，按现在的话说就是"不同凡响"。

理工科的务实，文学艺术的熏陶，让刘崇方更善于思考，乐于思考，只有他自己才能深刻感受思考带来的乐趣。他建了一座农庄，园内荷香四溢，藤蔓流苏，杨柳依依，绿树成荫。在这清幽的环境里，静静地烹一壶清茶，更适合人思考。在这里，他享受着成功的喜悦，沉浸在内心的安宁中，思考过去和未来。

刘崇方（广东必达电器有限公司董事长）：人为什么要上进要努力，他都有一种成就感驱动，我们除了物质的享受，肯定最大还是精神享受，精神享受多了，他生活就会过得快乐。

几十名孩子站在台上，向全世界展示出他们的活力和艺术才华。在今年的拉脱维亚世界合唱比赛中，刘崇方资助的儿童合唱团获得了童声组别银奖组第一名。从2008年开始，刘崇方每年都拿出十万元资助儿童合唱团。在各种比赛中，儿童合唱团屡次获得国家级、世界级大奖。孩子们聚在一起享受音乐，那份快乐让他感动。

刘崇方（广东必达电器有限公司董事长）：我们也非常感动啊，这些老师利用业余时间，星期六（排练），都这么热衷于培养未来一代，这个也是我们所说的"少年强，中国强"，

"国家复兴，人人有责"，这种理想对不对呢，也很难讲，但是我觉得应该是这样，那我们觉得也应该支持。

很多成功企业的背后，都有一段艰辛的创业史。商海风云变幻，折戟沉沙的不在少数，刘崇方和必达却能始终傲视时代的风云，这不能不归功于其敏感的时代触觉、对时代变化的准确理解。作为一个"时代思考者"，刘崇方始终在微笑地面对变化，他不急不躁地做着自己的本分：以健康的方式创造财富，又以合理的方式做着公益。

虽然有过迷茫，有过艰辛，有过痛苦挣扎，但对于善思考、怀抱人文精神的刘崇方来说，始终不违时代的要求，甚至超前地去做时代需要的事情，也就足够信心满满地立身于世了。

编导手记

第一次见刘公，到了知天命年纪的他，毫不避讳地谈及了自己的人生历程。经历了人生的风风雨雨，我们想用电视叙述故事的手法讲述多一点他的故事，可是节目篇幅有限，不得不一遍遍对我们挖掘到的故事做取舍。

刘公现在主要生产节能环保设备，他是改革开放后的第一批大学生，后来又从体制内走了出来，在那个年代，做出这种举动是需要很大勇气的。当年的公务员"下海潮"，国企员工"下海潮"，这些走出来的人在市场经济大潮中掀起了一波又一波的浪潮。他们当中有的失败了，有的成功了，但是不能以成败论英雄，在那个年代，他们敢于迈出第一步，不妥协，这种精神力量已经足够书写一笔了。刘崇方的故事可以说是当初那群人敢为人先精神的一个缩影。

他说"忘掉过去就等于葬送将来"，他对自己的旧厂有着很深的感情，在回到旧厂拍摄的时候，那里每个角落发生的事情他都是那么的熟悉，他觉得过去的生活虽然苦，但是每天都过得很开心。人都是讲感情的，为了留住自己的记忆，为了留住企业的根，他把旧厂重新租了下来。顺德工业发展几十年，他觉得应该有个工业博物馆，于是准备把旧厂将来建成这样一个工业博物馆，为了做这些事情，刘公跑了很多地方学习经验，乐此不疲，在追求精神世界的道路上不断前行。

印象企业

1991年1月1日,公司前身顺德市大通机电设备厂成立。

1994年10月13日,顺德市必达电器制造公司成立,并把每年的10月13日定为厂庆日。

1999年10月23日,顺利通过ISO9001:1994国际质量体系认证。

2001年7月,被认定为"广东省高新技术企业"。

2003年4月,经顺德区政府批准组建了真空开关工程技术研究开发中心。

2003年8月,公司正式更名为广东必达电器有限公司。

2004年3月,公司控股的佛山市致博电气自动化有限公司(佛山市多维新能源科技有限公司前身)成立。

2005年7月,公司正式注册为联合国开发计划署(UNDP)、联合国难民事务高级专员公署(UNHCR)、国际劳工组织等三家机构的供应商。

2006年2月,公司企业技术中心被评为"广东省企业技术中心"。

2006年5月,公司控股的佛山市和盛精机有限公司成立。

2007年12月,公司自主研发的XGN81-40.5高压成套开关设备被列为"国家火炬计划"项目。

2008年12月,被认定为国家级"高新技术企业"。

2009年11月,被广东省科技厅列为"广东省重大科技专项实施单位"。

2010年6月,被列为"顺德区优质企业成长工程(龙腾计划)重点扶持龙腾企业"。

2010年7月,被评为"广东省守合同重信用企业"。

2011年4月,顺利通过ISO14001:2004环境管理体系认证。

2011年5月,荣获"广东省诚信示范企业"称号。

2011年10月,佛山市多维新能源科技有限公司被评为"广东省民营科技企业"。

2011年12月,被评为"广东省模范劳动关系和谐企业"。

五沙厂车间

生产车间

苏权兴：从"创"到"投"的蜕变
——明新做的不只是空调，还有投资

小时候是一个破坏大王，成年后是一个发明专家；放弃上百万元的年薪，坚持自主创业；企业被竞争对手设计整垮，通过努力绝地重生；在别人看来是危机，却成了他眼中的商机……

是不是觉得这是励志片中的经典桥段？这样的人生是不是有一种看电影的感觉？事实上，这不是一场电影，而是一个人奋斗的几十年。

这个人，就是顺德传奇商人苏权兴先生，他就生活在我们身边——顺德勒流富裕村，他创办的顺德区拓球明新空调热泵实业有限公司，已经成为一家拥有几十项专利发明的企业。

理念即竞争力

在公司，苏权兴接待了外国客商。空气能产品远销国外，还深受欢迎，是什么东西吸引了客户呢？GMC空调公司的CEO理查德，多次从南非来顺德和苏权兴谈合作。作为老合作伙伴，他们之间除了早已建立的跨国情谊，更重要的是产品本身体现着共同的理念。

苏权兴（佛山市顺德区拓球明新空调热泵实业有限公司总经理）：他（理查德）说这么多年以来，跟我们公司合作，觉得我们产品的质量非常好。

理查德（GMC空调公司CEO）：感觉这个产品质量很好，也可以节能，很高兴能找到这样一个供应商。

作为空气能核心配件的研发生产商，苏权兴在关键时刻抓住了商机。进入空气能行业后，他并没有贪大求全，而是把心思和精力放在了他从小就感兴趣的核心技术的发明上。只有创新才有竞争力，也只有创新才能让产品在市场上赢得别人的订单。

拓球明新总部

拓球明新空调热泵实业有限公司总经理苏权兴

苏权兴（佛山市顺德区拓球明新空调热泵实业有限公司总经理）：2006、2007年，那时是空气能热水器的一个爆发期，我刚好找到了个机遇——做空气能里的一个核心配件，之前空气能里技术方面的东西是很庞大的，而我就把它设计得很小，可以有一定的创新。

小时候的研究兴趣就在机械方面，为了这个，苏权兴没有少挨骂。但发明就是他一生的兴趣。他发明的东西，体积只有同类产品的三分之一。他信心满满，投入所有，准备大干一场。这时候，他听到了不一样的声音。有人从专业的角度，有人从经验的角度，提出他发明的东西没有实用价值。但他觉得自己认定的事情就一定要做，并且做好，这是苏权兴的性格，这一次他同样坚持了自己。

苏权兴（佛山市顺德区拓球明新空调热泵实业有限公司总经理）：记得那时候是我最穷的时候，买了一部一两万的车，硬是开了一两年，将所有的钱投入到这个产品。当时把产品做出来，我们去跑业务，被我们这个行业的行家说，你们这样死定了，这是没有可能的，这么庞大的东西做得这么小……到了2009年，因为以前的设备是很大一部的，怎么可以把它缩小？就是要把它的配件缩小，实践出来也可以，最后到2009年大爆发，订单多到做不及。

正如人生总要有几次说走就走的旅程，2000年，苏权兴毅然舍弃了百万年薪，选择了独自创业，生产一款当时很创新的烧烤炉，开始了人生一段别样的旅程。

苏权兴（佛山市顺德区拓球明新空调热泵实业有限公司总经理）：我坚决走了，因为我的人生很奇怪，我试过几次很果断地做事，包括当时跟着我哥，做太昌冷气时。到了2000年，我觉得他的理念和我的不同，我是比较前进型的，我说我不做了，当时的年薪都是上百万的。我说不做了，如果在2000年的时候，把上百万年薪给一个年轻人，基本上是没有人会放弃的，我就坚信自己可以前进。

年轻气盛的时候坚信自己，多少隐藏着些冒险，而这些暗礁不知何时就会浮出水面，成为人生的试金石。年轻不冒险，到老了，连犯错误的机会都没有了。企业不仅仅是钱的问题，更重要的是理念，对企业要像关注婴儿一样地培养它。

苏权兴（佛山市顺德区拓球明新空调热泵实业有限公司总经理）：当时做企业的理念，

之前也算是赚到了一点钱,以为投入了钱就可以了,然后什么都不管。其实我反思之后,发现做企业不是有钱就可以了,一定要有自己的理念和管理它,知道它是怎样,好像当它一个婴儿那样养大它,才可以做到一间(家)企业。

商场没有温情

商场是你死我活的战场,苏权兴没有认识到这一点,总以为大家都会温情脉脉地共同发展。这就使他在商场中跌了一跤。一方面是苏权兴投入在工厂的精力太少,另一方面商场如同战场,变幻莫测,险象环生,这个初入商界的年轻人对此还没有足够的认识,而这一切导致了他人生最惨痛的教训。

苏权兴(佛山市顺德区拓球明新空调热泵实业有限公司总经理):中了外国人的阴招,他下了几乎一亿的订单,然后就拼命叫我做,做完了就不提货,其实有两间企业想打垮我,两三百个工人,然后有几万个方(平方米)的厂房,当时是租的,现在的是买的,最怕你把那个工人炒了,然后别人一下单,你又来不及做了,然后你继续做。你把几万的货放在仓库,光租金都要几十万,更别说工人的工资,要五六十万,硬是熬过了,一年花了五六百万,没有了。

他认为企业只要接到订单就能赚钱,从来不去想订单后面也许是一个巨大的阴谋,是一个深不可测的陷阱,是一个竞争对手想置他于死地的大口袋。这个订单让苏权兴彻底陷入了漩涡,也让他的企业陷入低谷。

产品展示区

苏权兴(佛山市顺德区拓球明新空调热泵实业有限公司总经理):我算过那两三年,2003年到2006年,起码损失过了千万,但是那个时候价值跟现在不同,那个时候的千万(元)随便买点东西,现在都快上亿(元)了。

企业出了大问题,找不到出路,面对从未有过的巨大难题,他没辙,请朋友参谋,"你帮我出出主意,有没有问题,你一看就知道的。"朋友也是爱莫能助。他去了趟西藏,想去寻找灵感,可是西藏之行并没找到任何办法,也没有任何灵感,企业到了回天乏术的境地,等待他的,只有破产。

苏权兴(佛山市顺德区拓球明新空调热泵实业有限公司总经理):当时那家工厂破产的时候,我真的很想有人投钱给我,因为那是很有前途的产品,但是没有,最后还是破产了。

公司一角

虽然一无所有,但苏权兴也从这次惨痛的教训中,得到了宝贵的人生经验——那就是坚持。

研发助绝地重生

苏权兴并不是专业出身，只是从小就有搞研发的灵性，虽然企业遭受重创，他对自己的技术还是深信不疑。经过一段时间的休整，他准备从头再来，东山再起，似乎又找回了最初创业的干劲。他既是公司老总，也是公司保安，还是公司焊接工人。但巧妇毕竟难为无米之炊，资金成为最大的困难，如何筹措资金成了他的当务之急。

苏权兴（佛山市顺德区拓球明新空调热泵实业有限公司总经理）：我有一种打不败的精神，我只要有一段时间调整，调整后我就会重新再来。连孩子的红包都要拿出来，买部一万多元的车。重新起步不是开玩笑，重新起步的资金，两个搭档加起来60万。我拼了命去做，连工人的活也干了，自己做点焊，甚至第一次和我公司的人看着机器，怕机器被偷了，睡了一晚，那个时候的工厂很旧，被蚊子咬得浑身是疹。

因为热衷研发，苏权兴还有一个特殊身份，就是总工程师，经他手发明的专利就有二三十项，然而这个思维强大的人，却经常在其他方面表现出迟钝。

苏权兴（佛山市顺德区拓球明新空调热泵实业有限公司总经理）：我这么大连卡都没用过，音响和CD都不会用，我插进去就听了，但是要我开发产品，我很快就开发出来，我不喜欢琐碎的东西。

2007年，正值空气能热水器的爆发期，抓住这个机遇，很快，苏权兴就打了个漂亮的翻身仗——加班加点完成订单，产品占据中国市场份额的大半，实现了企业的绝地重生。

苏权兴（佛山市顺德区拓球明新空调热泵实业有限公司总经理）：我们基本上从2009年到2013年，所有生产，我们连夜加班都来不及，占整个中国的空气能市场一定份额的，如果最多是有60%的，应该五六年了。两间（家）工厂资产应该都有一两亿，我觉得我自己也可以了，一百来万的东西，用六七年、五六年可以翻身。

危机就是商机

近两年，随着楼市调控，空气能的势头开始减弱，这在常人看来是危机，在苏权兴眼中，却暗藏变革和新的商机。也许住房消费在近几年会放缓，餐饮业也许没以前兴旺，但制冷核心技术的研发有更广阔的前景——经济越是不景气，节能产品的需求量就会越大。

苏权兴（佛山市顺德区拓球明新空调热泵实业有限公司总经理）：经济有调控，反腐也有点原因，楼价也在下降，产品很多用在商品房的制热系统。节能制热系统和汽车的节能系统，汽车商品房都是奢侈品，今年的消费可能放缓了一点，对我们有些影响，这不是一件坏事，为什么这么说呢？因为做了几年，产品始终都没有增加，就借这个机会，刚好可以调整一下，开发更多新产品。如果好像前几年那样继续下去，根本没时间开发新产品，可能到危机真正来到的时候，就会一下将我打垮。这一次给了我机会，歇口气开发更多新产品，有机会去调整一下企业的理念。

有了核心技术，就不怕产品销不出去。近段时间，澳门环保界的人士专程来到顺德，了解苏权兴公司的制冷技术。

李从正（澳门环保人士）：现在（他们）换热器的产品，对于解决澳门部分（比如生意上面）很狭窄的地方，技术上的问题，让室内制冷能力提高上，应该能够发挥作用。

反弹加快蜕变

衡量一个人成功与否的标志，不是看到他登上顶峰的高度，而是看他跌到谷底的反弹能力，苏权兴无疑是成功的，现在他也正在实现着从"创"到"投"的蜕变。

苏权兴（佛山市顺德区拓球明新空调热泵实业有限公司总经理）：前几年我就在"创"，现在我就各方面转出来"投"，投资一些到一定程度的工厂，如果它缺资金但是有潜质的，我就会投资。

投资企业做成集团，是多数人的想法，但苏权兴却不这么做。

苏权兴（佛山市顺德区拓球明新空调热泵实业有限公司总经理）：把它打散，将每一间（家）企业每一间（家）公司，都独立经营，因为这样做的话，抗风险能力是比较强，哪一家企业出了问题，不是其他企业有责任要帮它，而是有责任去辅助它，不是帮它，不然会拖其他企业的后腿。

现在和苏权兴在一起的搭档，都是当年他破产时不离不弃的好兄弟，起起落落，苏权兴收获的不仅是别样的风景，更有难得的兄弟情。

徐健标（佛山市顺德区拓球明新空调热泵实业有限公司运营总监）：当时他比较困难的时候，我们肯定不会离开，他的坚持、他的应变能力和他的抗压能力，是很强的，他的心态是很顽强的，他带给我们的精神，是一般人想象不到的。水再深船都在上面，山再高在脚下，其实不用怕，认真做就可以了。

有自己的创造发明，有自己的成功企业，苏权兴已经是一个成功的企业家、发明家。但正因为他是从一无所有奋斗到今日，在创业的过程中遭遇过暗算，也看到了温情，苏权兴才更加懂得每一个创业者的艰难，更愿意去帮助他们。苏权兴深知创业者更需要的是资金支持，于是用企业的利润进行再投资。他觉得有责任去帮助那些有困难的企业，从用自己的发明创造自己研发产品，到用资本去辅助其他企业，苏权兴在商界已经完成了质的飞跃。

编导手记

这是一个传奇式的人物!

"衡量一个人的成功标志,不是看到他登到顶峰的高度,而是看他跌到谷底的反弹力!"在采访拓球明新总经理苏权兴时,巴顿将军的这句话总会在我脑海中跳出来。不得不佩服,这是一个有着超强反弹力的人!

有一天,苏总专程来到电视台,把一段视频交到我手中,建议我用在节目中。这段视频有何非凡意义?原来,这是2006年因经营不善,企业濒临倒闭时,苏总在朋友的陪伴下,前往西藏寻求心灵力量的珍贵资料。

十年前,损失过千万,相当于今天的一个亿,这样的人生打击,对于一个当年三十而立的人来说,不能不算是一个极大的人生考验。然而这个有着发明天分的企业家,却并没有就此被打垮,凭借自身对行业的敏感,他很快就根据市场需求,发明了新的产品,找到商机,而且一做就做到了市场近六成的份额!这不能不说是一个奇迹。

人在低谷的时候,有的人可以七窍全开,全方位敏锐感知世界上的一切,体察到人生冷暖,感悟出人生本质,经过历练,把它转化为力量和智慧,绝地反击,从而创造更辉煌的人生;有的人则彻底被打倒,就此一蹶不振。苏权兴无疑是前者。尤其是在采访中,他毫无保留把自己人生最惨痛的经历示人,就足以说明,这件事早已化作前进的动力——或许撬动前进的点,正是来自西藏行。

心中充满了力量,路途险峻,又何惧?

苏权兴格言:水再深,船都在上面;山再高,都在脚下面;不用怕,认真做就可以了。

2001年,苏权兴投资开办了一间(家)当时很流行的烧烤炉工厂。在2003~2006年间损失过千万,宣告破产。

2006年,苏权兴与友人合共投资60万元重新出发,创办拓球明新,主要是生产该项核心技术发明产品。

2009~2013年间,空气能行业的大爆发期,苏权兴漂漂亮亮打回一场翻身仗。

2014年,苏权兴重新整合企业项目3个,公司项目5个,整体项目围绕着汽车行业,涵盖汽车贸易、二手汽车贸易、汽车保养维修行业、SUV套装企业、税务咨询等等,并以全新的集团经营方式,采用分散独立经营让每家公司稳健快速地发展,不再以集体拉动经济的方式执行。

07

女企业家，商场的一道彩虹

陈锦芳：做最流行的华语音乐
——有华人的地方就有孔雀廊

"顺德制造，中国骄傲"这广告语家喻户晓，说起"顺德制造"，人们大多会马上想到家电、家具、花卉，却很难把顺德这个中国制造业基地和华语流行音乐联系在一起，就连很多顺德人都不一定知道顺德有家唱片公司是首批"国家文化产业示范基地"之一，而凤凰传奇、郑源、欢子、沈海乐、T.R.Y组合、阿宝、陶钰玉、东方传奇组合、自由派对组合这些家喻户晓的明星正是出自顺德的这家唱片公司——孔雀廊。

孔雀廊的掌门人，是地地道道的顺德人、业务员出身的芳姐——陈锦芳。陈锦芳于1993年全国体制改革顺德试点第一批下海经商，成立了顺德孔雀廊娱乐唱片公司，拼搏了十几个春夏秋冬，公司从小到大，由单一音像产品销售、从海外引进到自主原创，完成了从追星到造星过程。公司制作的大批流行金曲有《月亮之上》《自由飞翔》《全是爱》《最炫民族风》《策马奔腾》《大声唱》《一万个理由》《我不后悔》《包容》《爱情码头》《不要在寂寞的时候说爱》《寸草心》《自作多情》《好兄弟姐妹》等200多首，歌曲红遍了大江南北，长期高居新媒体网络榜首，创造了史无前例的神话。

从小本营生到华语乐坛"大姐大"

陈锦芳，华语乐坛标志性人物。她不是追星族，却捧红了中国最火的明星；她五音不全，却做了最流行的华语音乐；她学历不高，却打造了中国最大的文化基地。她本人连续多年荣获中央有关部委的表扬与奖励，被授予"个人突出贡献奖"、"全国文化产业十大年度人物"、首届"亚洲经济之星"称号。广东孔雀廊文化发展有限公司捧红的歌手，足以支撑芳姐"大姐大"的地位。

陈锦芳（广东孔雀廊文化发展有限公司总经理）：第一桶金，都是每天凌晨4点半出发，到深圳的先科提货回来，提完货回来还要去番禺，一天都只是睡两三个小时，那个时候好累好累。

芳姐20世纪90年代初就下海经商，最初她一边在街头卖衣服维持生计，一边修习北京商学院市场营销专业本科课程。1996年和弟弟成立了孔雀廊唱片公司，销售音像制品。那个年代，中国音像市场盗版猖獗，小公司发行的正版音像产品很难赢得市场。芳姐他们不惜下血本，去争取和唱片巨头的合作。

陈锦芳（广东孔雀廊文化发展有限公司总经理）：当时我们去宝丽金环球上海公司谈

广东孔雀廊文化发展有限公司总经理陈锦芳

引进节目的时候,他说你拿了我们的版权以后,你打算在中国怎样做?我非常迅速地回答,我用低价格去打盗版,占领中国市场,如果不把盗版打死,你没办法占领这个市场。就是这句话打动了海外公司的总裁,他觉得我是真正做市场的,不是吹水。

就是凭着这份胆识,芳姐他们很快赢得了唱片巨头 EMI、环球等的青睐,孔雀廊被授权做中国总代理,购买引进版权,生意红红火火。但没多久,芳姐就意识到没长久版权,只为他人做嫁衣,这条路不会长远。就这样,在没有制作团队的情况下,芳姐开始转向包装歌手,开始从"追星"到"造星"的冒险之路。

陈锦芳(广东孔雀廊文化发展有限公司总经理):当时花的钱实在是太多了,而且三年的版权使用期又不是我们的。在两年半开始,人家海外公司已经卖给下一家版权使用。后来我们觉得,与其用这么多的资金帮海外公司占领中国的市场,干脆我们学习自己包装歌手,自己做自己有版权的唱片。

我们转向包装歌手这方面,真的是摸着石头过河。当时我们每一样东西都不会,但是一样样去学。没办法,因为当时那些歌手对公司也挺大意见。毕竟我们在销售转向演艺经纪方面真的没经验。郑源是我们公司签约的第一位歌手。2004年,凤凰传奇是我们签约的第二个歌手。大家都觉得这两个歌手在一年多之内突然成名,非常神奇。郑源唱片的销售,互联网销售方面,应该超越周杰伦。公司的歌手最卖座的是凤凰传奇,北京工体演唱会,5万人会场全部坐满,而且没送票,全部是花1600多元买票。(阿宝和王二妮)他们两个,都是央视的红人,专辑制作完之后,第一次在中央电视台亮相就被2014年春晚剧组相中。

任何神奇,都不会无缘无故从天而降。凤凰传奇的成功意味着孔雀廊自主原创金曲和签约歌手造星,是在产业发展上从自发转向自觉,充分发挥产业基地孵化和集聚功能,公司从此成为国内具备实力的演艺经纪和原创音乐公司。除了有成熟的销售渠道,芳姐他们究竟还有什么法宝呢?

陈锦芳（广东孔雀廊文化发展有限公司总经理）：我们董事长对音乐的领悟比较深，而且他对音乐市场的定位也比较准。我们行业里的人都称监制是"金耳仔"。凤凰传奇的《月亮之上》已经风靡全国了。但是在第二个专辑选歌给他们的时候，我们也存在着一定的压力。董事长选了凤凰传奇第二专辑的主打歌，就是《自由飞翔》。当时小样给凤凰传奇去学，（凤凰传奇）第一个反应就是，这种烂歌能唱吗？

曾毅（凤凰传奇男主唱）：听完那个以后，当时确实"飞出去"。不录，太难听了。

陈锦芳（广东孔雀廊文化发展有限公司总经理）：董事长说，如果这首歌不火，我以后都不做流行音乐了。终于通过几个月的推广宣传，这首歌也是风靡全国。

从新媒体尝到甜头

孔雀廊通过集聚歌手和自主创作音乐，成功破解了现时中国文化产业"具有原创价值的内容文化越来越成为稀有文化资源"的难题，现在，孔雀廊在业界的影响力越来越大。国内外娱乐公司、大型网站都会经常主动找芳姐要新歌。别看芳姐现在左右逢源，当年手机、移动电视、网络等新媒体刚出现，也给做传统唱片业的芳姐带来不小的困惑。

陈锦芳（广东孔雀廊文化发展有限公司总经理）：一开始大家都对互联网的出现非常担心。当时我们还没有吃到互联网的甜头。很多人都找我，让我把《一万个理由》《月亮之上》授权给他们。我连这个合同应该怎样签，我当时都是不会的。我当时觉得要弄清楚这个载体，我们的增长点在哪里？利润点在哪里？我足足学习了半年。最初和网站合作，我也吃过亏。

孔雀唱片大楼

比如这个分成 50 万元，但是有些网站就说给 5 万元，打电话给我们问我们要不要，不要就算。我当时就很生气地说，这摆明就是抢钱。

通过这次教训，芳姐意识到：这个新形态的商业模式需要非常严格的合同来约束。有了这样的约束，芳姐很快尝到了甜头。

陈锦芳（广东孔雀廊文化发展有限公司总经理）：我们的合同，将我们想要的东西都写在里面。我觉得和别人合作，合同是最重要的。如果你没有相应合同的制约，你就分不到你该有的蛋糕。2006 年年度，下载量最多的歌曲就是《一万个理由》，带来了几千万元的纯利润收益，创造了新媒体史无前例的神话。

就在芳姐公司推出一首又一首脍炙人口的流行音乐，成为华语乐坛一只金凤凰，分得新媒体最大蛋糕之际，传来了不一样的声音。

陈锦芳（广东孔雀廊文化发展有限公司总经理）：很多人在网上都有评价，说他们的歌不够高雅，而且是农民的歌，农民重金属。我觉得我们中国就是农民大国，而且 13 亿人中几乎有 11 亿是农民。农民喜欢的为什么不好呢？是市场决定一切，市场觉得是好的，我觉得才是真正的成功。

打响粤剧（曲）保卫战

除了做流行音乐外，10 年前，芳姐他们逆势而为，购买了所有粤剧的版权。他们花巨资把广东省内县级以上演出团体的全部粤剧（曲）目产权、版权买下，同时，把香港、澳门的媒体、演出团体手上的粤剧（曲）目版权也尽数收入囊中。更重大的工程，是为粤港澳甚至海外的 20 世纪 40~90 年代健在的粤剧（曲）老倌、名角制作个人作品专辑。沟通协调粤曲名流拍摄 MV，也是芳姐每天要忙的事情。

陈锦芳（广东孔雀廊文化发展有限公司总经理）：有 3000 多个粤剧，做了 10 年，3000 多个节目版权，都是国家版权局认证。现在很多电视台播放的，都是要找我们买（版权）的。粤剧没有流行音乐那种爆发力，就是说赚钱没有那么快，但是它属于细水长流，如果是我们孔雀廊永久版权的话，可以吃几代人。因为越传统的东西，就越有生命力。

芳姐率领公司制作发行的粤剧有《梁玉嵘粤曲专辑 1-10》《著名粤剧红伶艺术欣赏——郭凤女》《倪惠英从艺三十年周年经典粤剧》《东方茶花女》《红线女最新代表作 / 演唱会》等，公司歌手及原创音乐获得国家、省级奖项共 30 多项。孔雀廊既做最传统的，也做最流行的。两条腿走路，实现华丽转身，已成为一只不容小觑的"金孔雀"，从凤城飞向了世界。

陈锦芳（广东孔雀廊文化发展有限公司总经理）：文化部出外调研回来，对我们的肯定是——有华人的地方都有我们孔雀廊的粤剧产品，还有原唱音乐产品。

录音室　　　　　　　　　　　　　　　销售部

只要有华人的地方，就有孔雀廊的音乐。如今芳姐可谓写下了"顺德制造"的又一个神话。可在神话的背后，芳姐也有自己的烦恼。

陈锦芳（广东孔雀廊文化发展有限公司总经理）：这里全是工业区，现在跟我们的发展有点不太搭（匹配），而且现在都是搞艺术的，在工业区，歌手创作的灵感都没了。现在只能屈就了，等新产业园区建成之后，环境会好点，没办法了现在，还要等几年。

摆在孔雀廊面前更大难度的是产业运作，在文化产业这个大领域里，就有报刊业、图书出版业、广播影视业、音像产业、网络产业、广告业、旅游业、艺术产业、体育产业九大门类行业，各行各业都有不同的生产方式及其功能产品，但可利用资源往往是一样的，这意味着行业界限越来越模糊，已出现了行业融合的趋势。对此，孔雀廊的战略是把产业链完整构成并延伸扩大，接着是跨界发展与行业渗透。

陈锦芳（广东孔雀廊文化发展有限公司总经理）：做生意和做朋友是一样的，先做人后做事，抓住机遇实干，怀着一颗感恩的心，企业一定会成功。

芳姐和公司积极推动中国文化产品走出国门，为我国文化企业走出去提供范本。现在，孔雀廊已发展成为国内最具实力的演艺经纪、歌曲制作及新媒体网络数字音乐等实体企业，拥有自主版权5000多个、60万小时的节目资源，且成功实现有华人的地方就有孔雀廊产品营销，取得了较好的社会效益和经济效益，形成较好的产业链。公司的原创歌曲也创造了广东流行音乐品牌再现辉煌的奇迹，得到了广东省委宣传部、省文化厅的领导高度重视，让广东流行音乐产业园区落户顺德，这是对孔雀廊的信任。孔雀廊在推动文化产业发展这条道路上义无反顾，努力使自己这个本土品牌不断优化，成为响当当的国际品牌。

编导手记

　　于顺德这个全球制造业基地而言,能造出像凤凰传奇红遍华语流行乐坛的明星,实属奇迹!于孔雀廊而言,在秀美的南粤大地,把独树一帜的民族流行风吹向全国,离不开总经理陈锦芳!

　　芳姐身材富态,说话声调较高,完全不具备南方人娇小温婉的特质。或许正是她心胸、眼界的宽广,才成功包装出了红遍大江南北的歌星。芳姐从做音响制品起家,近20年的销售经验赋予了她敏锐的眼光和独特的销售方法。公司歌手歌曲网络下载量超过周杰伦,登上《春晚》、《星光大道》这些央视知名节目,都是最好的佐证。

　　于《月亮之上》《最炫民族风》《一万个理由》这些耳熟能详的歌曲而言,还有个人不得不说,那就是孔雀唱片董事长、芳姐的弟弟陈仁泰。

　　陈仁泰很少在公开场合抛头露面,更不接受媒体的采访。我们自然也没能拍摄到他。那就暂且从芳姐的口中来勾勒下这个传说中的人物:"公司的人,都叫泰哥'金耳仔',这位从未受过专业音乐训练的董事长给自己安排的唯一工作就是听歌,甚至一首歌反复听上千次都有。他对小样给出的意见都很具体,比如歌词的押韵、某一处的收和放等等,他都非常认真。公司的人对泰哥非常崇拜,因为一般泰哥认定的歌,七八成都能火!甚至歌曲录制完成后,有什么效果,他都会有预期。"

　　芳姐,让孔雀唱片创造了神奇;陈仁泰,让孔雀唱片保持了神秘。这个组合,或许注定就是传奇。

孔雀唱片旗下歌手

 印象企业

2004年，获文化部授予的全国首批"国家文化产业示范基地"，以及中国音像行业首届明星发行品牌。

2005年，评为全国音像行业十佳优秀发行企业、全国十大公平交易企业，获顺德文化金凤奖、杰出贡献奖。

2006年，评为广东音像行业十大优秀明星企业，获顺德文化金凤奖、杰出贡献奖，获文化部授予的"优秀出口企业奖"，同时获得国家出口奖励资金和扶持基金。

2007年，获广东省文化厅授予的"优秀出口企业奖"，同时获省出口奖励资金，获文化部授予的"优秀出口节目一等奖"，同时获国家出口奖励资金，获广东流行音乐三十周年"唱片企业原创成就奖"。被文化部、商务部、外交部、新闻出版总署及广电总局推荐为"国家文化出口重点企业"。

2008年，获商务部颁发的"国家文化出口重点企业"奖励扶持资金，国家版权局版权保护中心颁发的"十大中国著作权特别贡献奖"。

2009年，公司原创歌曲《自由飞翔》荣获广东省第七届精神文明建设"五个一工程"优秀作品奖，获顺德文化金凤奖。

2010年，被文化部、商务部、新闻出版总署及广电总局推荐为"国家文化出口重点企业"，获广东省文化厅授予的"广东流行音乐产业园"，获"广东现代产业500强"及"顺德龙腾企业"称号。

2011年，荣获国家版权局版权保护中心颁发的"中国著作权年度十大著作权人"，广东版权局授予"广东版权兴业示范基地"称号，获"广东省文化出口重点企业"，获商务部颁发"国家文化出口重点企业"奖励扶持资金。

2012年，获广东省金牌演出经纪机构，"广东流行音乐三十五周年"——广东乐坛唱片公司运作杰出贡献奖，"广东流行音乐三十五周年"——广东乐坛产业运作特别奖，商务部颁发的"国家文化出口重点企业"奖励扶持资金。

包容篇

赵碧云：浪漫与幸福的缔造者
——迎宾婚纱的华丽事业

20世纪80年代末，一个在顺德出生的香港人返回顺德，把香港的婚纱制作和婚纱摄影产业引入家乡顺德，播下了顺德婚纱产业的种子。时任顺德女企业家协会会长、迎宾国际集团董事长的赵碧云，回想起自己在1989年回来顺德投资婚纱企业的往事，仍颇有感触。赵碧云说当时从香港到顺德的船只上只有六个人，大家都很奇怪她会在此时"逆流而上"，除了她对顺德怀有的深厚感情外，她还想将最时尚的实业形态带回顺德，为家乡顺德做点事。

赵碧云的企业主打婚纱设计、零售、批发，此外，她还在顺德开设幼儿园、婚纱摄影店等。她返乡投资企业，也反哺故土乡民，她在佛山市企业界开不需要政府津贴吸纳残疾人士为员工的先河；她每年都带领迎宾幼儿园的小朋友到顺德凤城敬老院和德胜颐年苑举办敬老活动，赠送礼物及慰问金……赵碧云经常说："做企业是一个创造财富的过程，当这财富仅仅是被个人拥有时，其实是没有意义的。只有把它再回报给社会，财富产生的意义才被无限放大，也才更有意义。乐善好施是我们民族传统的美德，回报社会更是每一个企业家应尽的责任和义务。"

赵碧云不仅设计幸福和浪漫，为新人创造美丽的瞬间，还把一颗乐善好施的心带回顺德，她和她的迎宾国际集团为顺德人营造了甜蜜的生活。

美，来自定制婚纱

婚纱店里，一对新人正在试婚纱，准新郎着急地嚷着："行了没啊？行了没啊？"终于，准新娘回答："行了。"准新郎回头，自己一生最难以言喻的幸福就在眼前……新人在婚礼现场最为看重的，无疑是向亲朋好友展示自己一袭赏心悦目的礼服了。因此，自踏入婚纱店的那一刻开始，他们就会为自己人生中最重要的那一天进行各种各样积极的准备。

赵碧云（迎宾国际集团董事长）：今年双春兼闰月，在我们婚纱行业里面是一个很好的年头，而且适婚的年轻人也很多，现在他们的要求都比较有个性，全部都要量身定做全新的婚纱。一般普通的（婚纱）出租已经很少了。（婚纱）经常都要试穿

迎宾国际集团董事长赵碧云

几次，但是目的都是一样，大家都希望穿得最漂亮。

随着生活水平的提高，越来越多的人希望拥有属于自己的一件婚纱。私人定制婚纱越来越普遍。但是，定制婚纱，这个看似美好的过程，设计师却需要和新人磨合许多次。

赵碧云（迎宾国际集团董事长）：一件衣服最少的步骤也要经过18个环节。现在的年轻人都想自己有一件漂亮的婚纱，独一无二的，比较有特色没有人见过的。但是万变不离其宗，都是要在身上发挥很多它的功能。这些都是要同她的身材，她的气质、脸型，还有她的各方面呼应，尽量在原有的基础上，不是盲目地按照她的要求去做好它，而是一定要以将她的身材表现出最好为最终的目的。所以有时候设计要设计几次，才能触摸到客人的心意。有时候客人要求的完全是不搭配她的，但是她就是这样要求，你要先满足她。穿上去真的不搭，她才会听你的意见，才会转到我们引导她的那个比较好的款式。

其实，赵碧云之前一直在香港做婚纱设计，直到后来香港发展出现了变化，她才开始转战内地。

赵碧云（迎宾国际集团董事长）：香港整个社会已经在转型，基本没有人入行做工厂。个个都要转高科技，玩电脑，这样才觉得光荣。那我们一定也要跟着转型，中国刚刚开始改革开放了，我们趁着这么好的契机，就回来开了这一家厂。选择了顺德是因为它离港澳比较近，那我们从香港回来开厂，顺德是首选。而且顺德的人文、人情味很好，还有顺德的领导都比较支持外资投资。

回到顺德后，赵碧云顺利开设婚纱厂。没想到，在顺德一做就是25年。

赵碧云（迎宾国际集团董事长）：我们1989年回来这里就开了婚纱厂，1992年就开了影楼，一步一步来，我们的发展一步一个脚印，比较稳扎稳打。我是很雷厉风行的那种人，而且我每做一件事，都很希望可以做好。如果不做好，我是不会罢休的。

赵碧云做生意很会看时机，见到自己的婚纱厂生意好、订单多，又要设立婚纱展厅，干脆就扩大门面，做起了婚纱摄影楼的生意。

赵碧云（迎宾国际集团董事长）：我们一般一套婚纱照要服侍这对新人起码八次。我们的服务真的要见八次。八次的服务其中一个环节不行，都会有很大问题，都会前功尽废。

从事服务行业，最重要的有两点：一是要让客人满意，二是能够留住客源。这两点赵碧云都抓得很紧。婚纱摄影在顺德竞争激烈，有不少小型概念摄影工作室不断出现，给传统的影楼带来了一定的冲击。但是，自信的赵碧云对此却一点也不担心。

赵碧云（迎宾国际集团董事长）：我们很多客人的，每一天都预约满。现在6月份已经预约到9月份了。我们从来没有担心自己会空闲,为什么呢?你有好的服务,有这么多好的设备,有这么多好的选择,有这么齐全优越的条件。我想现在的新人都很精明,同样花这么多钱,为什么不找一间(家)齐齐整整、要什么有什么的店呢?所以能够将一个客户八次都服侍到很满意,开开心心地跟我们说再见,那样你就不用担心。她(他)身边的所有朋友,她(他)都会介绍过来,这一点是最重要的。顾客各方面的素质,不是个个都会有好的素质的。但是我们还是要用我们最好的服务,尽我们最大的能力去满足他们的要求。其实都有很多心酸在里面。我们员工经常有流动性,都是因为这些(工作)太受气了。太受气,再好的服务也会投诉你。你再好的服务,他也觉得可以更好,没有一个止境,没有一个标准。所以我也是真心说一句,我们中国是缺少一个人的道德的底线,这一点是真的。我觉得就算是有钱了,品质、素质还是有待提升。钱是有了,品未必有。人是挺多,没有几个是合格的。这个就是中国的怪现象。

华丽转身学前教育

做服务业几十年,虽然赵碧云经历了心酸、委屈,但是她仍旧坚持回馈社会,回馈顺德。

赵碧云(迎宾国际集团董事长):八年前,我就聘请了一批27个残疾人。虽然他们不一定能为我们公司赚钱,可能我们公司每个月还要补贴给他们,但是我看见他们能自立自强,不增加社会的负担和家庭的负担。那我觉得我这个想法,制造这个就业机会给他们,觉得很欣慰,起码我也为社会做了一点事。钱是赚不完的,有时候你走错一步,会影响你整盘棋。

从婚纱厂到幼儿园,她又一次华丽转身。一说到自己的幼儿园,她总会露出甜美的笑容。但是这份笑容背后,更多的是细致的工作。"你们是最棒的,你们都是校队的知道吗?知道。一定要笑,谁不笑我们就不请她跳了,好不好?好。一定要笑得甜甜的,让大家看得很高兴,好不好?注意笑容。"

赵碧云(迎宾国际集团董事长):做幼儿园,我就觉得是我的一个心愿。因为我以前读书第一个志愿,我希望当一位老师。但是由于我学习的是时装设计,所以就进了时装这一行,我就没有当老师。赚到钱以后,可以的话在有生之年,最好就是圆了这个梦。

在顺德,现在要开一家幼儿园,办手续非常简单、快捷。但是很少人会知道,在15年前,顺德的幼儿园管理和现在完全不同。

赵碧云(迎宾国际集团董事长):原来托幼是分家的。我也是挺狼狈,当时我也不知道。招生以后,才发现要拿两个牌。我觉得对小孩对家长对学校都不好。小朋友一岁半进来,哭哭闹闹,熟悉到很好的环境,一年多又换一个新环境,重新又要再熟悉一个新的环境,又哭哭闹闹。转环境很多小孩都会病,家长都会觉得烦躁。这样对三方面都不好。(我)就在政协提了两年的意见,希望改进这个托幼一体化,向国际接轨。

后来,在赵碧云的不断努力下,顺德将一岁半以上的幼儿园全部划归教育局管理。妇联不再承担托儿所的管理,实现托幼一体化。可以说,赵碧云改写了顺德学前教育管理的历史。从商人到教育工作者,赵碧云又来了一次华丽的转身。2014年,赵碧云在幼教方面又有了新的举动。她投身伦教幼儿园的改造,大力支持村办幼儿园到社会的投资工作,并且投入巨资扶持改造迎宾幼儿园伦教仕版念慈分园。

赵碧云(迎宾国际集团董事长):特别就是像我们做幼儿园的,做得不好是出人命的。你每一个细节做好,每一个小的环节做好,一定不会出大事。就像每一条(样)菜买回来,你首先要测试有没有农药,要浸水、要焯水。每一个环节你做足了,肯定就不会农药中毒。你每一个小细节做好,成功就会向你走来。

女企业家展露女性魅力

从婚纱厂到婚纱摄影楼,再到开办幼儿园,赵碧云就像她说的一样,一步一个脚印地发展自己的事业。自己的事业做大以后,社会责任越来越大。赵碧云连任三届顺德女企业家协会会长,她带领顺德的女企业家,在顺德的各个领域展露女性魅力。

赵碧云(迎宾国际集团董事长):我希望,在我做会长的这段时间,将协会搞得有声有色,能够树立我们顺德女企业家的形象,在社会上被各界人士认可。我们对自己就是充分肯定,因为我们觉得做事业的女性,事实上付出肯定不少,但是社会上认不认同?我们一定要言行举止各方面都要比别人付出得更多,稍微不留意,就会被别人认为女人就是吱吱喳喳、八八卦卦、婆婆妈妈，有点事就是是非非，给人留下不理想的印象。所以我们在姐妹聚会上尽量讲慈善讲提升，这两个是主打的话题，其他都是很次要的。

一双丹凤眼，一个真心的笑容，赵碧云的眉眼之间总是透露出幸福。这也许就是人们所说的女人的刚柔并济。

赵碧云（迎宾国际集团董事长）：我是很雷厉风行的那种人。而且我每做一件事，都很希望可以做好。如果不做好，我是不会罢休的。我觉得一下子想太多，好高骛远，目标定太高对自己是一种折磨。你就不会享受这个奋斗的过程。你觉得是一种压力，很容易超负荷。钱是赚不完的，有时候你走错一步，会导致你整盘棋失败。我觉得这一点得不偿失。我觉得每一个经营者都要有一颗平常心。你稳稳妥妥，一年进步一点就够。什么大风大浪，什么经商环境，你都要经受起这个考验。笑到最后你才是赢家。

分享成功和心得，赵碧云还是一贯的坚持稳扎稳打。经营如治家。赵碧云觉得，女人创业比男人难，比男人苦，承受更多的委屈，需要付出更多的辛劳和努力。也因此，女企业家比男人更细心，更谦让，更能承受压力。

赵碧云（迎宾国际集团董事长）：我是想方设法虚心学习，真的是比较认真去做好一件事，还要做得比较完美。这个是我给自己定的目标。所以我很享受这个追求的过程，也很感谢在我一直追求的过程中，上级的领导，身边的朋友，还有我的员工，我的同行对我们的支持，对我们的肯定，对我们的帮助，我们都非常感恩。

中国的改革开放，吸引了众多有胆识、有远见的客商前来投资，扎根顺德。赵碧云是参与和见证改革开放的其中一员，也享受到了改革开放的红利。目前，中国的改革开放进入了深水区，顺德作为改革开放的先锋，始终勇立潮头，继续为中国改革开拓创新。赵碧云当初回家乡顺德创业，原因之一是相信"中国的政策会越来越好"。如今，在顺德大良的新宁路、凤山路、新基路一带构成了婚纱街商业圈，形成了独具特色的顺德婚庆文化。一个企业带出一个产业，婚纱产业在顺德蓬勃发展。

赵碧云在顺德做婚纱，一做就是20多年

纽约·纽约国际婚纱摄影大楼

编导手记

　　赵碧云在顺德企业界是老资格的人,她的企业更多的是放在了香港,所以她总是在香港和顺德间走动。赵碧云接受过各种规模的专访,香港电视台也曾经专门为她拍摄过专题片,这都说明她在香港的企业中具有不小的号召力。

　　这次邀请她参加《顺商传奇》的拍摄,我们也是慕名而来,希望这位前辈可以讲自己的创业故事,可以和更多的人分享一下。她能接受我们的采访,其实不容易,因为当时节目还没有正式开播,赵碧云的节目是最早播出的其中一集。我们也没有什么样片可以提供给她参考,空着手就去采访她。但是她面对媒体已经驾轻就熟,面对镜头,充满自信,表达流利,条理清晰。不论我们问什么问题,她随口就能够说出个所以然来,好像她早就料到了我们会问什么问题一样,一切都胸有成竹。

　　赵碧云的成功我认为是难以模仿的,她不但事业做得好,而且自己的孩子也教育得很好。女儿继承她的基因,在服装设计方面,青出于蓝而胜于蓝。现在在香港开创的品牌发展迅速,这三年,香港慧妍雅集(香港小姐成立的社团)服装基本是她女儿设计的。有人说,"过于优秀的父母亲,会让孩子无法成就,因为他们无法超越自己的父母"。赵碧云却不存在这个顾虑,她让自己成功的同时,能够让自己的孩子更加成功。不得不说,企业家之外,赵碧云更是一个成功的母亲。

印象企业

　　1989年,香港迎宾婚纱(顺德)有限公司成立。
　　2000年,顺德区大良迎宾幼儿园开园。
　　2009年,纽约·纽约国际婚纱摄影大良(总店)开业。
　　2010年,纽约·纽约国际婚纱摄影北滘(分店)开业。
　　2011年,纽约·纽约国际婚纱摄影容桂天佑城(分店)开业。
　　2012年,顺德区伦教迎宾(念慈)幼儿园成立。
　　2012年,纽约·纽约国际婚纱摄影陈村(分店)开业。
　　2012年,纽约·纽约国际婚纱摄影龙江盈信(分店)开业。
　　2013年,纽约·纽约国际婚纱摄影大良步行街(分店)开业。

包容篇

邓云燕：让美味与心情一起停留
——有诚意的天晴朗朗

"这个饼质看起来好像不错，油水挺好的，花生油好香，莲子味也很重，这个是不是百分百莲子？是海藻糖的莲蓉是吗？这些低糖的，老人家都能吃……"在顺德的诸多街道、社区，很多家庭吃到的面包、蛋糕，或许就是当地一家叫做"天晴朗朗"的烘焙食品连锁企业所精心制作的。目前天晴朗朗拥有12家直营连锁店，是孩子们最喜欢、家长们最放心的首选面包、西饼、蛋糕连锁品牌。

邓云燕创办天晴朗朗是无心插柳，从事五金生意的她，从未想过自己有一天也会"跨界"，谈到从事食品生产的初衷，她说其实都是缘于自己接手了亲戚一家经营不善的面包店，从这开始，从未涉足烘焙产业的邓云燕开始考虑要如何做出自己儿子也爱食用的安全健康的食品。她自己的一对双胞胎孩子特别喜欢吃面包，这位慈爱善良的母亲在选材用料方面亲力亲为，主张无添加制作出新鲜美味的面包、西饼、蛋糕……她做的一切，不仅仅是为了自己的儿子，也是为了顾客享用到健康、美味的食品。

五金店老板的跨界经营

中秋节就要到了，又是邓云燕最忙碌的时候，月饼对于她来说，不只是团圆的食品，更要保证大家健康快乐地过节。

邓云燕（天晴朗朗食品有限公司总经理）：我会亲自去选材料。中秋的五仁馅，我会亲自同师傅一起去广州那边，去一些厂家，去一些经销商，看他们的原材料靓不靓，今年的价钱又怎样。今年的莲蓉，我们是二十几家选一家。两家供应商，我们就对比他们的莲子到底有几成，他们用什么油来做。

现在的邓云燕，对月饼侃侃而谈，相当专业。但你可能想不到，她曾经从事的是和食品行业毫不相关的五金业。

邓云燕在澳洲

朗朗西饼已经成为顺德人最爱的西点之一

新鲜烘焙的面包

邓云燕（天晴朗朗食品有限公司总经理）：我之前有一间（家）五金厂，自己很热爱业务这个工作。当时有个亲戚开面包店，就过来跟我借些钱，然后经营了一年之后，他觉得没法经营了。他就说不如你做吧，因为我这个亲戚在面包行业做了十几年，我觉得这个舞台是他的，所以我当时抱着一个心态，就是帮他保管一年，希望他处理好自己个人问题，一年之后我会还给他。但没想到一年之后，他不回来接手，我就做到今天了。

原本只是一个善意的帮忙，想不到就这样摇身一变，成了面包店老板。邓云燕看着身边的面包，还没来得及想清楚该怎么做，家人就提出了反对意见。

邓云燕（天晴朗朗食品有限公司总经理）：当时家里没一个人赞成。以前我整个家族都是做饮食、管理出身，他们觉得做这个食品行业好辛苦。他们说，你这么辛苦干什么？基本早上3点就要起床，晚上11点才收铺。

全家人的反对，并没有使邓云燕动摇。她反而开始思考面包店的可行性。因为无论从事什么职业，每个人都与食品有着不可分割的联系。但说到本地产品，好多人都摇摇头，包括她自己都常常对入口的食物产生怀疑。既然这样，不如干脆就做一个起码自己放心的面包店。

邓云燕（天晴朗朗食品有限公司总经理）：好多人都对我们中国的食品不满意或者是觉得是一些不好的食品，但我觉得不是，只要我们凭自己的良心去做好自己的食品的话，我觉得有得做。我的宗旨是，（做）我两个儿子都能吃的（食品）。

在做面包店之前，邓云燕刚刚生下一对可爱的双胞胎儿子，初为人母，为了表达对儿子的疼爱和对新事业的憧憬，她给自己的面包店起了一个唯美的名字。

邓云燕（天晴朗朗食品有限公司总经理）："天晴朗朗"是我两个儿子的名字，一个叫天朗，一个叫晴朗，所以就注册了"天晴朗朗"这个名字。因为我们以前小时候都很艰辛，所以它（名字）有雨过天晴的意思。生了两个儿子之后，一切的美好生活就会来了。

危机即转机，思路即出路

然而理想是美好的，现实却是残酷的。在美好生活到来前，她需要快速彻底地进入状态。正所谓"隔行如隔山"，对烘焙专业知识的毫不熟悉，让她吃了不少苦头。

邓云燕（天晴朗朗食品有限公司总经理）：当时都好艰难的。怎样艰难呢？因为我真的是一窍不通，对于面包我真的不懂。第一年接手食品厂，去跑月饼销售，个个都拿来试，我们的月饼好不好吃。但那时我不知道什么叫好吃的标准，所以就遇到了好多困难。

面对困境，邓云燕决心从零开始努力学习，去各个面包店试吃，请专业师傅培训，以此来弥补专业知识的空白。与此同时，中秋节如期而至，店里的月饼销售也压在了她的身上。

邓云燕（天晴朗朗食品有限公司总经理）：我自己很喜欢业务这个工作，我以前因为做的是陶瓷展示架，南庄、石湾最出名了，那时我就开着摩托车去跑业务。

重拾当年的勇气，邓云燕再次奔波于大街小巷，向客户推销自己的月饼。但是专业知识的匮乏，加上新品牌刚刚成立，使得不少客户都将她拒之门外，但这反而成了邓云燕的动力。

邓云燕（天晴朗朗食品有限公司总经理）：我觉得他们越挑剔，我们越要服务好他们。服务好了，那他们自然就会认同我们的牌子，认同你这个人。因为他有要求，只要我们服务好他的话，他自然会认同你，那他就会成为一个长期的朋友，长期的顾客。

诚意与专业知识的提升，她终于打开了月饼销量，店里的生意也开始好起来。

邓云燕（天晴朗朗食品有限公司总经理）：我们选红豆的时候，很注重颗粒饱满。我们的面包，通常保质期是三天，我们都会只卖两天。我们都会打两天的保质期，两天的我们就打一天。现烘的，然后新鲜的面包，到晚上收市了，我们就不要了。那怎样处理呢？我们就是拿些面包喂鱼，我们害怕像以前一样，一包包扔到外面，人家吃了又不好，所以我们就统一处理，拿去喂鱼。

但是，一个突然事件让她的生意又陷入僵局。2008年，三聚氰胺毒奶粉事件爆发，全国上下人心惶惶。虽然邓云燕一直以来严格把关，对自己的产品充满信心，但做面包的材料之一就是奶粉，邓云燕的面包店也不可避免地受到了影响。

邓云燕（天晴朗朗食品有限公司总经理）：因为我当时不知道外面的烘焙行业是怎样的，通过我自己做一年之后，我觉得这样做不行，因为以前我见这行都做色素的食品，整支人造色素倒下去做。像以前的生日蛋糕，看到有好多花，五颜六色，其实就是人工色素。现在天晴朗朗的食品基本上不会有色素，基本上我们全部改用新鲜的水果、朱古力片。你不

会看到那些五颜六色的花，已经没有了。虽然我的成本高了，但是我觉得起码给了大家健康，我问心无愧，我觉得对社会，我愿意承担这个责任。

这样的坚持，带来的就会是高昂的成本。邓云燕不得不立即想办法，帮助面包店度过这次危机，这时她想到了自己的五金厂。

邓云燕（天晴朗朗食品有限公司总经理）：头五六年都是从这里调资金过去，买地，建厂房，做设备。

然而面对邓云燕的苦心经营，有不少员工表示他们想不明白，为什么在这紧要关头，头儿还要坚持做亏本买卖？

邓云燕（天晴朗朗食品有限公司总经理）：因为他们不理解，做好的食品对外界有什么好处，对他们自己有什么好处。他们就觉得只是打一份工，快就行了，做好就行了，他们对食品的要求不高。

三聚氰胺事件过后，邓云燕深刻地认识到食品安全的重要性，于是她又作出了一个出人意料的举动。

邓云燕（天晴朗朗食品有限公司总经理）：在食品这个行业，我是第一个买保险的，我现在买的食品保险，买了保额1000万元。当然不是说买了保险就安心，而是觉得让大众放心。我很执著，因为我怕吃坏人家。对我们的员工，每天都像教儿子那样，每天要同他们说，你们要做好点，你们一定要做到过得了自己和别人的关，如果是顾客吃了肚痛，客人痛一天，你们会痛三天。

甜蜜邂逅，甜蜜事业

好的质量，放心的购物保障，使得越来越多的人走进店里。为了让更多的人一起分享美食，2014年邓云燕又开始尝试电子商务发展，大力打造微信销售。

邓云燕（天晴朗朗食品有限公司总经理）：一下之间我们有一两万个朋友关注了。而且我们拿1000盒出去促销，没想到很快就抢光了。现在我们的顾客，微信里面的朋友、会员，在我们的客户端问我们什么时候再有月饼销售，我们已经做到支付宝支付、银行卡支付、会员卡支付和微信支付。

许苡宾（天晴朗朗食品有限公司网络营销总监）：邓总投入了很多的资源去支撑这方面的工作，很有前瞻性，很有长远的眼光。

市场的欢迎最终印证了邓云燕一直以来坚持的意义，也正是这种坚持，吸引了越来越多的商家找上门来，主动寻求跟她合作。

王富珍（佛山市顺德李小龙乐园有限公司总经理）：每一期的月饼出来，她都会叫她的那两个儿子先吃，两个儿子你知道的，现在的子女那么金贵，她都够胆叫自己的儿子做"白老鼠"，我们为啥不放心？

员工们的信服，合作伙伴的认同，令邓云燕兴奋不已。但最让她开心的是，家人从原来的反对变成了今天的自豪。

邓霜燕（邓云燕妹妹）：最辛苦最苦难的时候我叫她不要做，叫她卖了它。但是她说，"朗朗"是她的"儿子"，是她一手创出来的。怎么可能父母会卖了自己的儿子？在她身上真的学到了好多，比较积极，她每做一件事，她都会往好的方面去想去做。

今天的面包店，早已不是当年的小铺头，打开局面的邓云燕更忙碌了。但作为母亲，她也从来没有忽视自己的家庭。一到暑假，邓云燕就让两个儿子到自己的工厂打工，教儿子打包月饼，锻炼他们的独立能力，并且常常带他们外出体验生活。在她看来，只有对身边的一切充满热情，才能让生活和事业一样甜蜜。每逢中秋、重阳或其他节假日，她经常带两个儿子到敬老院，给老人家送去爱心。

邓云燕（天晴朗朗食品有限公司总经理）：带着小朋友过来，帮他们老人家洗脚，和他们聊天。让孩子知道，我们的父母很辛苦才将我们养大，但是父母一天天变老，让他们知道怎么去孝顺老人家。我65岁后，可能会背着背囊，将爱心传递给身边所有有需要的人。

秋日午后，天晴朗朗。阳光从树缝间洒下，透过明亮的玻璃落在店内琳琅满目的各式点心上面，也落在了邓云燕的脸上，她的眼神自信而柔美。天晴和天朗两个可爱的儿子一天天地长大，天晴朗朗食品有限公司也一天天地成长，对于未来，邓云燕还有许多美好的设想，谈论起来，她的脸上洋溢着满满的幸福和甜蜜。唯爱与美食不可辜负，一位有良心的食品生产者，除了要"让美味与心情一起停留"，还要严格坚守食品生产的道德底线，坚持到底，唯有如此，才能奉献给顾客带有诚意的一份美食。

天晴朗朗赞助的活动

编导手记

一个不懂面包也不爱吃面包的人,一个机缘巧合接手面包店,却能从一个小店开到十几家分店,她的能力毋庸置疑。但是这个看上去很雷厉风行的女强人,说起话来特别温柔,而且她的逆向思维总让人觉得意外又豁然开朗。她对工作充满热情,越挑剔的客户她越有勇气去挑战,因为要求最高的都满意了,以后他就会是忠实的顾客了。

都说"做食品就是做良心",燕姐对食品的要求可以称得上是严苛,用给自己孩子吃的标准出售给消费者。在顺德同行还是在面包包装上贴标签的时候,她率先采用喷墨打印日期,而那些日期其实比保质期还早一天,她说,不允许自己的店里出现食品安全的问题。所有到了保质期的面包蛋糕全部丢进鱼塘,提起来她还笑着说,吃面包的鱼,鱼肉都要香嫩好多。

作为一对双胞胎孩子的妈妈,说起自己的孩子总是停不了口,她和我们分享了好多教育孩子的事情,将他们教得善良有礼貌,爱学习,乐于助人。一个忙碌的事业和家庭都能兼顾的女人,唯有"智慧"二字可形容。

2006年6月,出于一个善意的帮忙,邓云燕代亲戚管理一家面包店。

2007年6月,代管理面包店一年后,亲戚不愿再接手,邓云燕变成面包店老板。面包店改名叫"天晴朗朗",寓意"雨过天晴,一切将会越来越好"。

2008年初,由一家店发展到3家分店。同年投入大量资金买地建厂房,建食品中央工厂,引入先进设备及专业人才。2008年底在龙江的分店数量达到5家。

2009年,天晴朗朗在大良开设第一家店,向顺德中心城市发展迈出第一步。

2010年,在勒流镇开设分店,大良分店数量发展到2家。

2012年,再次投入大量资金,厂房由原来2500平方米,再增加2000多平方米。并且引入大量先进的月饼生产设备,月饼生产能力比原来翻了好几倍。

2013年,在杏坛开设了第一家分店,龙江、大良增加了分店,总分店数量达到了13家。

2014年初,引入企业管理咨询顾问及网络营销顾问,同时组建电子商务部门,利用微信、淘宝等电商平台,将产品销售到全国各地。

包容篇

欧阳凤婷：陶瓷里的生活品位
——"三少奶"的陶瓷生活馆

奢瓷，富贵、优雅、精致的高端联想；三少奶，豪门、闺秀、足够亲切的生活气息。欧阳凤婷，一个人如其名、风华绝代的时尚靓姐——2010年，欧阳凤婷创立"三少奶奢瓷艺术家饰有限公司"，经营得风生水起，极大地提升了顺德的城市文化品位。

三少奶奢瓷艺术家饰有限公司成立于"南方瓷都"——广东佛山。"三少奶"吸收佛山陶瓷雕塑手工艺的灵魂，以陶瓷与电器完美融合的产品为公司创立之本，以陶瓷泰斗、国瓷把关人——张守智教授为首的业界专家顾问团队为指导，以世界领先的弧度印花技术为依托，为广大消费者提供尊贵的陶瓷艺术品、高档商务礼品。

自顺德旗舰店成立至今，"三少奶奢瓷"已在顺德、中山、佛山禅城、广州、上海、郑州、成都等地区设立旗舰店。"三少奶奢瓷"与陶瓷结合，通过日常生活所用的花瓶、餐具、茶具以及陶瓷装饰画等，借助陶瓷产品精美的书画艺术及其蕴含教育意义的故事，弘扬中国优秀传统文化……

真正china品牌的陶瓷梦

播音、财务主管、公司总裁出身的传奇靓姐欧阳凤婷已然是玩瓷、鉴瓷和制瓷的行家里手。她如数家珍地对大家把玩和介绍各种玲珑剔透、奥妙无穷的瓷器，以权威专家的口吻如是说："我教你们看看什么叫白里透青，青里透白……"

"三少奶奢瓷"顺德旗舰店开业仪式

"三少奶奢瓷"公司团队培训活动之礼仪培训

"瓷荟岭南"艺术展开幕仪式

"瓷荟岭南"艺术展

艺术展慈善拍卖晚会活动

欧阳凤婷（三少奶奢瓷艺术家饰有限公司创始人）：当时客人问我们，为什么你们的价钱比别人高一些？那我们就跟他们解释，我们在用料方面很讲究。那用什么来证明？于是我们说，其实检验一个产品质量高不高，一定要看看它耐不耐摔。还有，就是看是手拉坯还是机器做的。

每当欧阳凤婷说起瓷器，眼里总是充满着光彩。虽然身处制造业已经19年，但是她对瓷器的特殊感情依然无法被取代。瓷器在中国人生活中随处可见，但曾经欧洲人对中国瓷器非常痴迷，如果能拥有一件中国瓷器会是无比荣耀的事。"china"这个英文单词使得"中国"与"瓷器"成为密不可分的双关语。但是，作为生产大国，中国的瓷器却极少有叫得出名字的品牌。常在国外生活的欧阳凤婷看到外国人将瓷器运用得淋漓尽致，感觉非常复杂。

欧阳凤婷（三少奶奢瓷艺术家饰有限公司创始人）：那些大品牌都是外国的，陶瓷在他们的生活（中）占了很大的一部分。譬如，一个下午茶，他们可能用一套很漂亮的咖啡具，到了晚上，他们可能又会用另外一套。现在生活这么匆忙的时候，你会觉得怎么生活这么挑剔，其实他们是乐在其中，你会感受到他们在这个过程是多么喜悦，多么优雅，所以其实我很羡慕这样的生活。回国后，我通过观察，觉得其实我们很多人是很有条件过这样的生活（的），但是他们暂时还没有这种习惯。

2007年，"中国制造"的旗号闻名全球，市场竞争空前激烈，产品品种越来越丰富，生命周期却越来越短。欧阳凤婷与丈夫周伟全旗下的美奇电器有限公司也正遭受着考验。尽管他们所生产的小家电一直以来都保持着罕有的零退货纪录，但一直都在为顺德乃至世界各地的大企业贴牌，如何在传统家电里走出差异化，炼成一个属于自己的中国的品牌瓷器，再次活跃在欧阳凤婷的脑海中。

欧阳凤婷（三少奶奢瓷艺术家饰有限公司创始人）：其实陶瓷有很多优点。漂亮，你可以把它作为摆设。如果是经过大师的手出来的东西，你又可以把它作为艺术品。另外我们在清洁的过程中比较容易清洁，它又是不粘渍的。

把陶瓷做成电热水壶

陶瓷电热水壶既美观又环保，然而这个创意提出来后并没有得到积极的回应。

欧阳凤婷（三少奶奢瓷艺术家饰有限公司创始人）：当时我们的总经理之前是在陶瓷厂做过的，反而在陶瓷厂做过的人就觉得是没有这个可能，因为他们知道陶瓷的特性，它可能是同一个模具盖出来的东西，放在炉的旁边或者中间，或者在前，或者在后，或者在第一层、第二层，其实是不同的，烧出来的（东西）的规格都有一点的变化。

为了生产出独具特色又优质的产品，只是打模就历经了一年多的时间，欧阳凤婷带着团队走遍了全国陶瓷的基地，最终确定了深圳和景德镇两个高档陶瓷产品生产基地。

欧阳凤婷（三少奶奢瓷艺术家饰有限公司创始人）：最大的困难就是壶身的变形，因为一般景德镇烧的温度是1200多（摄氏）度，但是我们是烧1380（摄氏）度，而每提升一（摄氏）度的温度，变形的几率就会越高，和底部发热盘来配合的时候可能就有很大的难度。但是能保证到质量，在烧制的过程中温度越高，波化的程度越高，那些有害物质就会全部释放出来。终于到今天才研制出来，我记得我们最新的产品是2008年年底出来的。

2011年3月，"三少奶奢瓷"生活艺术体验馆在顺德隆重开业，款式新颖的陶瓷电热水壶，各种风格鲜明的陶瓷餐具、茶具让人赏心悦目，过硬的质量让销售团队敢于在客户面前"摔壶"来证明自己。

欧阳凤婷（三少奶奢瓷艺术家饰有限公司创始人）：你看这个已经是很白的了，但这个更加白。如果是没有烧透，品质没有那么好的话，里面的密度是没有那么高的，你仔细看看，（烧不好的）还有些气泡。我觉得这也是向消费者表白的最好途径。

回味无穷的"三少奶"

精美的瓷器让人爱不释手，而同样让人津津乐道的还有"三少奶"这个让人回味的名字。随着对陶瓷市场的了解逐渐深入，欧阳凤婷向各种陶瓷大师学习的机会也越来越多。2013年她决定再次升级，进军陶瓷艺术收藏领域。

欧阳凤婷（三少奶奢瓷艺术家饰有限公司创始人）：因为有句话叫做"室无瓷不雅"，官窑是以前皇帝才喜欢玩的，精挑苛选，是一种要求很高的艺术工艺。我们都喜欢，是因为它受众比较多，不单是中国人，全世界的人都喜欢，所以它流通的机会大了，然后交易的机会多了，升值的空间潜力就大。

这次是"三少奶奢瓷"一年内举行的第四届瓷荟岭南艺术展,每一届都会展出省级和国家级陶瓷工艺大师的作品近300件,不但让顺德的嘉宾感受到景德镇陶瓷的魅力,也让景德镇的艺术家们对"三少奶"这个名字倍感亲切。

李家正(江西省工艺美术大师):"三少奶"这个名字在景德镇我们早就听说了,进陶瓷收藏界不长的时间,就办了这第四次(艺术展),一般人是不可能做到的,金钱、精力和热情都在其中。我们做出来的东西就是希望人家去懂,去欣赏,去理解,去共同评赏、鉴赏……

欧阳凤婷(三少奶奢瓷艺术家饰有限公司创始人):相对来说,每一次搞展览我们卖出去的瓷器的数量,别人反馈过来评价说你们算是最多的了。发现每一次去(景德镇),说起"三少奶","三少奶,我知道,在顺德!"其实他不知道我是"三少奶"本人,感觉比较欣慰,得到了别人的认同,觉得自己好幸福,也很幸运。其实我觉得有很多人比我更加努力,比我更加聪明,可能因为他们名字没有我这么响或者没这么容易记。

讲起"三少奶"或许总是有人忍不住会心一笑,觉得暧昧,对此欧阳凤婷非常淡然,这个名字就和她的瓷器一样需要细细品味。

欧阳凤婷(三少奶奢瓷艺术家饰有限公司创始人):其实"三"是很有意思的,道生一,一生二,二生三,三生万物,这个是老子《道德经》里的一句话,其实是表示"三"是多的意思。那少奶,你也知道,如果大家族里面有这么多个少奶的话,大少奶、二少奶可能很忙的,是不是?可能她们会主持大局,做很多家庭上的事务,三少奶比较有空一些,那些时间可以拿来打扮,办一些艺术品这方面的东西,所以我们可以理解(三少奶)为一种比较知书识礼,以及比较通情达理和比较有品位的一个称谓。

精美的瓷器与讲究的生活

走进"三少奶奢瓷"生活馆,精致、悠闲的生活气息扑面而来,这也是欧阳凤婷最喜欢的工作地点。欧阳凤婷这位讲究情趣的瓷器主人意图以她个人对美丽的些微努力,提升同胞们的生活品质。

欧阳凤婷(三少奶奢瓷艺术家饰有限公司创始人):拿茶叶可以拿得漂亮一点,可以这样一旋。刚刚加茶的细节需要两只手,如果一只手,客人可能会觉得你不是很尊重他。

她以女性企业家的细腻和高要求审视、打造着这个小天地,亲力亲为,力求最好。

欧阳凤婷(三少奶奢瓷艺术家饰有限公司创始人):慢慢地去用一种严格的要求去要求自己,同一件衣服,你可以穿得很体面,也可以穿得很邋遢,那你当然要干干净净,整整齐齐,你才达到一种别人舒服,你自己舒服的效果。

不是王婆卖瓜，作为有"美癖"的欧阳凤婷就是这么优雅和讲究。她认为，小至一个家庭的摆设，也无不体现出主人家的品位。她强调，不管是餐具，还是茶具、卫浴洁具、摆件饰品等，都应该有统一的风格和整体的布局，更要避免多种用品因不同设计风格带来的美学缺憾，而精美、高雅、文化气息浓郁的陶瓷自然成为居家生活至关重要的上上之选。

回报社会的女慈善家

都说做企业家难，做女企业家更是难上加难，但欧阳凤婷却因为这份事业而倍感幸福。

欧阳凤婷（三少奶奢瓷艺术家饰有限公司创始人）：在十几年前我就已经接触了陶瓷，一直都很喜欢陶瓷，直至三年前我才有机会去涉入这个行业，我慢慢就觉得越做越有感觉，也越开心，特别是我先生现在和我一起，很喜欢这个行业，另外他还给了我很多意见，和我一起去出谋划策，和我一起去请教大师。所以不但只是我自己开心，连家庭都和谐了很多，因为我们夫妻有共同的爱好。

2014年1月，在"三少奶"举办的第二届艺术展开幕当晚，一批艺术品、名家字画现场拍卖出14万元，欧阳凤婷夫妇当场宣布将款项全部捐给顺德频道作为慈善爱心圆梦基金，去帮助一些有实际困难的家庭。

欧阳凤婷（三少奶奢瓷艺术家饰有限公司创始人）：我们有幸与顺德电视台一起，让陶瓷艺术与慈善事业美丽邂逅，启动爱心圆梦行动。我们一直认同，慈善，是一种"心"的文化，是社会先进文化的有机组成部分。慈善与艺术，从来都是一对相伴而生的孪生姐妹，慈善文化与高雅艺术一样，起着塑造人性德行、内在"真善"的积极作用。在此也希望今晚的活动能得到大家的大力支持！

事实上，从1997年开始，欧阳凤婷夫妇就在默默地资助困难学龄儿童，有的从小学读到研究生。瓷器艺术让他们又多了一个传递幸福的平台。

欧阳凤婷（三少奶奢瓷艺术家饰有限公司创始人）：我觉得这是一个人的社会责任，是需要这样做的，其实，将心比心，一个人自己过得好，都希望身边的人过得好一点，那如果可以尽自己的能力帮助到别人，我觉得自己应该要这样做。

欧阳凤婷，这位传奇的"三少奶"创始人，不仅经营着精致的"陶瓷（china）"文化产品，还把自己锤炼成了一个外在优雅与内在德行并行的"中国人（Chinese）"，以一己的力量，极大地提升了顺德的城市文化品位。

欧阳凤婷通过不断努力去成就自己的事业后，不忘家乡建设，不忘回馈给社会。她认为，慈善是企业家践行社会责任的一种方式，我们的社会也需要倡导这样的价值观念，虽然个人财富是通过个人努力获得，通过合理合法的途径取得，但财富最终还是应该回归社会，这才是正确的财富观、价值观。通过慈善来实现社会财富的再分配，是人类社会追求公平的最高境界。欧阳凤婷的境界，就体现在这种追求中。

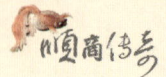 

编导手记

婷姐本人和她的店铺名字一样大方得体，说话做事不急不缓，举手投足尽显大家风范，事实上，"三少奶"也是说她。她的店铺里干净明亮，随处可见盆花，全是她一手打理。她特别开心地告诉我们，不少花眼看就枯萎了，经过她手，又能新生。说这话时，她又自然而然地将一瓶插花调整了造型，并且细心地把桌面上的叶子扔进垃圾桶，一会儿又把一排椅子细细地摆整齐。我们拍摄的时候，店里正在举办陶瓷艺术展，一大批拍卖和选购回来的艺术精品琳琅满目，连从景德镇过来的陶瓷大师都对她的审美观和魄力赞不绝口。只有讲究的人才能将艺术和事业优雅结合。

早在这次拍摄之前，她就有和电视台合作，拿出一些艺术品拍卖，将所得善款注入《爱心圆梦》栏目，帮助有需要的人。有时间她还和丈夫一起去到困难家庭，和他们聊天，了解他们的需要。那是他们首次在媒体前做慈善，事实上，他们十几年来一直在资助困难学生，她让自己的孩子亲手给每个资助学生回信，带他们在顺德参观，有的学生还读到了研究生。她没有详细说自己怎么去帮人，却将帮人的快乐分享。

人们总说太忙，忙到忘了快乐，忘了自己，忘了用心体味生活，忘了发掘细节的美好。而她却能慢下来，把日子过成诗，简单而精致。

印象企业

2011年1月，"三少奶奢瓷"顺德旗舰店隆重开业。同年8月，"三少奶奢瓷"中山店隆重开业。9月，"三少奶"欧阳凤婷总经理荣获"2011年度佛山市优秀女企业家"称号。"三少奶"（佛山禅城）加盟店、上海吉盛伟邦店、郑州店成功开业。

2012年5月，"冠军论道"主题活动在"三少奶"总部展厅隆重举行。同年9月，"三少奶奢瓷"创始人欧阳凤婷荣获"佛山公益慈善之星"称号。"三少奶"销售精英夏季培训班圆满结业。

2013年1月，"三少奶奢瓷"获选2013广东广播电视主持人大赛指定用瓷。同年3月，"三少奶奢瓷"应邀参加佛山"巾帼芳华"陶瓷艺术品及书画作品展。创始人欧阳凤婷荣获"2012公益慈善之星"称号。7月，"三少奶"成功举办首届景德镇艺术陶瓷作品展。12月，"三少奶"举办陶瓷艺术"百花奖"暨名家作品展。

2014年4月，第三届"瓷荟岭南"景德镇中青年陶瓷艺术家作品展隆重开幕。新加坡艺术交流团参观"三少奶奢瓷"顺德旗舰店。同年7月，"三少奶"第四届"瓷荟岭南"艺术展隆重开幕；"陶瓷艺术品鉴赏与投资前景"研讨会在"三少奶奢瓷"举行。11月，"三少奶"第五届"瓷荟岭南"艺术展隆重开幕。

08

文化责任,文化力量

郑乃谦：指尖上的广绣
——绝妙的富德工艺品

广绣、湘绣、苏绣、蜀绣被称为"中国四大名绣"。广绣是以广州为中心的珠江三角洲民间刺绣工艺的总称，以构图饱满，形象传神，纹理清晰，色泽富丽，针法多样，善于变化的艺术特色而闻名。有史籍记载，唐代一个叫卢媚娘的14岁的广东姑娘，在一幅一尺见方的丝绢上绣出一卷佛经《法华经》，字体比粟米还小，而且点画分明。

16世纪，广东顺德、南海一带出口的广绣日用品名扬海外，被西方学者誉为"给西方的礼物"。当时广州刺绣艺人已能够娴熟地运用绒线绣，用孔雀毛、马尾等作线缕和勒线，用金线和银线刺绣。明正德九年（1514），一个葡萄牙商人在广州购得龙袍绣片，回国献给国王而得到重赏；嘉靖三十五年（1556），葡萄牙人克罗兹看到珠绣花鞋等一些广绣工艺品，惊叹为"绝妙的工艺品"。明末到清朝中期是广绣业的繁荣时期，英国商人开始来样加工。由于来样设计色调丰富，突出了西洋画的艺术风格，运用了透视和光线折射原理，故对广绣产生深远的影响，广绣开始从民间小作坊的小批量生产逐渐向商品化大规模生产发展。

民国时期的顺德，家家户户都有人会广绣。据统计，19年前，在北滘、沙滘一带，仍然有三四百人从事广绣。但是到了今天，在顺德唯一经营广绣的广绣大厦里面，只剩下二十几位绣工，懂得广绣的人越来越少，坚持致力于广绣发展的人，更是屈指可数。已经年近七十古稀的郑乃谦，就是其中的一位。

被动入行，青春坚守

在大良华盖路步行街上，有一座大楼叫"广绣大厦"，门口挂着文东、富德、广绣庄三块与广绣制作有关的企业的牌子，身为中国工艺美术学会刺绣艺术专业委员会副会长的郑乃谦，是这几家企业的董事长。

郑乃谦（佛山市顺德区富德工艺品有限公司董事长）：在顺德找人绣花就不现实了。为什么？因为现在的人，年轻的不肯做绣花，以前懂绣花的，基本都老了。

曾在1915年巴拿马世博会上获奖的广绣，却在近现代命运多舛：中华人民共和国成立前的战争，令广绣无处安身；中华人民共和国成立后手艺人纷纷转行，广绣几成"绝"艺；改革开放后，虽略有恢复，但周期长、市场小、利润薄的现实，怎么也难与新兴大工业抗衡，于是日渐式微。

阮贤娥（广绣传承人）：在这里，在顺德，很多人都不知道我们有这个广绣大厦的，很多学生都只是当时来看一下，实际上做的就真的很少人，都没有人想做（绣工）。

被动入行，郑乃谦却成了那个坚持到现在的人。对于广绣的感情，他无法用语言表达出来，只是会每天都对它付出自己的心血、自己的青春。

郑乃谦（佛山市顺德区富德工艺品有限公司董事长）：（找绣工）这是一件很麻烦的工作，经常要跑去山区。不是找他来顺德做，而是在山区当地做（广绣）。其实我自己入行，也是很被动的。我不是祖传做绣花的，我只是二十六七年前被派到这间（家）厂管理绣花的。我只是希望既然来到这个地方，就要做好它。我想这辈子不会有第二个职业了，现在年纪这么大了。对于广绣，这很难讲是什么感情，但是我把它当作一种事业去做。

广绣披在世界肩头

1982年，郑乃谦带领团队，凭借绣品《百鸟朝凤》获得国内工艺美术最高奖项——百花奖金杯。2007年，郑乃谦带领的富德工艺品发展成为全国绣品出口的老大。中国销往欧洲的手绣披肩，七成来自顺德，他将广绣"披在了世界肩头"。但是在2008年，欧洲遭遇经济危机，广绣的出口遭遇重挫，这几年来，郑乃谦吃了不少苦。

郑乃谦（佛山市顺德区富德工艺品有限公司董事长）：这个经济危机的打击是相当大的。实际的压力大，思想上压力就不会很大。为什么？（因为）它有低谷的时候，也有波峰的时候。只要我们有信心能够挨得过低谷，就有迎来高峰的机会，现在的形势应该就是向上的形势。

郑乃谦虽然对广绣出口的复苏抱有信心，但是几年下来，郑乃谦说，自己的头发比以前少多了。因为自己得想办法，在出口不行的情况下，怎么样保住手下一班人的收入。这个时候，他作出了一个矛盾的决定。

郑乃谦（佛山市顺德区富德工艺品有限公司董事长）：我们以往很忌讳别人模仿我们的产品，因为这个行业最大的通病，就是仿造别人的产品。内销是侵权最多的一个领域，所以我们不会内销。但是我们看到2008年欧洲经济危机这么严重，对进口商来说，整个市场非常之冷淡，非常之沮丧，非常之

富德工艺品有限公司董事长郑乃谦

没有信心，我们就考虑到不可以把鸡蛋放在一个篮子里，必须冒险走内销这条路，哪怕他偷我们的稿，哪怕他侵权，都要冒这个风险。

2009年，国内第一家广绣庄出现了。以前买着国外奢侈品的国人，在国内市场上第一次看到了国际走红的中国的奢侈品的真面目。

郑乃谦（佛山市顺德区富德工艺品有限公司董事长）：现在在广绣庄，不但能够看到以实用绣为代表的各种披肩，还能看到富有顺德特色的欣赏绣。实用绣采用的是双面刺绣，正反两面一样精美，可以水洗，用的年份越久，绣品越漂亮；欣赏绣则需要装裱起来，仅供欣赏，国内市场需求尤其大。

手工新作，绣品"变脸"

虽然冒了很大的风险，不可否认的却是，郑乃谦的这次转型非常成功。但是，在高科技时代，手工刺绣该如何发展？既能够体现古老的刺绣行业特色，又能跟先进的现代科技相结合的是什么呢？

延续了几千年的广绣得以传承

郑乃谦（佛山市顺德区富德工艺品有限公司董事长）：最能够体现古老的刺绣行业跟先进的现代科技相结合的，就是我们保留了手工刺绣，但是我们用电脑来计算成本，计算用料。这个是全中国唯一的，只有我们。4336条丝线，假设一个小时做15条线，4336除以15，1.68个月（可以完成绣品）。全部都是用DOS语言设计的，后来两次升级，已经是用视窗来操作了。

延续了几千年的广绣，在郑乃谦的手里实现了与现代高科技的融合，也许这就是广绣得以发展到今天的秘诀之一。这个看似简单的操作过程，其实暗藏着普通人看不出来的商业机密。

郑乃谦（佛山市顺德区富德工艺品有限公司董事长）：尽管仍然一直坚持纯手工刺绣，但现在，设计调色也已加入电脑技术，将绣品从粗放的9色或24色发展到了现在的300色至400色。

这一小小的变化，让绣品不断"变脸"。新技术、新工艺、新组织形式和生产流程，正让广绣老树发新芽。

郑乃谦（佛山市顺德区富德工艺品有限公司董事长）：目前来说，做好广绣首先要对销售市场"门儿清"，用东方工艺做西方题材风格。其次，改变传统家庭作坊式的生产模式。

富德有一支40多人的研发队伍，他们用多年时间研究"双面绣"，解决了以往绣品正面好看、反面粗糙不堪的弊病，一条披肩最贵可卖到五六千元；还研究出一种标准刺绣动作，能将一套动作耗时控制在2.3～3秒内。

郑乃谦（佛山市顺德区富德工艺品有限公司董事长）：富德先后在广西、贵州、湖南等地开办了30家分厂，组织五六千工人集中培训、集中生产；而设在顺德区华盖路的总部企业，主要进行设计、画图、做样，然后发往分厂生产，再将成品回收、打包出口。

千年工艺盼传承

郑乃谦再过两年就70岁了，年近古稀的郑乃谦最担心的就是广绣传承无人。他早早地就考虑过了事业传承的问题。我们经常说子承父业，对于郑乃谦来说却是女承父业。

郑乃谦（佛山市顺德区富德工艺品有限公司董事长）：我的女儿郑茵会说西班牙语，也会讲英语。她的英语是专业八级的。其实应该说，她原来就已经是英语专业八级，在回来之后见到的西班牙的客人比较多，然后她又专门去广外学了一年西班牙语，就跟着我去了12年西班牙，什么都会了。

郑乃谦这对父女兵，现在在西班牙是出了名的搭档。他不担心自己的位置没有人承接，但是他很担心广绣事业无法传承下去。

郑乃谦（佛山市顺德区富德工艺品有限公司董事长）：广绣的传承不是一个人的传承。很多人误以为，广绣的传承就是师傅带徒弟，其实广绣是一个非常普及的工艺。以前是整个社会都从事的。在清代的时候，几乎所有女人都会绣花，因此你说谁可以传承？这是一个广泛的群众活动，不可能一个人来传承，或者一个人教别人。传和承都不是一个人的事，这是一个群体、一个整体的活动。因为我们觉得广绣要传承，必须在社会上大家一起做。

知易行难。文化的传承更加是这样。我们有意识地传承，并不意味着文化就能保留下来。因为时代的变迁，总是会有文化被遗忘。

郑乃谦（佛山市顺德区富德工艺品有限公司董事长）：如果我们的市场好像印度一样很多人用绣品的话，一定可以保存。又比如欧洲、地中海沿岸，他们很多人都用绣花披肩，那就好了。如果我们的国家能够有这样的市场，一定可以传承下去。但是，再看另外的地方，

更多的年轻人加入刺绣行业，用指尖绣出美丽人生

原本年老那一代是用绣花的，但现在年轻的一代完全放弃了。假如明天我们走到这样的地步，很可能无所谓，广绣到时候可能（就消失了），所以能不能传承下去，它成败的可能性有多少？也是一半对一半的。

因为担心广绣的传承，郑乃谦每年都安排绣工开几次培训班培养新人，但是经常收效不大。

阮贤娥（广绣传承人）： 刚刚开始学一两年，刚刚学会了基本功，但还做得不够快，因为做得不快就赚不了钱，所以很多人都是来一下就走了。

郑乃谦（佛山市顺德区富德工艺品有限公司董事长）：实用绣，广东最厉害的就是我们了。所以，在这方面当仁不让地做好实用绣的传承是我们的责任。怎样做好？我觉得生产性保护是最有效的。另外，公益性的培训也是特别有效的。生产性保护，你可以集合很多人来做这件事。公益性的培训可以使很多人了解和喜欢广绣，因此你无形中就在涵养自己的市场。

郑乃谦，几十年来没有离开过刺绣。他慢条斯理的性格，就像广绣一样，慢工出细活。最近，中国刺绣专业委员会成员选举郑乃谦为主任委员，这是顺德第一次掌管中国刺绣大旗。

郑乃谦（佛山市顺德区富德工艺品有限公司董事长）：千里之行，始于足下。你可以看得远，你做千里之行的准备，但你必须从脚下开始，一步一步地走。不要以为一出来就能成就大事，不要以为一离开学校就可以买楼买车。你必须从实际一点做起，只要你努力，一定会有成绩，一定能够有成就。

郑乃谦的人生犹如千年广绣，他用他的勤劳、智慧，他的认真他的执著，他的真诚他的社会责任感，一针一线，绣出一幅绚丽辉煌的人生画卷。广绣作为一门古老工艺和非物质文化遗产，其文化价值远远超过了本身的实用价值。郑乃谦期待在未来能让更多的人认识并喜欢上这门古老的技艺，有更多的年轻人加入到刺绣的行业中来，用指尖绣出美丽的人生。

编导手记

　　一想到郑老先生，我心里头就开始犯乐。这位老人家是我采访过的年纪最大的嘉宾。讲话慢条斯理，我们无论提出什么要求，他都慢悠悠地回应我们，所有的事情，经济危机、传承的挫折，到了他那里，听起来都像在讲故事，娓娓道来。看到他这样的企业家我就总想对他们笑，因为他经历了那么多的商海的变化，已经沉淀了下来。就像一棵老树，我们可以在它下面纳凉闲聊。我们这些后辈在他面前可以放松下来，听老人家讲故事。

　　郑老先生虽然年近古稀，但是身板特别直，可能是每天自己都在广绣大厦里的五层楼间走来走去吧。他们那个年代的人，讲究干一行爱一行，和古人说的"既来之，则安之"是一致的。和我们这个年代出来的人很不同了，我们更追求自己喜欢做的事情，而不一定是手头上的事情。他们可以踏实地承受、接纳自己得到的，而现在我们面对工作会作出选择：赚钱多但是自己不喜欢的，赚钱少但是自己喜欢的……现实却是我们常常要面对赚钱少而且是自己不喜欢的工作。

　　如果有空，真的希望多去和郑老先生聊会儿天。我们年轻的心，需要这样的老人家去引领。不是有句话说"与君一席话，胜读十年书"吗？郑老先生让我们看到的是经历岁月的洗礼后，留下的坦然与豁达。假以时日，我若没有什么物质上的成就，精神上能够像郑老先生那样，我也满足了。

 印象企业

1973年，顺德二轻局在大良绣花社的基础上成立顺德二轻工艺刺绣厂。

1974年，省外贸将移交给番禺的刺绣总厂转由佛山地区经营。

1982年，顺德总厂绒绣作品《百鸟朝凤》获全国工艺美术产品百花奖金杯。

1983年，顺德总厂成立广东刺绣研究所，随后研究所挖掘整理、研究、编撰了文字与实物相对照的广东针法一套，含70种针法、1640个实例，并于1984年通过了专家鉴定。

1985年，顺德总厂的刺绣区域向潮汕和韶关地区推移，在潮汕、揭阳、英德一带发放刺绣加工件。

1989年，顺德总厂开始推行集中生产方式。1989~2007先后在湘、桂、黔、滇、川、渝、鄂、豫、冀、赣、苏、浙、皖、粤14省区市的130多个县组织过广绣培训，并组织广绣产品生产。顺德总厂始在绣品图案设计中应用电脑和专门编制的软件。

1990年，开始推行手绣生产的动作管理。在此基础上，2005年成功探索出手绣品用工量、用料量的科学计算方法，并在生产实践中成功应用。2010年开始在行业内介绍推广。在中国刺绣行业中，目前仍只有顺德总厂的这套方法能以数据形式科学准确地计算成本。

1992年，顺德总厂开始大力研发双面实用绣的技法，经近十年努力，建成了数千人的双面实用绣技术队伍。

1998年，企业转制后，更名为佛山市顺德区富德工艺品有限公司。

2007年，顺德总厂成为中国工艺美术学会刺绣艺术专业委员会副会长单位。

2009年，顺德总厂获文化部、商务部等部委联合颁发的"国家文化出口重点企业"称号。

2011年，获颁"广东省传统工艺美术产业保护和发展基地"称号。

2012年，被认定为省级非物质文化遗产。

2013年，获颁发"广东省非物质文化遗产生产性保护示范基地"称号。

2014年，顺德总厂成为中国工艺美术协会刺绣专业委员会会长单位。

吴英海：熟悉的地方有风景
——丝绸博物馆的人文理想

清代中后期到民国初期，是顺德桑基鱼塘十分盛行的时期，蚕丝业非常发达。清同治十三年（1874），顺德第一家机器缫丝厂在龙山开办。到20世纪20年代末，全县有缫丝厂近300家，雇用女工6万多人，其中，规模较大的丝厂有女工800余人。此外，还有规模较大的足踏缫丝手工工场200余家，以及数以万计的家庭手工缫丝作坊。当时的生产盛况真是"村村点火，户户冒烟"。民国初期是广东缫丝业的鼎盛时期。这一时期，生丝出口已经占据了广东对外贸易量的几乎一半以上，顺德一县的生丝占广东全省生丝输出量的80%，成为广东经济的一大支柱。到20世纪80年代，顺德的缫丝业依然十分兴旺，但随着顺德城市化的进程以及经济的转型，缫丝业已成为过往一段历史。

文化商人吴英海，大学学的是丝绸专业，1985年毕业来到顺德后一直在丝绸行业滚打。企业倒闭后，怀着对丝绸业割舍不去的那份情感，怀着重现顺德缫丝业辉煌历史的社会责任感，吴英海在经商的同时创办了南国丝都丝绸博物馆。筚路蓝缕，他搜集图片、资料，仿造缫丝机，营造桑基鱼塘文化，这期间曾为了办馆而卖掉了自己的房子。吴英海矢志不渝，带领员工们一步一个脚印，让南国丝都丝绸博物馆从门票收费5元到免费开放，年客流量达20万人次，成为顺德旅游文化中的一道亮丽风景。

卖掉房子，创办博物馆

缫丝，这种将蚕茧抽出蚕丝的工艺，对于当今年轻的顺德人来说，只是一段逐渐被遗忘的历史。顺德现在以工业和制造业闻名世界。但是很少人知道，当年人们形容顺德缫丝业辉煌的业绩及其产生的巨大经济效益时，是这样说的："一船丝运出，一船白银归。"

吴英海（南国丝都丝绸博物馆馆长）：记得在一八八几年的时候，顺德已经有这些缫丝机的工厂140多间（家），我们的产业工人达到6.5万人，比上海、天津的工人加起来还要多，所以当时是很震撼的。而且我们顺德重视这个行业，包括种桑养蚕，有80%的人从事这个行业。当时整个顺德是占了我们广东省财政一半的收入，所以叫"南国丝都广东银行"。

与日本蚕桑专家文化交流

与管理人员交流

当年种桑养蚕的"南国丝都",早已消失在历史的洪流中。为了将这段历史、这段属于一代顺德人共同的记忆重新呈现在人们眼前,吴英海让自己从一个文化人转变成了文化商人。

吴英海(南国丝都丝绸博物馆馆长):(开馆)那天,记得我穿了一件粉色的短袖衫。博物馆在2007年9月19日那天对外开放。这个博物馆我们是在2000年就开始筹建,所以这些图片,还有那些文件,已经是找了很多年,(不断)积累起来的。看看这台木头机,实际是仿明代的坐缲机。当时我看到历史记载资料中的图片后,自己参考设计出来的。这台机器已经多次参加了顺德工业展,借去给(大家参观)。

吴英海三言两语就介绍完了自己当年是如何筹建南国丝都丝绸博物馆的,这个隐忍的男人并不愿意向别人展示自己的付出到底有多少。我们没有多聊那段艰苦的岁月,但是我们知道,没有几个人会为了一个博物馆把自己家的房子给卖掉了。如果没有妻子多年的默默支持,吴英海是无法取得今天的成绩的。

吴星(南国丝都丝绸博物馆馆长吴英海的儿子):如果从钱的角度、经商的角度上来说,(爸爸)是有点傻的。

吴英海(南国丝都丝绸博物馆馆长):(我)首先是一个文化人,其次(才)是一个不算是很成功的商人。

南国丝都丝绸博物馆工作人员:他做这个行业做了很久,很热爱(这个行业),也很用心去做,少有(的人)。

留住顺德丝绸文化的根

顺德发展日新月异,香云纱文化、顺德糖厂、凤城电影院等,这些代表着顺德不同记忆的文化,有的被拆除,有的获得了重生。人们经常遗憾无法留住光阴的故事,但是吴英海这个并非土生土长的顺德人,却坚持要留住属于顺德的本土地域文化。

吴英海(南国丝都丝绸博物馆馆长):我1985年大学毕业就来到顺德了,一直从事这个行业。因为我(大学)读的是丝绸专业,做到它(企业)倒闭的时候,觉得对这个产业仍有比较深厚的感情,有一种执著。这个产业的博物馆(少有)。因为我们顺德甚至是珠三角有很多家族、家庭都会从事这个行业,而且有很多老人家会过来这里寻根,去找找过去的片段和回忆，去告诉他们的子孙后代，爷爷奶奶的时代是怎么样的。

吴星（南国丝都丝绸博物馆馆长吴英海的儿子）：（做博物馆）是在宣扬传统的文化，因为这些东西现在很多后生都不知道。什么是丝绸文化？丝绸文化对这个社会影响有多大？我们在外国写报告，做过关于丝绸这方面（的研究），其实丝绸文化是女性地位里面的一个里程碑，在顺德"自梳女"和"鬼妇女"的文化里面，是中国女性第一次自己站起来的一个（转折点）。

南国丝都丝绸博物馆工作人员：顺德自古以来就是种桑养蚕的基地。到现在为止，虽然顺德还说是鱼米之乡，但是现在很少看见（桑基鱼塘）。所以将种桑养蚕的基础保存下来，我觉得这对小孩也好，对文化历史也好，都是一种很好的保护。

做生意，多数人都想赚钱，即使是民营的博物馆，盈利也是商家的第一选择。但是吴英海经营博物馆，门票却从2007年的5元变成了后来的免费。

吴英海（南国丝都丝绸博物馆馆长）：博物馆文化实际是一个社会公共文化，也是城市文化的一部分。它应该对老百姓是免费开放的，让老百姓去共享这个文化资源。我们举办的桑果文化节，在过去两个月的时间，共接待了4万多人。（那些人）很踊跃。

经过这几年大家的努力，特别是你们媒体的关注，老百姓喜欢，所以说我们每年的人流量都超过20万人次。老百姓能够过来这么多人，实际是我最大的欣慰。那么现在我们博物馆的发展，（就会）向一种文化公园、综合性文化公园模式发展，里面有博物馆区，还有一个就是小型的桑基鱼塘湿地公园，另外有一个是综合文化交流区，三个区一起发展。

桑基鱼塘是池中养鱼、池埂种桑的一种综合养鱼方式。桑基鱼塘的发展，既促进了种桑、养蚕及养鱼事业的发展，又带动了缫丝等加工工业的前进。这是一套完整的、科学化的人工生态系统。但是桑基鱼塘在顺德早已经消失，吴英海经过多年的努力，才在南国丝都丝绸博物馆基本重现了桑基鱼塘文化。

吴英海（南国丝都丝绸博物馆馆长）：实际上，旅游和文化是分不开的，特别是我们国家现在提出来要生态、旅游、文化三者结合，就是说我们很多市民在旅游之余，去这个景点，去这个地方，首先去了解这个地方的风土人情。其实这个风土人情就是一个文化的积淀。随着社会的发展，特别是我们博物馆文化，更加会成为一个城市文化的一部分。

老板员工同样情怀

2007年开馆时，博物馆仅有7人，现在则由最初的7人增加到28人。所有的员工，一个个都是吴英海亲自面试招聘进来的。经营博物馆，吴英海更注重文化的传承而不是商业的渗透。因此这个团队呈现出来的状态，就像在喧闹城市里面吹拂过的阵阵微风，轻柔、暖心。

南国丝都丝绸博物馆黄经理：我们所有员工真的是从一砖一瓦、一草一木、一手一脚

青少年活动

文化体验

做出来的。景观设计、种树种桑,还有环境整治,我们没有请任何杂工,全部都是我们员工自己动手动脚做出来的。

南国丝都丝绸博物馆工作人员:我们这里都是自给自足,全部都是自己亲手去做。我觉得有一种很特别的情怀,这种情怀要亲身体验(才能理解)。

2012年,博物馆遭遇地块问题,几经波折,只能搬馆。可是每当问起搬馆的心情,这些员工竟然无人感慨搬馆的无奈,有的只是大家同甘共苦之后的更多收获。

南国丝都丝绸博物馆工作人员:搬馆的时候都是员工自己一手一脚完成的。感觉是累,但是很有成就感。从基础建设、种树、搬东西,还有一些整理,到现在把货品销售给顾客,很多都是员工自己参与在里面。

南国丝都丝绸博物馆黄经理:新搬迁过来也是都没有请杂工,全部都是员工自己一齐动手做,大家一起做。(海哥有没有做?)他不做(的话),我们都要逼他做。

博物馆之外,吴英海还经营着一家丝绸公司。博物馆的员工中,男员工平时多干力气活,女员工除了引领客人参观外,还会自己制作各类丝绸产品。当代科技发达城市当中的男耕女织,也许只有在南国丝都丝绸博物馆才能看得到了。

吴英海(南国丝都丝绸博物馆馆长):实际上,我们对员工没有什么刻意的要求。因为每个人,实际是社会上每一个人,有他们的长处,也有短处。我要求我的员工,包括新来的员工,一定要热爱这份事业,热爱这份工作。

南国丝都丝绸博物馆工作人员:平时的话他(吴英海)是很和蔼,很能和员工打成一片,一个很好相处的人。但是如果说员工犯错误的话,他还是有一些威严感在那里。

南国丝都丝绸博物馆工作人员:我们老板教得最多的就是,做事一定要用平常心去做,然后就能向前看。做事要大方一些。

南国丝都丝绸博物馆黄经理:我们都是大家有什么意见、有不对的都摊开来说。大家就像朋友一样,直接说这样不行的。我们就要跟大家说,哪些比较好,大家找出一个共同的办法。大家都是为了做好这件事。

让传统有新的声音

经过这几年的发展,南国丝都丝绸博物馆已经在珠三角小有名气。政府和媒体对博物馆的发展都非常关注。2013年,华侨城项目成功落地顺德。对于华侨城给顺德旅游格局即将带来的变化,吴英海充满了期待。

吴英海(南国丝都丝绸博物馆馆长):华侨城建成,就会有很多人来到顺德,来顺德之余,肯定会来我们的文化公园、博物馆看看。所以我们更加希望做好它,把它做强做大。

在顺德生活了近30年的吴英海,见证了顺德快速发展的30年,如今儿子成家立业,一家人很快就要迎来第三代。儿子已经做好了随时协助父亲的准备,妻子还是他背后的那个小女人。

吴星(南国丝都丝绸博物馆馆长吴英海的儿子):因为我从小都是在这个城市长大,丝绸文化对于我来说也是一种非常深刻的童年回忆。(接手的话我)都会愿意的,因为这个是我的义务。

传承文化、保护非物质文化遗产,顺德这些年来这样的意识增强了许多。南国丝都丝绸博物馆就采用了建设—经营—转让的BOT模式,未来博物馆和政府合作到期后,博物馆的一切资源将全部归还给政府。民营博物馆的发展,未来能做到什么样的程度,谁都无法估计,只是这一班人会继续付出。

南国丝都丝绸博物馆员工:我希望这个行业能够发展得很好,让更多的人认识它、关注它。

南国丝都丝绸博物馆黄经理:我们顺德正好在推广非物质文化遗产。我们刚好做丝绸、香云纱,我们也做这个方向,比较合适我们行业。所以我们一直认为,在推广丝绸、香云纱方面,这些顺德有保护性的东西就比较合适我们。

吴英海(南国丝都丝绸博物馆馆长):希望往后我们国家对于民办博物馆的政策能有一些扶持各方面的东西(出台),对我们以后的发展更加好。

小小的博物馆内包含了顺德丝绸业上千年的发展历程,作为一家民营博物馆,发展到今天实属不易。吴英海说,每年少收几十万元的门票费,对博物馆的经营来说其实影响不大,若想办得更好,还需要社会团体支持、政府扶持。博物馆里的"桑基鱼塘"的生态景观,保留了南国丝都最辉煌的历史记忆,展示了顺德制造业的源头,顺德人的开拓、进取、求实、兼容精神。在珠三角生活的人们,对远去的丝绸产业感到既熟悉又陌生,而南国丝都丝绸博物馆则为他们创造了一个文化"寻根"的地方。

编导手记

《顺商传奇》创作之初,为了体现不同行业的商人的特性,我们在选择行业代表企业家时都非常慎重。为什么会选择吴英海?如果从经商盈利的角度来说,吴英海的确不是什么有钱的企业家,但是从他经营的产业来看,他是商人中的文化人,所以我们就主动邀请了吴英海。

虽然吴英海不是地地道道的顺德人,但是他大半辈子都是在顺德度过的,从顺德丝厂到现在的南国丝都丝绸博物馆,吴英海把自己最美好的青春时光留在了顺德。几十年的入乡随俗,吴英海也和其他顺德籍的企业家一样,低调,犹豫是否要接受采访。我们等了一周以后,他才答应了我们的采访。后来在采访的空隙,他竟然还约了太太,配合我们的拍摄。吴英海的太太性格开朗,非常有亲和力。两人的恩爱也不吝于在他人面前表现,两人散步的空镜,他们以为已经完成了拍摄,所以走到最后就拉起了小手,没想到这都被我们捕捉到了镜头里面,使得他的形象显得特别的真实立体,让人印象深刻。

当我们完成拍摄,进入剪辑画面的阶段,我会不自觉地想这个问题:一个企业家他首先要做好的也许更是一个丈夫的角色,因为这个角色的好坏,决定了他背后这个女人对他这份事业的支持程度,应该没有人会愿意站在世界高峰之时,只是一个人,没有最爱的人可以分享。也许吴英海最成功的,首先就是经营了一个幸福的家庭,所以才能创造出属于他们企业的世外桃源。

2000年,南国丝都丝绸博物馆开始筹建。

2007年9月,南国丝都丝绸博物馆对外开放,是广东省文化厅核批的专题民办博物馆,是广东省科普教育基地、佛山市科普教育基地、顺德区科普教育基地,广东省环境教育基地,广东省首批国民旅游休闲示范单位。

2010年,南国丝都丝绸博物馆开始实行免费对外开放,年接待游客人数达20多万人次。博物馆由博物馆展示区、桑基鱼塘湿地生态公园区、文化交流体验区等组成,发展成为南国丝都文化主题公园。

2012年,南国丝都丝绸博物馆遭遇地块问题,整体搬迁。

2009年开始,连续举办五届桑果文化节及香云纱文化节、一届"桑基鱼塘"生态文化节,协办顺德区民俗文化节及多次举办其他文化活动。已纳入顺德区2010年至2020年文化产业发展规划重点项目之一,纳入佛山市城市文化升级延伸行动计划(2015~1016)。

杨立：德武闯天下
——博胜文化的武术事业

40多年前，李小龙的出现让中国武术在全世界掀起了热潮。这位一代武术宗师、武术技击家、武术哲学家、功夫影帝、功夫电影开创者、武道哲学创立者、截拳道创始人，将中国功夫传播到全世界，成为首位打入好莱坞的华人，革命性地推动了世界武术和功夫电影的发展。

现在，武术已经成为中国文化的一张名片，是中国的国粹之一。但是，墙内开花墙外香，在越来越多外国人可以接触到中国武术的今天，我们自己又做了什么？今天，是哪些中国人还在坚持着武术之梦，悄然做着努力？

武术在我国有悠久的历史。作为独立的社会文化现象，武术是同中华民族文明的产生同步的。相传在周时期出现了一部重要的著作《周易》，亦称《易经》，"易有太极，是生两仪，两仪生四象，四象生八卦"，由此产生了太极学说，奠基了中国武术体系。

几千年来，中国人发展出了各家各派、丰富精彩的武术理论和实践，让中国武术成为一门源远流长而有深厚底蕴的中国文化。它已经上升到文化、哲学的高度，时至今日，它还成了佛山博胜咏春文化有限公司总经理杨立及其团队的事业、梦想。

中国武术虽然承载了中国人的共同记忆，武术流派众多，但是在今天，武术的从业人员并不多，以武术作为事业的年轻人更是少之又少，杨立及其团队却是其中坚定不移的追求者。

1983年出生的杨立，说起他的经历很简单——习武15载，痴迷武术，尤爱咏春，以武为生。

北滘民乐公园集训，环境恬静，自然和谐，实乃练功胜地

从印刷厂老板到咏春拳学徒

其实,杨立最早学习的武术项目并不是咏春,而是跆拳道。他曾学习跆拳道10年,是跆拳道黑带选手。后来,杨立大学毕业后自己创业,开起了印刷厂。

杨立(佛山博胜咏春文化有限公司总经理):做厂有做厂的好处,有做厂的性格,在做厂的过程中,我经常要去(应酬),可能我自己业务水平不够,经常要做一些应酬。要去做一些吃吃喝喝的(事),要陪着客户这里玩那里玩,但同时也要将产品质量想办法做上去。不是说辛不辛苦,而是因为我原来是习武之人,我对武术有很大的兴趣。我一直以来(都)很希望在武术这条路(上)走得更深,更远。

杨立曾经学习跆拳道10年,为何又转学咏春?

杨立(佛山博胜咏春文化有限公司总经理):咏春(拳)是一项超过200年历史的国粹。它经过这么多年的发展,它已经很科学,它研究的是人体解剖学,还有力学的原理。它对于普通人来说,易学,易用。

对武术念念不忘,机缘巧合,杨立认识了现在的咏春师傅。

杨立(佛山博胜咏春文化有限公司总经理):"放弃"这个词在我的字典里面基本上是不存在的。但它对我来说是一种选择。在偶然的机会下,我碰到我现在的师傅。他呢,作为一个武者,对一门功夫他是有自己的感觉(的)。

好还是不好?我们这代人很受李小龙影响,而李小龙学的就是咏春,那(时候)我碰到我现在的咏春师傅,他给我简单地演示,还有讲解之后,即时激发了我的兴趣。

杨立口中的这位师傅,我们以为是个德高望重的老人,原来竟是个比他年轻的人,今年只有29岁,学咏春已经18年了。

杨立(佛山博胜咏春文化有限公司总经理):虽然他比我年轻,但在我们习武之人看来,能者为师,达者为师。所以一个人的心胸,必须很广阔,年龄并不是一个界限。而正因为这种年龄(差距),也成了我们的一个互补。

因为大家都是年轻人,大家都会有一些创新的想法。比方说,音乐教学、节奏教学,国际上最新的体能训练方式,我们愿意去吸纳,愿意去使用。如果作为一个老师傅,我不是说所有,大部分吧,一个老师傅可能相对来说,很难接受引进这种方式。

武术是对一种哲学的追求

遇到了志同道合的人,杨立开始犹豫,是选择继续开厂赚钱,还是跟着师傅,投入这份没有什么商业价值的咏春事业?这让杨立纠结了好久。

2014年8月7日,美国职业篮球巨星文斯·卡特携一众篮球队员一起亲临博胜咏春北滘旗舰馆观看咏春表演及现场学习咏春

外出表演,储存更多的经验去为大家呈现更加丰富精彩的咏春文化

杨立(佛山博胜咏春文化有限公司总经理):因为人的精力是有限的,你想做好这件事,可能就要放下(另外)一件事。而我当时更想做的,你知不知道(是什么)?一个人能够将他的(兴趣)和他的事业结合起来去做,是人生之大幸,一件很幸福的事情。所以在这种基调下,(当)我发觉咏春拳不仅可以作为一个兴趣爱好,还能作为一个事业去做的时候,我自己会作一个选择,而且目前来说,我觉得我的选择是正确的。

咏春拳发展至今,已经有超过200年的历史,而杨立又是怎么来看待咏春文化的呢?

杨立(佛山博胜咏春文化有限公司总经理):武术的心法、道理,很多时候跟你做人做事的道理是互通的。就比方说一句"来留去送","来留去送"说的是对方是你的对手,他很刚猛,一拳打过来,但如果你也很刚猛,一拳打上去,大家都会受伤,因为力的作用是相互的。

在杨立看来,功夫里面有一种哲学,对于习武之人来说,对武术的追求,就是对一种哲学的追求。

杨立(佛山博胜咏春文化有限公司总经理):"来留去送"是咏春里面一个很重要的心法,而这个"来留去送"是怎么结合到做人做事的道理呢?在我自己的参讨(探讨)里面,比方说,你和你妈妈,有一天你妈妈误会了一件事,去责备你,你觉得很委屈。这个时候如果你很直接(地)去跟你妈妈吵架的话,这样会造成一个什么结果呢?大家都受伤,很难过。但是如果"来留去送",她很激烈地过来的时候,你忍一忍,等她发完火再去跟她解释:妈妈,其实这件事是这样这样的,不是我做错,它是有原因的。去"送",等她的火熄了之后去"送"。这样这件事就很和平地解决了。这就是拳法的心法和你平时做人做事的道理相结合的地方。咏春拳就有这种魅力,也是它最吸引人的地方。

重公益,轻盈利

墙内开花墙外香。咏春的发展在国内并不火热。杨立如何走下去?教授他人功夫,他到底能得到什么?

杨立(佛山博胜咏春文化有限公司总经理):其实我说句不好听的话,咏春拳这门国粹,在欧美国家,发展人数已经超过3000万人,他们对我们这门国粹的珍惜程度远远高于我们国人。

中国的很多传统文化，现在都是墙内开花墙外香。书法、咏春在国外都非常受保护，在国内反而不太受关注，杨立为了让咏春能够更受关注，常常做免费的公益活动，没什么赚钱的机会。

程媛媛（佛山博胜咏春文化有限公司教练）：我们都会一起讨论，遇到困难了之后要怎么去解决。然后呢，就会……反正公司好我们就会很好，我们要努力把公司做到最好，我们才会好。

陈继勇（佛山博胜咏春文化有限公司教练）：现在收入就不是很高，但是我感觉到它的前途和希望。我可以感受到，我愿意做好这个事业、这个行业。我觉得，现在只不过是暂时的，不代表以后，我（对这个团队）是比较有信心的。

重公益，轻盈利。杨立和师傅两人为了保证武馆可以顺利经营，经常绞尽脑汁想办法。

杨立（佛山博胜咏春文化有限公司总经理）：因为你做所有事情，你必须有一个目标。做人也是，做企业都是。我们当初开始做的时候，没想过要做到多大多强，都是基于一个爱好，基于将这种传统文化，将这些咏春拳防身的技巧，通过我们这个团队的手，去传播开来，传播得越广越好。

教练在现场教儿童学咏春：右手右脚直接抬立，直接抬起来，腰挺直，头不要往下看，抬起来。

学员一：当时看电影觉得咏春很有型，可以自卫。就是当时我跟爸爸妈妈说，过来学咏春，（可以在）别人遇到困难时，去帮助别人。

学员二：（学了咏春）意识好很多。反应方面，比如如果别人吓一吓你，你就可以立刻反应过来。

未曾习武先习德

8年发展下来，杨立的武馆在顺德开花结果，名声在外。但是杨立说最辛苦的日子，仿佛就在昨天，仍旧记得清清楚楚。

杨立（佛山博胜咏春文化有限公司总经理）：最困难的时候，试过在09年（2009年），经济危机的时候，一帮教练，那时候学生少，突然学生少了的话，收入少了，收入少的话，教练的工资有时候也会发得比较困难。最困难的时候，试过拿房屋去抵押。为了这个信念，我们是要坚持做下去的。

教授他人功夫，在某些时候，真的会起到救人一命的效果。

杨立（佛山博胜咏春文化有限公司总经理）：我们将咏春的心法用在了很多可以实际

使用的情景里面。就是令到每一个（人），就算他的身体没那么强壮，就算是一个文质彬彬的女孩子，经过我们比较，不需要太长时间的训练之后，在面对危险的时候，能够产生一个安全意识，去保护自己，还有一些保护自己的手法，在某些时候，真的会起到救人一命的效果。

在杨立的武馆，我们常常听到这样一句话：未曾习武先习德。从他们的角度来说，德比武更重要。

杨立（佛山博胜咏春文化有限公司总经理）：行为是贯彻人类思想的一种表现方式。我们通过行为，通过称呼，要去固化这种礼仪上面的一种思想。儒家有"五常"，仁、义、礼、智、信；孔子有"八德"，孝、悌、忠、信、礼、义、廉、耻。"儒家五常"和孔子的八德，我觉得应该是现在很多小朋友可能会接触到的，也都在学校可能会学习到这方面的内容。但是我觉得在某种程度上，是应该进行大力推广的。

看到杨立习武的同时又如此重视传统礼仪，我们常常感到惭愧，自己没有这份做传统文化的心，同时又很庆幸，当下竟还有年轻人愿意做这样的事情。

杨立（佛山博胜咏春文化有限公司总经理）：我是希望通过我们团队的努力，去将咏春拳这个国粹，不要说敝帚自珍，而是通过最广（最）快的方式，传播出去。通过做公益，通过做集体活动，将它传播出去，让更多人知道咏春拳这一门国粹的精华所在。武者对武艺的追求，是永无止境的。没（有）一个人可以说自己已经将一套功夫学完了，不需要再学了。这个"德"字其实也是一样的，学员的文武德是我们的一个培养方向，而教练的文武德更加要我们重视，（是我们）要去培养的一个素质。那（如果）你自己都不具备（这种文武德），你又谈何去教别人？

如今的杨立，不需要再常常为了盈利而担心。他们大胆开拓自己的思路，让咏春走上了一条新的道路。

杨立（佛山博胜咏春文化有限公司总经理）：我觉得我们最大的优势，其实也是我们自己的思想，就是在这一方面。作为武馆经营来说，是很少（有）人会像我们这样去进驻一个5A超甲级写字楼（的），很少人会做这样的事情。我们还有很多训练的方式都基于一种很实用（的观念），还有我们对于社会的时事、案例，我们每天都会进行探讨，去研究。

德武闯天下。对于武术，杨立更多的是一种热爱与崇敬。武术不仅仅是一种能防身的技艺，更重要的是，武术教会我们对待事物的态度，传给我们坚韧不拔的精神，以及启发我们去思考如何做人的问题，所以我们更应该弘扬中华民族武术精神。

祝愿年轻的杨立将这种武德不断传承和发扬下去，推动传统文化走向世界，让传统中国文化源远流长。

编导手记

《顺商传奇》在选材的时候，更注重选择不同行业、有代表性的企业家进行拍摄。我们并非单纯考虑这个企业当下的规模，或者说盈利一定要达到什么样的高度，我们更看重的是企业家传递出来的正能量。我们就是被杨立展现出来的精气神所吸引过来的。当时我们在拍摄企业家黎镜波时，拍摄到了美国职业篮球明星卡特到杨立那里感受咏春文化的场景。杨立在现场用英语和他们沟通，积极地将咏春文化传递出去。我们的摄像师傅说，虽然他知道那天的主角是黎镜波，但是他不由自主地慢慢将画面的焦点对准了杨立，记录下了当时的一些片段，为我们后来的正式拍摄积累了难得的素材。

后来，经过黎镜波先生的引荐，我们得以邀请杨立正式拍摄《顺商传奇》。开武馆，不论在哪个年代，都不是好赚钱的生意。因为每一个学员交的学费都是有限的，而且投入的人力都是实打实地摆在那里。所以，愿意做这一份产业的人，本身就已经是难能可贵了，好在杨立的师傅除了将这份事业交给杨立之外，自己还经营着其他的公司，循环周转发展。

杨立的师傅不愿意出镜，一来是因为他虽然在咏春上修为很高，但是毕竟年轻，担心压不住台。二来他希望给杨立更多的机会，让他可以有更高的成就。这师徒二人的谦让，让我们有一种久违的感觉。因为现在师生之间的矛盾问题太多了，如果师生之间都能够像他们这样，学生们会更喜欢上学吧。

2006年，博胜团队成立。创办的初期是秉承着"以武修德"的宗旨，团队作风低调内敛，立志将咏春拳这门国粹发扬光大。

2012年，招收的学员突破2000名。

2013～2014年，在顺德开设的分馆达到10家，入驻教学的合作点有20多处，覆盖了大良、容桂、伦教、陈村、北滘和龙江等镇街。

2014年7月，博胜正式入驻了北滘5A超甲级写字楼怡和中心，开设旗舰馆，作为博胜辐射珠三角乃至中国的总部。

后记

陈志军

轰隆隆跑过来的是浪花，羞答答退回去的是泡沫，对于看海的人而言，这"来"和"去"都是大海的正常律动，一呼一吸而已。带着这样略显晦涩的心境和语调，来回味《顺商传奇》从影像作品转化为文学作品的过程，就简单多了。

知易行难！《顺商传奇》纪实性专题节目的诞生是绞尽脑汁的痛苦思考，是殚精竭虑的否定再否定，是焦虑烦躁的"明天拍谁"，是枕戈待旦的熬夜加班……个中滋味，如鱼饮水冷暖自知。2014年的夏天终于蜗行远遁，金风送来清爽，节目步入正轨，《顺商传奇》的策划、编导、摄像等一班人舒心地吐出一口浊气，才想起来要感谢一下那个叫台长的家伙，是他让他们曾经痛不欲生痛恨不已，于今尘归尘土归土，铁人王进喜的话怎么那么有道理："人没有压力轻飘飘，井没有压力不出油！"

原油需要提炼，但隔行如隔山。一个月里把35篇电视解说词改写成文学样式的人物传记，还要坚持继续采访拍摄播出，有难度。我们第一时间求助老朋友、文化学者李健明先生，他引荐了邱礼佳女士等作家，并应允撰写顺德营商小传作为前言，皆履约，郑重致谢。

广东旅游出版社在业界有美誉，也是本台曾经的合作伙伴，再次合作水到渠成。只是愧疚一点：文稿多次往来的过程是否让蔡明熹兄曾经泪崩？如是，请原谅我们的一知半解。

饮水思源。《顺商传奇》电视节目的出台和图书出版一定要感谢顺德总商会和顺德青年企业家协会，风起于青萍之末，希望我们的所作所为没有辜负你们的初衷和期待。感谢所有接受采访的企业家，你们是顺商精神的践行者，你们为顺德增辉，顺德为你们骄傲！

感谢欧广源、黎子流、陈用志、冯润胜等顺德原老领导。感谢梁维东书记在百忙之中拨冗作序。

最后，感谢所有支持顺德电视事业的人，感谢为本书出版发行提供帮助的人，谢谢你们！我们会继续努力。

回到海边。海潮日夜奔涌，冲刷着曲曲折折的海岸线，一刻不曾停息，沙滩上所有杂乱的、有序的、稚嫩的、健硕的、深的浅的足印被瞬间抹平，不会留下任何痕迹。但是，谁说我们没有走过？